Schmitz-Moormann Materie – Leben – Geist

Karl Schmitz-Moormann

Materie – Leben – Geist

Evolution als Schöpfung Gottes

Matthias-Grünewald-Verlag · Mainz

verlags gruppe engagement

Der Matthias-Grünewald-Verlag ist Mitglied
der Verlagsgruppe engagement

Die Deutsche Bibliothek – CIP-Einheitsaufnahme

Schmitz-Moormann, Karl:
Materie – Leben – Geist : Evolution als Schöpfung Gottes / Karl Schmitz-Moormann. – Mainz : Matthias-Grünewald-Verl., 1997
ISBN 3-7867-2031-2

Umschlag: Matlik & Schelenz, Nieder-Olm
Abbildung: Dr. Bruno P. Kremer, Mikroskopische Aufnahme eines Schildhaares vom Sanddorn (Hippophae rhamnoides)
Druck und Bindung: Druckerei Lokay, Reinheim

ISBN 3-7867-2031-2

Inhalt

Kapitel 4

Kapitel 5

Vorbemerkung

Dieses Buch ist aus einer langen Beschäftigung mit dem Werk Pierre Teilhard de Chardins entstanden, die 1959 begann und eine umfassende Auseinandersetzung mit den Naturwissenschaften in einiger Breite einschloß. Die endgültige Niederschrift, die oft begonnen wurde, wurde mir durch das Center of Theological Inquiry in Princeton (CTI), USA, ermöglicht, das mir für ein Jahr eine geistige Heimstatt bot. Dort entstand die erste englische Fassung, die mir dann als Grundlage von Gastvorlesungen an der Lutheran School of Theology in Chicago (LSTC) und an der Weston Jesuit School of Theology (WJST) in Cambridge, Massachusets, diente. Der Text wurde in dieser Zeit noch einmal gründlich überarbeitet und erweitert, wobei ich insbesondere Dr. Daniel Hardy, dem damaligen Direktor des CTI, heute Cambridge, England, und Philip Hefner, dem Direktor des Chicago Center for Science and Religion (CCSR), LSTC, für ihren Rat und ihre Hinweise zu Dank verpflichtet bin. Ganz besonderen Dank schulde ich P. James Salmon S.J. und P. William Davish S.J., die dem Text in seiner englischen Version nicht nur zu einem annehmbaren Englisch verholfen haben, sondern dazu beigetragen haben, den Text insgesamt verständlicher zu machen. Ich hoffe, daß ihm diese Eigenschaft in der deutschen Version nicht abhanden gekommen ist.

Mein Dank gilt auch der Helmut-Ley-Stiftung, die über viele Jahre meine Arbeit an den Teilhard-Papieren, an der Erarbeitung eines Textfundus, der nahezu hundert Prozent aller von Teilhard geschriebenen Texte – mit Ausnahme der in China verschollenen – umfaßt, unterstützt hat, er gilt insbesondere auch Bischof Walter Kasper, der sich immer wieder persönlich für meine Arbeit und ihre Unterstützung eingesetzt hat.

Diese Arbeit wäre nicht möglich gewesen, wenn ich nicht die beständige Unterstützung meiner Frau Nicole gehabt hätte. Sie hat diese Arbeit, häufig unter nicht einfachen äußeren Lebensbedingungen bei Verzicht auf die Vertrautheit eines sicheren Zuhauses, nicht nur immer durch Ermutigung mitgetragen, sondern intensiv seit Jahren mitgearbeitet, sowohl bei der Gewinnung der Teilhard-Texte als auch insbesondere bei ihrer Transkription von nur unter großen Schwierigkeiten lesbaren Manuskripten, die sie seit Jahren alleine bewältigt hat. Es sind heute mehr als fünftausend Seiten transkribierter Texte, auf die mir der Computer heute direkten Zugriff erlaubt. Ich werde meiner Frau nie soviel danksagen können, wie es notwendig wäre. Doch danke ich hier, so gut ich es vermag.

Mein Dank geht auch an die Fulbright-Stiftung für die Gewährung einer Beihilfe zu meinem USA-Aufenthalt am CTI.

Cambridge Mass., den 19. Mai 1996
Karl Schmitz-Moormann

Vorwort

Wenn im allgemeinen wissenschaftlichen Verständnis dieser Welt ein Punkt gänzlich unumstritten ist, so ist es die Tatsache, daß sich dieses Universum als ein Ganzes im Prozeß der Evolution befindet. Dieses selbe Universum wird von den Christen als Gottes Schöpfung gesehen. Wir werden hier davon ausgehen, daß die Tatsächlichkeit der Evolution nicht mehr umstritten ist,[1] wie es schon Pierre Teilhard de Chardin erkannt hat. Wenn wir in diesem Buch Teilhard auch nur selten zitieren, so sind seine Ideen doch ständig gegenwärtig. Nach mehr als dreißig Jahren intensiven Umgangs mit dem Werk Teilhards bin ich nicht der Meinung, wirklich Neues vorzutragen. Allerdings ist vieles, was hier zur Sprache kommt, bei Teilhard nur deutlich in seinen unveröffentlichten Tagebüchern skizziert oder aphorismenhaft ausgesagt. Eine intensive Teilhard-Auslegung hätte diesen Text über alle Maßen anschwellen lassen. So verdanke ich sicher alle wichtigen Ideen, die hier zur Sprache kommen, Teilhard, ob richtig oder mißverstanden. Doch die Aufgabe, die ich mir gestellt habe, war nicht die einer Teilhard-Interpretation, sondern die Entwicklung einer theologischen Sicht der Schöpfung in dieser evolutiven Welt.

Die Debatte über Schöpfung und Evolution als zwei einander ausschließende Denkmodelle ist zu Ende, sie war von Anfang an eine Selbsttäuschung sowohl der Wissenschaftler als auch der Theologen. Dem Theologen stellt sich nunmehr die Aufgabe, das evolvierende Universum als Schöpfung zu lesen.

Schöpfung als Terminus bezeichnet einen doppelten Aspekt des Universums: Einerseits verweist er auf die geschaffene Wirklichkeit; andererseits spricht er das Tun des Schöpfers an. Das Letztere wird traditionell meistens in erster Linie als Akt gesehen, durch den das Universum im Anfang in die Existenz gebracht wurde. Die Suche nach dem göttlichen Tun ist dann verknüpft mit der Frage nach dem Ursprung des Univer-

[1] Dies bedeutet keineswegs, daß wir uns irgendeine spezifische Theorie der Evolution zueigen machen: Man muß zwischen dem Faktum, das gegeben ist, und den Theorien, die es erklären sollen, unterscheiden. Letztere mögen einen recht begrenzten Wert haben. Doch sowenig unser Unvermögen, das Leben zu erklären, die Tatsächlichkeit des Lebens aufhebt, sowenig hebt die Unzulänglichkeit von Evolutionstheorien die Tatsächlichkeit der Evolution auf.

sums, wenn die Theologen auch immer von der *creatio continua*, von Gottes andauerndem Schöpfertun, gesprochen haben.
In den letzten Jahren ist eine große Zahl von Büchern über die Kosmologie erschienen, die ausdrückliche Feststellungen über den Schöpfer und über Religion im allgemeinen machten. Entweder schieben sie die Religion als nicht-wissenschaftlich beiseite oder sie sehen sie als einen notwendigen Teil menschlicher Existenz. Diese beiden Beurteilungen lassen sich am deutlichsten an ihrem Verständnis der Sinnhaftigkeit dieses Weltprozesses differenzieren. So sieht Steven Weinberg in seinem Buch *Die ersten drei Minuten*[2] keinerlei Sinn in diesem Universum und macht sich eine Art von atheistischem Existentialismus zueigen. Andererseits scheint Paul Davies[3] zu glauben, daß diese Welt nicht ohne Schöpfer erklärt werden kann. Davies stützt sich auf die wissenschaftliche moderne Physik mit ihren für den gewöhnlichen Sterblichen manchmal esoterisch erscheinenden Erkenntnissen und gelangt so zu einer Wiederbelebung des Designer-Arguments, das die Physiko-Theologen im siebzehnten und achtzehnten Jahrhundert benutzt haben. Beide Argumente sind im wesentlichen apologetisch: Sie wollen die Existenz Gottes beweisen oder widerlegen.
Das Phänomen ist nicht zu leugnen: Wissenschaftler werfen in wachsender Zahl quasitheologische Fragen auf, und zwar meistens ohne Theologen um Rat hinsichtlich der Qualität ihrer Äußerungen zu fragen und sehr oft ohne Achtung vor existierenden theologischen Traditionen. Und die Gottesfrage wird oft ohne jegliche Referenz zu einer der großen Weltreligionen behandelt. Einige Wissenschaftler haben einen deutlichen theologischen Standort und theologische Ausbildung.[4] Häufig sind sie in ihrer Theologie von ihrem spezifischen wissenschaftlichen Standort nachhaltig beeinflußt, doch muß man andererseits feststellen, daß sie unter den Fachtheologen wenig Beachtung finden.
So wie die Naturwissenschaftler sich in der zweiten Hälfte des neunzehnten Jahrhunderts mehr und mehr von der Religion abwandten, so haben Theologen sich mehr und mehr von den Naturwissenschaften abgewandt. Die Anfänge des Universums wurden in den theologischen Lehrbüchern behandelt, als sei nichts Neues entdeckt worden. Wir fin-

[2] Steven Weinberg, Die ersten drei Minuten. Der Ursprung des Universum, München 1977.
[3] Paul Davies, Der Plan Gottes. Das Rätsel unserer Existenz und die Wissenschaft, Frankfurt a.M. 1995.
[4] Z.B. Arthur Peacocke, John C. Polkinghorne, Jan Barbour.

den zahlreiche Verweise auf die Welt- und Naturordnung, doch hat man Schwierigkeiten, systematische Verweise auf die geschaffene, durch die Naturwissenschaften[5] erkannte Welt zu finden. In diesem Text wird versucht, die Schöpfung als das uns von den Naturwissenschaften aufgezeigte evolvierende Universum zu sehen, das ontologisch keine Welt determinierter statischer Seiender, sondern eine dynamische Welt des Werdens ist: ein tiefgreifender Wandel, der in den traditionellen Theologien kaum wahrzunehmen ist. Die Bedeutung der Naturwissenschaften für jegliche theologische Reflexion wird in diesem Buch immer wieder thematisiert, wenn es die Frage behandelt, worum es der Theologie geht. Für viele Theologen, zumindest soweit ich das aus Lektüre und Gesprächen beurteilen kann, haben wissenschaftliche Daten wenig Bedeutung. Wenn sie überhaupt das Problem von Theologie und Naturwissenschaft angehen, so geschieht es unter wissenschaftstheoretischen Gesichtspunkten. Die Philosophie hatte während der letzten dreihundert Jahre eine wachsende Tendenz, eher die Möglichkeit des Wissens zu erforschen als die philosophische Bedeutung des Gewußten. So finden wir relativ wenige Theologen, die den Fragen nach der Relevanz wissenschaftlicher Daten für die Theologie und für das Verständnis des Theologen von Wissenschaft nachgehen. So interessant die Wissenschaft und Theologie involvierende Wissenschaftstheorie auch sein mag, sie eröffnet kaum Zugang zur naturwissenschaftlichen Wirklichkeit. Abgesehen von einigen eng begrenzbaren Fragen der theoretischen Physik, ist die Naturwissenschaft verhältnismäßig wenig von erkenntnistheoretischen Rücksichten beeinflußt worden. Man nimmt die Existenz der Welt da draußen an und glaubt, daß zumindest einige relevante Informationen über sie von der Wissenschaft erarbeitet worden sind. Dieses Wissen bewährt sich an allen möglichen Experimenten, die häufig menschliches Leben aufs Spiel setzen. Dies ist zum Beispiel immer der Fall, wenn ein Flugzeug voller Passagiere startet oder landet. Wenn das wissenschaftliche Wissen, auf dem die Technologie gründet, nicht realistisch wäre, gäbe es kein Flugzeug.

Die Wissenschaftstheorie wird uns keine Gewähr für die Wirklichkeit der von der Naturwissenschaft erforschten Welt geben, trotz einer Reihe

[5] In der angelsächsischen Welt wird der Begriff *Science* fast ausschließlich für die Naturwissenschaften verwandt. Damit soll die Theologie nicht als unwissenschaftlich gelten, doch hat sie es in dieser Welt schwer, als rational arbeitende Wissenschaft anerkannt zu werden. Wenn in diesem Buch von Wissenschaft die Rede ist, sind durchweg die Naturwissenschaften gemeint.

interessanter Vorschläge in dieser Richtung.[6] Noch weniger wird ein Zugang über die Wissenschaftstheorie in der Lage sein, theoretische Wahrheit auf soliden Boden zu stellen. Theologie steht wesentlich auf dem Boden des Glaubens. Christliche Theologie hat ihren Grund wesentlich im Glauben an den Schöpfer und an die Inkarnation des Wortes Gottes in Jesus, dem Christus. Der erste Aspekt, der Glaube an den Schöpfer, zwingt den Theologen, auf die Schöpfung zu schauen. Dieses Buch ist im wesentlichen ein Versuch, dieses Universum als Gottes Schöpfung zu verstehen.

Um unsere Welt als Schöpfung zu begreifen, müssen wir auf die Wirklichkeit sehen, wie sie uns bekannt geworden ist. Um Wissen über diese Welt zu gewinnen, wendet man sich an den Wissenschaftler, der sie erforscht; dies gilt auch für den Theologen, der keine spezielle Inspiration über die konkrete Wirklichkeit des Universums empfangen hat. Die unglückliche Verurteilung des kopernikanischen Weltbildes durch Theologen macht dies mehr als deutlich. Wir werden deshalb ausführlich auf durch die Naturwissenschaften bereitgestellte Informationen zurückgreifen. Darin folgen wir einer guten alten theologischen Tradition. In der Zeit der Scholastik wurde niemand zum Studium der Theologie zugelassen, ohne daß er ein solides naturwissenschaftliches Wissen erworben hatte. Der Mythos vom Krieg zwischen Religion und Wissenschaft wurde in der zweiten Hälfte des neunzehnten Jahrhunderts geschaffen, so wie der Mythos des dunklen Mittelalters eine Erfindung der Aufklärung ist – Mythen, an denen wir noch etwas kratzen werden.

Die methodischen Grundlinien, denen dieses Buch folgt, lassen sich knapp folgendermaßen skizzieren: Da wir an den Schöpfer glauben, sehen wir das Universum als Werk Gottes. Da das Universum evolviert, nehmen wir die Geschichte der Schöpfung in den Blick, um zu versuchen, die Absichten des Schöpfers mit dieser sich so zeigenden Schöpfungswirklichkeit zu verstehen. Wir werden uns kurz mit den grundlegenden Änderungen in unserem Denken befassen, die durch diesen Wechsel von einer statischen zu einer dynamisch evolvierenden Welt bewirkt werden. Die Evolution hat in unsere Welt unvermeidliche Relativität wahrgenommener Wahrheit gebracht; dies ist auch im Hinblick auf die christlichen Dogmen in ihrer Historizität von Bedeutung.

Das *erste Kapitel* wird zunächst kurz einen Blick auf die sogenannten Gottesbeweise werfen, ohne daß diese Thematik ausführlich behandelt

[6] Vgl. Nancy Murphy, Theology in the Age of Scientific Reasoning, Ithaca 1990.

würde. Doch wird klar werden, daß es diesem Text nicht um solche Beweise geht. Da wir uns der Frage zuwenden, wie die Theologie dieses Universum als Gottes Schöpfung zu sehen vermag, sehen wir uns mit der Schwierigkeit konfrontiert, daß die meisten Theologen und viele Christen über kein angemessenes Wissen über die Geschichte des Universums, das heißt der Schöpfung Gottes, verfügen. Deshalb wird ein kurzer Überblick über die Geschichte des Universums entworfen, der nicht mehr als eine Skizze sein will. Eine Interpretation unserer Welt, die bei ihren Anfängen ansetzt und das traditionelle Verständnis von einem ursprünglichen vollkommenen, später durch die Sünde verdorbenen Ort einschließt, führt nicht nur nicht zu sinnvollen Ergebnissen, sondern wird auch nicht von wissenschaftlichen Daten gedeckt. Statt dessen wollen wir, hierin Teilhard folgend, nicht den Anfang, sondern das vorläufig letzte Ergebnis der Evolution, das heißt den Menschen, als den Schlüssel zum Verständnis des Universums verwenden. Dies ist ein wesentlicher Punkt für die Diskussion in den folgenden Kapiteln und eine praktische Anwendung der Einsicht, daß der Beginn mit dem Anfang des Universums wenig Erklärungswert hat. Mit anderen Worten: All unsere Argumente beginnen mit der menschlichen Erfahrung.

Um die Geschichte dieses Universums bis zur Gegenwart zu interpretieren, werden wir nach Parametern Ausschau halten, die wir an den Evolutionsprozeß anlegen können. Wenn es keine solchen als Parameter nutzbaren Kriterien gäbe, wäre der Prozeß keiner Analyse zugänglich und könnte als irrational erscheinen. Das am häufigsten vorkommende Kriterium – die quantitative Überlegenheit: was am zahlreichsten ist, ist am wichtigsten – wird einer Analyse unterworfen. Nachdem gezeigt worden ist, daß diesem quantitativen Parameter nur ein geringer Erklärungswert für die Evolution des Universums zukommt, werden wir in den folgenden Kapiteln eine Reihe qualitativer Parameter vorschlagen. Alle Überlegungen werden bei unserer menschlichen Wirklichkeit ansetzen, die dann in die Geschichte zurückverfolgt werden kann. Das *erste Kapitel* beginnt mit der menschlichen Erfahrung der eigenen Einheit und wird die *Vereinigung* als ein Hauptmerkmal des Evolutionsprozesses aufzeigen. Das *zweite Kapitel* behandelt das *Bewußtsein* und seine Relevanz für das Verständnis der evolutiven Schöpfung. Das *dritte Kapitel* wendet sich dem Parameter der *Information* zu, im Ausgang von einer kritischen Analyse der klassischen Informationstheorien, die Information in erster Linie unter dem Gesichtspunkt der Speicherung als Bits behandeln. Die Information wird als ein allgemeines Merkmal des Evolutionsprozesses herausgearbeitet, der bedeutungsvolle Information auf allen Stufen erkennen läßt. Das *vierte Kapitel* wird bei der menschlichen Erfahrung der *Freiheit* ansetzen und ihre Evolution bis zu ihren Anfängen zurückverfolgen. Die Parameter von Vereinigung, Bewußtsein, Information und Freiheit werden im Hinblick auf ihre Relevanz für den Aufweis einer Orientierung des evolutiven Prozesses analysiert, wenn es denn eine solche Orientierung gibt. Jedes Kapitel wird fragen, ob und wie der spezifische qualitative Parameter jeweils Gottes Schöpfungsintention erkennen läßt. Die Parameter lassen so das Universum für die Wirklichkeit des Schöpfers durchscheinend werden.

Die ersten vier Kapitel gehen notwendigerweise ausführlich darauf ein, was die Wissenschaft uns über die Welt, über Gottes evolvierende Schöpfung, sagt. Wenn eines Tages einmal Theologen und Christen über das Universum besser informiert sind als es die gebildeten Christen des dreizehnten Jahrhunderts waren, kann Wissen dieser Art vorausgesetzt werden. Doch für den Augenblick scheint es unvermeidlich zu sein, auf einer breiten Datenbasis aufzubauen, um nicht im Wolkenkuckucksheim Spekulationen zu entwickeln, sondern auf einem guten Fundament zu argumentieren.

Das *fünfte Kapitel* wird die Ergebnisse der ersten vier für eine etwas gründlichere *theologische Reflexion* zusammenfassen. Auf dieser Basis wird die Idee einer, wie wir es genannt haben, *creatio appellata* (herbeigerufene Schöpfung) entfaltet, während gleichzeitig die Vorstellung entwickelt wird, daß der Prozeß der Vereinigung als Grundprozeß der evolvierenden Schöpfung mit einem dreieinigen Schöpfer nicht unvereinbar ist. Dieser Prozeß der Vereinigung kann als die Widerspiegelung der ewigen Vereinigung in der Trinität, in der Gott existiert, gesehen werden. Es ist nicht die Absicht dieses Textes, eine umfassende Theologie der Trinität zu entwickeln. Wir beschränken uns auf die Einsichten über den dreieinigen Gott, die uns aus unserem Wissen um die evolvierende Schöpfung zuwachsen. Diese Möglichkeit, das geschaffene Universum klarer in Bezug zum dreieinigen Gott zu sehen, mag modernen Christen helfen, ihre Welt als eine beständige Aufforderung zum Lobpreis des Schöpfers zu erfahren.

Kapitel 1
Das Universum als Werdeprozeß: Gottes Schöpfung

1.1 Gottesbeweise?

Seit einigen Jahren wird der Buchmarkt von Büchern überschwemmt, in denen Wissenschaftler kosmologische Perspektiven entwickeln. In der einen oder anderen Weise bieten die meisten auch ihre Ideen zu Fragen der Theologie an.[1] Die bekannteste, wenn auch bei weitem nicht so provokative Stelle wie beabsichtigt, ist der letzte Absatz von Stephen Hawkings *Eine kurze Geschichte der Zeit,*[2] wo er das eigentliche Ziel seines Traumes einer *Theory of Everything*, einer alles erklärenden Theorie, offenlegt:
„Wenn wir jedoch eine vollständige Theorie entdecken, dürfte sie nach einer gewissen Zeit in ihren Grundzügen für jedermann verständlich sein, nicht nur für eine Handvoll Spezialisten. Dann werden wir uns alle – Philosophen, Naturwissenschaftler und Laien – mit der Frage auseinandersetzen können, warum es uns und das Universum gibt. Wenn wir die Antwort auf diese Frage fänden, wäre das der endgültige Triumph der menschlichen Vernunft – denn dann würden wir Gottes Plan kennen."
Diese nicht gerade zurückhaltende Aussage hat zusammen mit Hawkings Voraussage des Endes der theoretischen Physik innerhalb von fünf Jahren[3] innerhalb der Naturwissenschaften und in der Presse ein vielfaches Echo gefunden, während Theologen ihr kaum ihre Aufmerksamkeit zuwandten. Eine Ausnahme sind die gemeinsam vom Vatikanischen Ob-

[1] Vgl. Joseph Silk, Road to Nowhere, in: Scientific American, Juli 1995, 93: „Sogar beobachtende Kosmologen haben sich auf die Gotteswette eingelassen. George Smoot, der Leiter des NASA-Teams, welches die Schwankungen im kosmischen Mikrowellen-Hintergrund entdeckte, beschrieb seinen Erfolg als ‚das Gesicht Gottes' sehen. Paul Davies, der selten weit von der Frontlinie der Kosmologie entfernt ist, hat bereits zwei Bücher geschrieben, in denen er Gott als Quantum-Kosmologen identifiziert. Und der nicht von Bescheidenheit geplagte Stephen W. Hawking erklärte Gott für nicht notwendig."

[2] Stephen W. Hawking, Eine kurze Geschichte der Zeit. Die Suche nach der Urkraft des Universums, Hamburg 1988, 218.

[3] Vgl. Stephen Hawkings Antrittsvorlesung zur Übernahme des Lucasian Chair an der Universität Cambridge mit dem Titel „Is the End in Sight for Theoretical Physics?" (Ist das Ende der theoretischen Physik in Sicht?).

servatorium und dem Center for Theology and the Natural Sciences in Berkeley organisierten Diskussionen.[4] Bei all diesen Debatten ist auffallend, daß sie auf die Frage nach der Existenz Gottes zentriert sind. Die Gottesvorstellung, die in den Diskussionen aufscheint, ist nicht unähnlich den Vorstellungen der Physiko-Theologen des siebzehnten und achtzehnten Jahrhunderts: In dieser Sicht arbeitete Gott wie ein Handwerker oder Designer (oder genauer Ingenieur), oder wie Newtons Uhrmacher, der von Zeit zu Zeit das Uhrwerk richten mußte.[5] Was Theodosius Dobzhansky den Lückenbüßergott genannt hat, den er für tot erklärte,[6] feiert in den Texten moderner Wissenschaftler fröhliche Urständ. Für die meisten von ihnen scheint die entscheidende Frage die nach dem Anfang zu sein. Der *Big Bang,* deutsch feierlicher Urknall genannt, den Pius XII. 1952 etwas voreilig als Beweis dafür in Anspruch genommen hatte, daß Gott die Welt geschaffen habe, ist heute für eine Reihe von Wissenschaftlern der Punkt, an dem sie die Existenz Gottes beweisen oder widerlegen wollen.

Dieser Diskussion unter Wissenschaftlern kommt keine größere Bedeutung zu, auch wenn sie das Interesse der Massenmedien weckt. Es wird wenig über die Existenz oder Nicht-Existenz Gottes ausgesagt, wenn der Urknall, der in der Zeit angesiedelt ist, als der Anfang der Zeit, wie wir sie kennen, erwiesen würde. Zumindest theoretisch und spekulativ könnte der Große Knall eine „natürliche“ Erklärung haben. Das Abflachen des Raum-Zeit-Kegels bei einem Radius von 10^{-33} Zentimetern würde zum Beispiel ein endliches Universum ohne Anfang denkbar machen. Im menschlichen Denken in seiner Bindung an die Raum-Zeit-Vorstellungen gibt es keine Möglichkeit, an das Ende der Kausalkette ohne Verweis auf eine ewige Existenz zu gelangen. Jede wissenschaftlich-kausale Erklärung des Anfangs des Universums konfrontiert uns mit demselben Problem, das schon Thales von Milet nicht lösen konnte. Als ein Junge ihn fragte, worauf die aus dem Wasser kommende Erde aufruhe, sagte er ihm: „Auf dem Rücken einer Schildkröte.“ Und worauf steht die Schildkröte?“, fragte der Junge weiter. „Auf einer anderen Schildkröte“, kam die Antwort, und so gingen Frage und Antwort endlos weiter, bis Thales schließlich erschöpft abschließend feststellte: „Es sind Schildkröten bis

[4] Vgl. Robert John Russell/Nancy Murphy/C.J. Isham (Hg.), Quantum Cosmology and the Laws of Nature: Scientific Perspectives on Divine Action, Notre Dame 1993.

[5] Zu den Physiko-Theologen zählen u.a. William Derham (1657–1735) und William Paley (Anfang 19. Jh.).

[6] Vgl. Theodosius Dobzhansky, Biology of Ultimate Concern, New York, 1967.

ganz unten."[7] Die scholastische Theologie wußte sehr wohl, daß es keinen Beweis für oder gegen die Ewigkeit der Welt gibt, und sie hat in dem Fehlen des Beweises auch keinen Grund gesehen, die Tatsache in Frage zu stellen, daß die Welt von Gott geschaffen wurde. Thomas von Aquin hielt dies für eine Frage des Glaubens, nicht des Beweises. Dies hinderte ihn bekanntlich nicht daran, seine „Fünf Wege" auszuarbeiten, um die Existenz Gottes zu beweisen. Seine Beweise nahmen jedoch nie Bezug auf die *creatio ex nihilo*, auf die Erschaffung aus dem Nichts oder auf einen Anfang der Welt.[8]

Eine zentralere theologische Frage, die im Hinblick auf die wissenschaftlich erkannte Welt und den kosmischen Prozeß zu stellen ist, ist die Frage, wie in den Augen des Glaubens[9] der Schöpfer durch die Schöpfung sichtbar wird. Der Theologe mag versuchen, die Frage *Existiert Gott?*[10] zu beantworten. Doch diese Frage gehört zu den Prolegomena der Theologie. Für den Theologen ist diese Frage schon im Glauben beantwortet. Die zentrale theologische Frage, die des *fides quaerens intellectum*, lautet: „Wie zeigt sich Gott in dieser Welt, in seiner Schöpfung?" Es geht nicht darum zu beweisen, daß Gott existiert, sondern den Schöpfer in dem zu sehen, was Teilhard de Chardin *Gottes Diaphanie* genannt hat.

Um zu versuchen, Gott in seiner Schöpfung und seinem Schöpfertun zu verstehen, müssen wir das Universum, in dem wir leben, genauer in den Blick nehmen; und zwar nicht nur mit einigen wenigen allgemeinen Aussagen, sondern schon ins Detail gehend – wenn es auch unmöglich ist, in alle Details zu gehen. Dem Wissenschaftler sind die Fakten bekannt, doch für die große Mehrheit der Theologen ist das konkrete Wissen um das Universum eher sehr beschränkt. In den neueren Handbüchern der Theologie der Schöpfung[11] finden sich ausführliche Darstellungen der Natur, die als vom Menschen gestörte vollkommene Schöpfung Gottes vorgestellt wird, aber ohne wirklichen Bezug zur Geschichte des Universums.

7 Es ist nicht uninteressant, dieselbe Geschichte, wie Paul Davies sie referiert, ohne wirkliche Quellenangabe mit veränderten Rollen bei Stephen Hawking zu finden, der die Position des Thales von einer modernen Frau einem Naturwissenschaftler entgegenhalten läßt. Der wissenschaftlichen Phantasie sind scheinbar keine Grenzen gesetzt. Vgl. Paul Davies, Der Plan Gottes. Das Rätsel unserer Existenz und die Wissenschaft, Frankfurt a.M. 1995, 269.

8 Vgl. Sth I, q 2 u. 3.

9 Vgl. Pierre Rousselot, Die Augen des Glaubens, Freiburg i.Br. 1963.

10 Vgl. Hans Küng, Existiert Gott?, München 1978.

11 Theodor Schneider (Hg.), Handbuch der Dogmatik, Düsseldorf 1992, 120–238; Christian Link, Schöpfung, Gütersloh 1991; Jürgen Moltmann, Gott in der Schöpfung. Ökologische Schöpfungslehre, München 1985.

Es finden sich auch Verallgemeinerungen, die auf einem klaren Mißverständnis der naturwissenschaftlichen Aussagen über das Universum beruhen, so wenn Moltmann von einem offenen Universum spricht. Wenig, eigentlich gar keine Aufmerksamkeit wird dem konkreten Universum geschenkt, das die Wissenschaft immer detaillierter beschreibt. Deshalb können wir nicht darauf verzichten, zumindest eine knappe, aber das Detail nicht vermeidende Skizze dieses Universums, in dem wir leben, zu entwerfen, wenn wir eine Theologie der Schöpfung dieses Universums versuchen.

1.2 Eine kurze Skizze des Universums

Es gibt zahlreiche relativ einfach lesbare Beschreibungen des Universums. Soweit die Zeit nach den ersten 10^{-33} Sekunden in Frage steht, sind sich die Naturwissenschaftler im großen und ganzen über die Geschichte des Universums einig.[12] Ihre heiß diskutierten Schwierigkeiten beginnen, wenn es darum geht, was vorher geschah, insbesondere vor der Planck-Zeit bei 10^{-43} Sekunden, vor der die Gesetze der Physik nicht mehr anwendbar sind. Dies ist der derzeitige *status quo* in der Physik. Es gibt aber heute kaum Zweifel daran, daß nach den *ersten drei Minuten*[13] das Universum als eine kontinuierliche Ausdehnung des Weltstoffs,[14] der Galaxien, Sterne und schließlich Planeten bildete, erklärt werden kann. Die Meinungen gehen darüber auseinander, wie der Beginn des Universums selbst zu erklären und wie der ganze Prozeß der Expansion zu verstehen sei. Man kann sich des Eindrucks nicht erwehren, daß die vorge-

[12] Zwei wichtige Fragen - im Detail noch sehr viel mehr - über das Universum sind darüber hinaus noch offen: Sie betreffen den Ursprung der Milchstraßen und das Alter des Universums. Die Beobachtung ferner Milchstraßen weist auf ein Alter des Universums hin, das bei über 15×10^9 Jahren liegt. Dieses Alter würde unvereinbar sein mit dem Standardmodell, das seinerseits durch die Wiedereinführung der kosmischen Konstanten λ - einem Anti-Gravitations-Faktor - gerettet werden könnte. Einstein hat Lambda aufgegeben, das er zum Erhalt eines statischen Universums eingeführt hatte. Die Wiedereinführung erfolgte durch Bonner Astronomen um Priester, der das Alter des Universums auf $\approx (35 \pm 5)\ 10^9$ bei einem λ von 10^{-52} schätzt. 1996 haben sich britische Wissenschaftler angesichts der Unvereinbarkeit alter Sterne mit einem jüngeren Universum auch für die Wiedereinführung der kosmischen Konstanten Lambda ausgesprochen.

[13] Vgl. Steven Weinberg, Die ersten drei Minuten. Der Ursprung des Universums, München 1977.

[14] Der Begriff vermeidet den Terminus Materie, der in vielfacher Hinsicht philosophisch und ideologisch belastet ist. Der Weltstoff umfaßt auch die Hintergrundstrahlung, die keinerlei Masse hat.

tragenen Antworten häufig mehr eine Frage persönlicher Überzeugungen und oftmals freier, um nicht zu sagen wilder Spekulation sind als das Ergebnis der Integration verifizierter Fakten in eine allgemeine Theorie. Die Modelle unterscheiden sich z.B. darin, daß ihre Vertreter entweder einem strikten Determinismus anhängen oder den neuen Einsichten, die sich aus der Chaostheorie ergeben. Diese zuletzt genannte Theorie kommt zu dem Schluß, daß es keine Möglichkeit gibt, klare Einsichten in die Zukunft des Universums zu gewinnen, weil es keine Möglichkeit gibt, ein vollkommenes Bild vom Anfangsstatus eines dynamischen Systems wie dem des Universums zu gewinnen. Nach der Chaostheorie führen geringste Unterschiede in den Anfangsbedingungen möglicherweise zu gewaltigen Unterschieden in der Zukunft. So sind durch den COBE-Satelliten, der die kosmische Hintergrundstrahlung gemessen hat, geringe Schwankungen in dieser für viele Jahre bei 2,73° Kelvin vollkommen isotrop fixiert geglaubten, vom Urknall herrührenden Strahlung festgestellt worden. In einem vollkommen isotropen Universum ist die Entstehung der Galaxien nicht erklärbar, die von COBE gemessenen Schwankungen von etwa einem Millionstel Grad in der Hintergrundstrahlung läßt die Bildung von Galaxien als mit der Chaostheorie erklärbar erscheinen.[15]

Es gibt in der Geschichte des Universums zweifellos noch viele Punkte, die nicht oder nur unvollkommen verstanden sind, doch gibt es kaum einen Zweifel daran, daß diese Geschichte wirklich ist. Sie begann vermutlich vor fünfzehn bis zwanzig Milliarden Jahren.[16] Zu dieser Geschichte gehören enge Grenzen für eine ganze Reihe wichtiger physikalischer Konstanten im Kosmos. Würden diese Werte verändert, wären Leben und menschliche Existenz in diesem Universum nicht möglich. Die Beobachtung dieser äußerst sensiblen Werte physikalischer Konstanten haben zur Formulierung des sogenannten *anthropischen Prinzips* geführt.[17] Eine geringe Abweichung von diesen Werten, insbesondere von der Coulombkonstanten und der Gravitätskonstanten, hätte die Bildung und

[15] COBE = The Background Explorer; vgl. Scientific American, Januar 1990 und Frühjahr 1993.

[16] Diese Zeitangaben sind umstritten. Einerseits scheint das Universum schneller zu expandieren als erwartet, womit das Universum jünger wäre, etwa um acht Milliarden Jahre. Andererseits verweist die Beobachtung sehr alter, rot-farbener elliptischer Galaxien auf ein sehr viel älteres Universum; vgl. Science, 13. Mai 1994, 906–907.

[17] Vgl. John Barrow/Frank J. Tipler, The Anthropic Cosmological Principle, Oxford, 1986; George Gale, The Anthropic Principle, in: Scientific American, Dezember 1981, 154–64.

Evolution des Universums, wie wir es kennen, verhindert. Da es keinen bekannten Grund dafür gibt, daß die Konstanten genau die Werte haben, die wir messen, könnte man dazu neigen, das Argument des göttlichen Planers, das Designer-Argument, vorzubringen. Doch dies würde noch einmal mehr den Lückenbüßergott einführen: Wir würden die Lükken in unserem Wissen dadurch füllen, daß wir Gott in die Welt einführen. Solche Lücken mögen den Glauben stützen. Doch kommt ihnen keine Beweiskraft im Sinne eines Gottesbeweises zu. Der Verstehenshorizont dieses Arguments gehört eher in den Bereich der Physiko-Theologie des achtzehnten Jahrhunderts, und diese Art der natürlichen Theologie trägt, wie Michael Buckley überzeugend gezeigt hat,[18] den Keim des modernen Atheismus in sich.

Die klassische scholastische Sicht der Ordnung im Universum, wie sie in den Texten des Pentateuch im Sechstagewerk gefunden wurde, gründete sich ganz wesentlich auf den Text des Buches der Weisheit 11,21: Du hast alles nach Maß und Zahl und Gewicht geordnet.[19] Er erklärte das Vorhandensein der Ordnung in der Natur und regte die Scholastiker an, überall nach Ordnung zu suchen. Sie sahen eine Welt, in der alles, mit Ausnahme des freien Willens des Menschen, nach einer strengen Ordnung, also streng deterministisch ablief. Die moderne Naturwissenschaft enträt einer solchen Grundlage für den weitverbreiteten Glauben an eine vollständige Voraussagbarkeit der Welt, wenn man nur erst alle Daten kennen würde. Allerdings wird dieser letzten Endes aus der mittelalterlichen Tradition übernommene Glaube an die grundsätzliche absolute Voraussagbarkeit der Welt heute auch von wissenschaftlicher Seite mehr und mehr in Frage gestellt. Wie Ilya Prigogine es beschreibt, ist Vorhersagbarkeit „nie mehr als eine theoretische Möglichkeit. Dennoch war diese unbegrenzte Vorhersagbarkeit in einem gewissen Sinne ein wesentliches Element des wissenschaftlichen Bildes von der physikalischen Welt. Man könnte sie vielleicht als den grundlegenden Mythos der klassischen Wissenschaft bezeichnen."[20] Die allumfassende Ordnung, die sowohl von den Scholastikern als auch von der modernen Naturwis-

[18] Vgl. The Newtonian Settlement, in: Robert John Russell/William R. Stoeger/George V. Coyne (Hg.), Physics, Philosophy, and Theology: A Common Quest for Understanding, Notre Dame 1988, 81–102.

[19] Diese Stelle ist neben der Schöpfungsgeschichte der Genesis der im Mittelalter am häufigsten zitierte Vers des Alten Testaments, er findet sich bei Bonaventura mit ähnlicher Häufigkeit wie bei Thomas von Aquin.

[20] Ilya Prigogine, Vom Sein zum Werden. Zeit und Komplexität in den Naturwissenschaften, München [5]1988, 222.

senschaft gesucht wurde, hat sich in Dunst aufgelöst; unsere heutige Welt zeigt sich vielmehr chaotisch mit einigen Anteilen von Ordnung.
Allerdings ist Ordnung immer noch von großer Bedeutung für alles, was wir im Universum sehen, und unsere eigene Existenz ist ganz sicher an ein hochgradig geordnetes physisches System gebunden, das unseren Leib und unsere Umwelt umfaßt. Doch wenn wir mit Mengenmaßstäben, mit quantitativen Parametern messen, scheint es, daß insgesamt Ordnung im Universum eher eine Nebenerscheinung ist. Die übliche Regel ist Chaos. Der größte Teil der ursprünglichen, im Feuerball des Urknalls enthaltenen Energie hat seinen Platz in der gesichts- und strukturlosen kosmischen Hintergrundstrahlung gefunden. Nur ein Teil in einer Milliarde – gelegentlich hört man auch in zehn Milliarden – von der im Ursprung des Universums vorhandenen Energie wurde zur Materie, das heißt zu Masse aufweisenden Partikeln. Gewiß, es gibt genug davon, um die beeindruckende Zahl der über fünfzig Milliarden Galaxien zu formen. Doch sie repräsentieren insgesamt nur gerade ein Milliardstel der im Urknall vorhandenen Energie. Materie ist also insgesamt gesehen im Universum eher eine Ausnahme. Niemand würde einem Milliardstel etwa der Stimmen bei einer Wahl auch nur die geringste Bedeutung beimessen, oder der Abweichung von einem Milliardstel Millimeter im Durchmesser eines Zylinders im Automotor.[21] Die gerade ein Milliardstel des Universums ausmachende Materie ist also eher eine Ausnahmeerscheinung, und es scheint beinahe verwegen, eine Theorie des Universums auf dem Wissen von einem exzeptionellen Teil von ihm aufzubauen. Auf der anderen Seite ist das Studium des Rests des Universums, das heißt der Hintergrundstrahlung, auf lange Sicht ziemlich trübsinnig und eintönig, trotz der vor kurzem durch COBE entdeckten interessanten winzigen Temperaturschwankungen.
Der explosive Anfang des Universums, wenn auch kein Ereignis in der Zeit, wie wir sie kennen, kann nur analog in unserem Zeithorizont als ein Ereignis begriffen werden, das die Raum-Zeit[22] schafft. Nach den ersten

[21] Gewiß können wir heute ppb (parts per billion) und Nanometer, Nanosekunden etc., das heißt im Bereich der Milliardstel messen. Doch begegnen wir solchen Werten eher als Stör-, und nicht als Ordnungsfaktoren.

[22] Der im Englischen häufig benutzte Terminus *spacetime* bringt deutlicher die in der Relativitätstheorie vollzogene Geometrisierung, Verräumlichung der Zeit zum Ausdruck und integriert nicht den „Pfeil der Zeit". In unserer Erfahrung ist die Zeit irreversibel, obwohl die Physik in ihrer mathematischen Formulierung die Zeitumkehr kennt: Plus und Minus lassen sich leicht austauschen. Es ist gewiß möglich, das Altern und die erfahrene Zeit durch eine Bewegung mit hoher Geschwindigkeit zu reduzieren, doch wird selbst nahe der Lichtgeschwindigkeit der Zeitpfeil nicht umgekehrt.

drei Minuten, in denen Materie und Antimaterie im Zusammentreffen zerstrahlten und einen unerklärten – relativ – winzigen Rest an Protonen, Neutronen, Elektronen, Alphapartikeln (Heliumkernen) und Spuren von Kernen einiger Elemente wie Lithium übrig ließen, würden wir als Beobachter für die ersten hunderttausend Jahre wenig zu sehen bekommen: die sich ausdehnende Strahlung, vermischt mit den eben genannten Partikeln. Kein besonders interessantes Universum, in dem sich außer der Ausdehnung wirklich kaum etwas ereignete. Nach diesen etwa hunderttausend Jahren entkoppeln sich Strahlung und Materie, Elektronen verbinden sich mit Protonen und Alphapartikeln, um die chemischen Elemente Wasserstoff und Helium (jeweils etwa 75% und 25% der Masse des Universums)[23] zu bilden, während die Hintergrundstrahlung sich weiter ausdehnt. Während der nächsten Milliarden oder zwei Milliarden[24] Jahre würden wir diese Expansion von Strahlung und Materie weitergehen sehen. Wir sollten vielleicht dankbar dafür sein, daß wir diese lange Zeit nicht zuschauen mußten, in der sich wenig ereignete, zumindest nichts, was etwas Neues in die Welt gebracht hätte. Die Materie dehnt sich als Gemisch von Wasserstoff und Helium aus. Dank der minimalen Abweichungen in der Homogenität des Universums, wie sie in der Hintergrundstrahlung gemessen wurde, kam es zur Herausbildung von Zentren der Anhäufung von Materie. Diese Masse ansammelnden Zentren, die folglich auch als Zentren der Schwerkraft wirken, entwickeln sich mehr und mehr zu lokalen Schwerkraftzentren. Zumindest nimmt man dies an, obwohl es nach wie vor an einer gültigen, ausformulierten Theorie in dieser Frage fehlt. Doch irgendwie müssen sich Materie-Wolken gebildet haben, in denen sich dann lokale Schwerkraftzentren bildeten, die schließlich genug Materie an sich zogen, um zu Sternen zu werden.

Innerhalb der Sterne kommt es durch die Gravitationskräfte zur Erhitzung, bis die zur Fusion von Wasserstoff zu Helium notwendige Temperatur erreicht ist. Damit setzt eine stellare Entwicklung ein, in der zunächst Helium, in einem nächsten Zyklus Kohlenstoff und schließlich Eisen entsteht. Mit dem Eisen endet jegliche Fusion im Inneren der Ster-

[23] Es bildete sich noch eine Reihe von anderen Elementen, wie etwa Lithium, die aber quantitativ in der Gesamtmasse kaum von Bedeutung sind, obwohl sie in den Theorien der Physiker über die Anfangsphase des Universums eine nicht unbedeutende Rolle spielen.

[24] Diese Zeit hängt weitgehend vom angenommenen Alter des Universums ab, das zumindest noch sehr umstritten ist. Diese Anfangsphase des Universums kann auch noch sehr viel länger sein.

ne, da die höheren Elemente der Mendeljewschen Tafel nur unter Energiezufuhr gebildet werden können. Ihre Bildung vermag deshalb keine Energie nach außen abzugeben, die der Schwerkraft entgegenwirkte und Strahlung freisetzte. Die Entwicklung der normalen Sterne endet so in einem Endzustand als weißer oder schließlich brauner Zwerg. Glücklicherweise, so darf man vielleicht sagen, enthielten die jungen Galaxien – die wir heute in vielen Lichtjahren Entfernung beobachten können – zahlreiche blaue Riesensterne, die ihren Brennstoff schnell verbrauchen und danach in einer gewaltigen Implosion zusammenfallen. Die dabei freigesetzte explosive Schockwelle läßt Elemente jenseits des Eisens auf der Periodentafel der Elemente entstehen, während der Rest dieser Sterne unter der Einwirkung der Schwerkraft als Neutronenstern, bei dem die Elektronen in die Protonen absorbiert werden, oder als Schwarzes Loch weiterexistieren. Wir dürfen für diese gewaltigen Explosionen dankbar sein, die am Himmel als Supernovae genannte Feuerbälle erscheinen, denn ohne sie würde es eine große Zahl der zum Leben notwendigen Elemente nicht geben. Dieser Prozeß selbst ist nicht gerade von Ordnung geprägt, doch aus dem angehäuften Sternenschutt entwickelten sich Systeme größerer Mannigfaltigkeit wie unser Sonnensystem mit seinen Planeten. Die diversifizierte Zusammensetzung von Milliarden dieser Sonnensysteme sollte aber nicht die Tatsache überdecken, daß nach all der Zeit der Produktion von höheren Elementen immer noch weniger als ein Prozent der Materie im Universum etwas anderes als Helium oder Wasserstoff ist. Das heißt, in den fünfzehn oder mehr Milliarden seiner Existenz ist das Universum mit Ausnahme von weniger als einem Prozent von einem Milliardstel seiner ursprünglichen Energie ein recht eintöniges Universum.

Bevor wir uns dem hier anklingenden „quantitativen“ Argument zuwenden, lassen wir die Makrophänomene, die wir gerade beschrieben haben, beiseite, um die Mikrophänomene in den Blick zu bekommen. In diesem Bereich des Winzigen und Kleinen ist der Zeitablauf nicht von derselben Monotonie geprägt. Wir sehen eine erst sehr langsam einsetzende, aber kontinuierlich sich beschleunigende Abfolge von Ereignissen: Zunächst sehen wir die sich noch über lange Zeiträume erstreckende, aber immer punktuell erfolgende Bildung der Isotopen der zwei- undneunzig Elemente, dann die Bildung von einfachen Molekülen und Makromolekülen, das Auftreten und die Evolution des Lebens, und schließlich das Auftreten des Denkens im Universum. Die Geschichte ist gekennzeichnet durch eine emergierende, punktuelle, von Strukturen getragene Ordnung.[25] Die Evolution kann so als die Schaffung von immer mehr Ordnung begriffen werden. Die Menschen haben zu allen Zeiten dieses Element der Ordnung erkannt, und sie haben sie vielleicht allzu häufig für sakrosankt erklärt.[26] Doch diese Haltung scheint im Widerspruch zur Wirklichkeit der Evolution zu stehen, wie wir im Detail später noch sehen werden.[27] Eine ein für allemal etablierte Ordnung würde eine sichere Projektion in die Zukunft ermöglichen, doch genau das ist nicht möglich. Der Gang der Evolution erzählt eine lange Geschichte, die sich uns im Rückblick eröffnet, doch ihr nächstes Kapitel kann in der Vorausschau nicht gewußt werden, ganz zu schweigen vom Ende der Geschichte. Das einzige, was wir mit einiger Sicherheit feststellen können, ist, daß aufgrund der bekannten Sätze der Thermodynamik dieses Universum mit wenigstens einem lebenden Planeten nicht in alle Ewigkeit funktionsfähig bleiben wird – zumindest soweit Leben in diesem Universum zu seiner Funktion gehört.

So ist die evolutive Geschichte des Universums offen für die Zukunft: Wir wissen nicht, zumindest nicht aufgrund des Studiums der Vergangenheit, wie weit die Evolution gehen wird. Doch auf die Dauer scheint auch sie Gefangene der Entropie zu sein: Dies ist zumindest das Urteil der Naturwissenschaft, ein Urteil, dem manche Naturwissenschaftler mit ziemlich wilden Spekulationen zu entrinnen suchen.[28] Hier zeigt sich eine gewisse innere Widersprüchlichkeit des Universums. Obwohl die Evolution wirklich ist, scheint sie irgendwie im beständigen Widerspruch zu einem entropischen Universum zu stehen.[29] Dieses Dilemma zwischen

[25] Es darf angemerkt werden, daß die punktuelle Ordnung die notwendige Voraussetzung für die Ermöglichung von Naturwissenschaft ist: Naturwissenschaft kann es nur geben, wenn es Ordnung und Struktur gibt.

[26] Dies geschieht heute zum Beispiel häufig in bestimmten Strömungen der ökologischen Bewegung, die die Natur bewahren wollen, wie sie ist, oder genauer, wie sie war.

[27] Vgl. weiter unten, Kapitel vier.

[28] Vgl. Frank J. Tipler, Die Physik der Unsterblichkeit. Moderne Kosmologie, Gott und die Auferstehung der Toten, München 1994; vgl. die Besprechung dieses Buches von Joseph I. Silk, Road to Nowhere, in: Scientific American, Juli 1995, 93–94. – Die physikalisch zumindest theoretisch vertretbare Spekulation auf eine ewige Existenz von Information im Umfeld eines Schwarzen Loches ist zwar für den Menschen nicht gerade attraktiv, doch verweist sie auf die tiefe Sehnsucht der Menschen, die Zeitlichkeit irgendwie zu überwinden.

[29] Die Möglichkeit der Evolution ist angesichts der Bereitstellung von Energie in Gestalt der Materie, die frei verfügbare Energie durch nukleare Prozesse in den Sternen hervorbringt, ohne Verletzung des ersten und zweiten Satzes der Wärmelehre möglich. Doch die thermodynamische Möglichkeit der Evolution erklärt nicht das Werden von Ordnungsstrukturen.

einer Ordnung schaffenden weitergehenden Evolution und einer Ordnung zerstörenden, alle Materie umfassenden Entropie erlaubt keine klare Antwort auf die Frage nach dem Sinn der Welt. Die Entropie weist in Richtung eines sinnlosen Universums, während die Evolution – zumindest auf der Ebene der Menschen – die Frage nach dem Sinn des Universums hervorgebracht hat. Eine in Richtung Sinnlosigkeit weisende Antwort baut häufig auf einem Argument auf, das man als das „quantitative" oder „Mengen"-Argument bezeichnen kann.

1.3 Das quantitative Argument

Die Menschen sind heute weithin in der Meinung groß geworden, die Auffassung der Mehrheit sei das gültige Gesetz, das über gut und böse entscheidet. Die Demokratie gründet nach dieser Auffassung in dem Glauben, daß die Mehrheit der Menschen das tut, was recht ist. Entsprechend dieser Einstellung gibt es keine mit Recht Respekt heischenden Werte irgendwelcher Art außer jenen, die von der Mehrheit angenommen und schließlich von jedermann respektiert werden müssen. Das heißt nicht, daß jedes Individuum auf diese öffentlichen Werte beschränkt sei; individuelle Wertesysteme werden geduldet, solange man nicht versucht, sie anderen aufzuzwingen. Die Mehrheit macht das Gesetz, doch läßt sie die Frage nach der Gültigkeit des votierten Wertesystems weit offen. Hier ist nicht der Ort, die Gültigkeit des demokratischen Systems als des Ortes der Festlegung der Werte einer Gesellschaft weiter zu analysieren,[30] doch flößt es uns gewissermaßen mit der Muttermilch schon einen hohen Respekt vor den großen Zahlen, vor der größeren Quantität ein. Das heißt nicht, daß wir auf die Demokratie warten mußten, um angesichts großer Zahlen hilflos zu verstummen.
Seit die Menschen die immer weiter wachsende quasi-unendliche Weite des Universums und die quantitative Bedeutungslosigkeit des Planeten Erde in der Welt von Milliarden von Galaxien entdeckten, sind wir immer wieder mit dem Argument konfrontiert worden, im Universum sei das Leben wie ein Schimmelpilz auf einem im Raum verlorenen Staubkorn, und insbesondere die Menschen seien in diesem Universum völlig

[30] Die Demokratie ist vermutlich immer noch die beste Regierungsform, wenn man andere Möglichkeiten in Betracht zieht. Ob sie allerdings ohne ein allgemein akzeptiertes, nicht abstimmungsfähiges Wertesystem überleben kann, erscheint angesichts der individualistischen Ausuferung in den westlichen Demokratien als fragwürdig.

bedeutungslos. Ähnliche Argumente werden auf der rein biologischen Ebene vorgebracht im Hinblick auf die relative Biomasse von Menschen und Bakterien, wo dann letztere zu den eigentlich Erfolgreichen in der Welt des Lebendigen erklärt werden.[31] Als quantitative Feststellung ist diese Aussage faktisch richtig. Doch ist diese Aussage im Horizont der Evolution von Bedeutung? Die Antwort heischende Frage lautet: Ist in der Evolution des Universums die Quantität das überzeugendste Merkmal und der signifikanteste Parameter? Um diese Frage beantworten zu können, müssen wir die Geschichte des Universums unter Benutzung des Parameters der Quantität näher analysieren und herausfinden, wie dieser Parameter sich zum evolutiven Prozeß verhält.

Wenn wir auf das frühe Universum mit seiner „Suppe" aus gleichen Anteilen von Materie und Antimaterie blicken, dann sehen wir, wie letztere sich gegenseitig in masselose, in den Raum ausstrahlende[32] energetische Photonen vernichten – so zumindest das Postulat der meisten Theorien –, während nur ein Milliardstel des ursprünglichen Energie-Universums zu Materie wird. Die überwältigende Masse des frühen Universums wird zur kosmischen Hintergrundstrahlung. Wenn wir eine Verteilung der ursprünglichen Energie graphisch darstellen wollten, würde die Materie eigentlich überhaupt nicht in Erscheinung treten. Ihre Existenz würde viele Standardabweichungen[33] vom Mittelwert entfernt anzugeben sein. Statistisch würde die materielle Welt der Massepartikel als nicht existent angesehen.

Wenn wir das materielle Universum selbst in den Blick nehmen, zeigt sich uns eine ähnliche Verteilung. Mehr als neunundneunzig Prozent des materiellen Universums bestehen seit dem Urknall aus Wasserstoff und Helium, und all die anderen neunzig natürlich vorkommenden Elemente machen weniger als ein Prozent der Materie des Universums aus. Statistisch sind so im materiellen Universum alle Elemente außer Wasserstoff und Helium quantitativ zur Bedeutungslosigkeit, zur Insignifikanz re-

[31] Vgl. Stephen Jay Gould, The Evolution of Life on the Earth, in: Scientific American, Oktober 1994, 84–91.

[32] Dies ist eine Art zu sprechen, die nicht notwendig korrekt ist: Sie könnte in einem inflationären Universum zutreffen; andererseits könnte die sich ausdehnende Strahlung selbst den Raum schaffen.

[33] Die Standardabweichung ist ein Maß der Unwahrscheinlichkeit eines Ereignisses: Je mehr Standardabweichungen, desto unwahrscheinlicher. Normalerweise beschränkt sich die beschreibende Statistik auf die Einbeziehung von höchstens vier Standardabweichungen. Die Materie würde in einer solchen statistischen Beschreibung des Universums gar nicht auftauchen.

duziert. Darüber hinaus geht nur ein sehr geringer Prozentsatz der Atome jemals eine molekulare Verbindung ein: Die große Masse gelangt nie weiter als bis zu einem Stern und wird dann schließlich zum Teil eines Weißen oder Braunen Zwerges, eines Neutronensterns oder eines Schwarzen Lochs. Im Reich der Atome haben die Moleküle keine quantitative Signifikanz. Unter den Molekülen wiederum gelangen nur wenige in die Strukturen von Makromolekülen. Unter einem quantitativen Gesichtspunkt sind Makromoleküle nicht erfolgreich und deshalb unbedeutend. Wenn wir in die Welt der Makromoleküle kommen, sehen wir eine gewisse Zahl in lebende Strukturen eingehen, die ihrerseits nur einen ganz winzigen Teil der materiellen Wirklichkeit darstellen. Wir kennen diese Strukturen nur auf unserem Planeten. Bisher sind auf anderen Planeten oder im Raum keine Spuren des Lebens gefunden worden, obwohl Aminosäuren[34] in Tektiten gefunden wurden. Im Bereich des Lebens wird die größte Biomasse von den Bakterien repräsentiert; quantitativ kann man im Verhältnis zu ihnen die eukaryotischen Protozoen vernachlässigen. Doch haben letztere leicht denselben quantitativen Vorteil gegenüber den Metazoen. Und so geht es weiter zu den quantitativ zu vernachlässigenden Wirbeltieren, Säugetieren, und schließlich Menschen. Wo immer auf der Bühne des Universums im Zuge der Evolution etwas Neues auftritt, stellt es eine statistisch insignifikante Menge im Vergleich zu dem Reich dar, aus dem es erwächst. Wenn die Quantität als Parameter der Evolution genommen wird, dann hat die Evolution überhaupt nicht stattgefunden.

Wenn diejenigen, die das quantitative Argument benutzen, es ernst meinten, müßten sie sich der einzigen quantitativ wirklich überwältigenden Wirklichkeit zuwenden, nämlich der kosmischen Hintergrundstrahlung. Doch offensichtlich ist niemand ernsthaft daran interessiert, es sei denn, es geht darum, eine quantitativ höchst unbedeutende, nur für die Evolution wichtige, minimale Abweichung von der vollkommenen Homogenität zu studieren. Mit anderen Worten, die quantitative Beurteilung der Wirklichkeit sagt uns eines von zwei Dingen: Entweder sind alle materiellen Wirklichkeiten angesichts der kosmischen Hintergrundstrahlung

[34] Solange es ein Dogma der Chemie war, daß Aminosäuren zu ihrer Entstehung Leben brauchen, hätte man diese Funde als Beweis für Leben im Universum ansehen können. Doch hat die spontane Evolution von Aminosäuren im Miller-Urey-Experiment, das im Labor unter Verwendung einer angenommenen Uratmosphäre durchgeführt wurde, gezeigt, daß wir Aminosäuren im Weltraum erwarten dürfen. Vgl. George Wald, The Origin of Life, in: Scientific American, August 1954, 44–53.

unwichtig und auch alle Elemente außer Wasserstoff und Helium unbedeutend – oder die Quantität ist kein Merkmal, das uns über die relative Bedeutung einer Sache im Universum informiert. Ein mit dem Parameter der Quantität ausgemessenes Universum erscheint wenig attraktiv oder interessant. Die oben zitierte, oft gehörte Bemerkung, das Leben sei wie ein Schimmelpilz auf einem Staubkorn in einem quasi-unendlichen Universum, gehört in die Klasse dieser quantitativen Bewertung, die, konsequent angewendet, dem trübsinnigsten Aspekt des Universums den höchsten Rang einräumt.

Abschließend können wir feststellen, daß das quantitative Argument zwar in seinen Daten korrekt ist, doch wenn man es ernst nimmt als Maßstab für die Bedeutung und die Signifikanz der Wirklichkeit, führt es zu der absurden Folgerung, daß die Evolution eine unbedeutende Sache ist, die nicht unser Interesse finden sollte. In einem Universum, in dem Quantität als kritischer Parameter gilt, ist jegliche Forschung, die nicht von diesem Parameter gestützt wird, ein anthropozentrisches Unternehmen. Die Wahl dieses quantitativen Parameters ist offensichtlich keine wissenschaftliche Notwendigkeit, sondern eine methodische Vorentscheidung, und wir sind frei, dieses quantitative Argument nicht ernst zu nehmen, wenn es um Werturteile über die Ausrichtung der Evolution geht. Es ist offensichtlich kein der evolutiven Wirklichkeit angemessener Parameter. Zum Verständnis des Universums müssen wir nach einem anderen Schlüssel Ausschau halten.

Bei näherem Zusehen macht es keine Schwierigkeiten, in der Geschichte des Universums Zeiträume zu unterscheiden, die durch das lokale Auftreten neuer Wirklichkeiten gekennzeichnet sind. Je weiter wir in die Vergangenheit zurückschauen, um so mehr verschwimmen die Konturen. Das in der Geschichte Gewordene verschwindet immer mehr, je weiter wir in die Vergangenheit zurückgehen. Fassen wir einen spezifischen Zeitpunkt ins Auge, sind wir nicht in der Lage, aus der Kenntnis des zu diesem Zeitpunkt Wißbaren, das heißt des zu diesem Zeitpunkt Gewordenen, die weitere Entwicklung – die uns im Rückblick als Geschichte bekannt sein mag – vorauszusagen. Aus der Kenntnis des Universums zur Planck-Zeit läßt sich die materielle Welt nicht ableiten. Methodisch ist deshalb die Suche nach den Anfängen als Erklärungsgrundlage für unser Verstehen der evolutiven Welt wenig hilfreich. Je mehr wir uns der kosmologischen Singularität des Urknalls nähern, wo alle Naturgesetze ihre Bedeutung verlieren, um so weniger können wir die Zukunft des Universums voraussagen. Die Geschichte vom Anfang an bis zum Auftreten des Menschen könnte nicht im voraus erzählt werden; sie läßt sich nur im Rückblick rekonstruieren. Um die Bedeutung der physikalischen Konstanten des Universums, die das anthropische Prinzip herausstellt, wirklich zu begreifen, muß es Leben und Menschen im Weltall geben. Diesen Konstanten kommt vom Standpunkt der Physik keine große Bedeutung zu, sie werden erst bedeutungsvoll, wenn man erkennt, daß ohne sie Leben, und insbesondere menschliches Leben, nicht möglich wäre.

Wir können zu dem Schluß kommen, daß die klassische Welterklärung, die bei den Anfängen ansetzt, kein adäquates Verständnis dessen zu bieten vermag, was wirklich geschehen ist. Das Potential der Anfänge ist weder sichtbar noch determinierbar, es sei denn in der Retrospektive. Vom Anfang her ist das Universum ohne Kenntnis des Jetztzustandes nicht erklärbar, und selbst in diesem Wissen um das Heute ist es nur als Geschichte beschreibbar. Statt mit dem Anfang und dem Begehren nach einer nicht ausschreibbaren Wellenfunktion des Universums anzusetzen, die, wie Hawking und nicht wenige Kosmologen glauben, alles erklären würde, schlagen wir einen anderen Weg vor, nämlich mit dem Heute, mit dem letzten uns bekannten Produkt des evolvierenden Universums zu beginnen. Dieses Endprodukt ist uns unmittelbar zugänglich, wir kennen es in zumindest einem Falle von seinem Innen her, nämlich bei jedem von uns selbst, und wir kennen es in vielen Fällen von außen, nämlich bei unseren Mitmenschen. Es ist sicherlich nicht unvernünftig, bei dem anzusetzen, was man weiß, statt bei dem kaum Gewußten.

1.4 Der Mensch als der Schlüssel zum Verstehen des Universums

Beim Menschen statt bei den Anfängen anzusetzen – wie es der biblische Text, die Schöpfungsmythen und die wissenschaftlichen Kosmologien tun – heißt einen ganz anderen Weg gehen. Er findet seine Rechtfertigung gegenüber der traditionellen Verstehensweise nur, wenn der Evolutionsprozeß wirklich ist, wenn er Neues in dem Sinne hervorbringt, daß das Neue noch nicht in den vorausgehenden Wirklichkeiten enthalten ist. Dieser neue Ansatz ist die praktische Konsequenz aus dem oben genannten Axiom, daß das Spätere wahrer ist als das Frühere.

Die Entscheidung, den Menschen zum Ausgangspunkt der Analyse der Geschichte der Evolution zu machen, kann uns den Vorwurf der Anthro-

pozentrik[35] eintragen. Dieser Vorwurf ist richtig, doch ist er als solcher kein Argument gegen dieses Vorgehen: Der Vorwurf enthält kein Kriterium dafür, ob es richtig oder falsch ist, den Menschen als Schlüssel zum Verständnis des Universums zu benutzen, das ein Evolutionsprozeß ist. Da dieser Prozeß zeitstrukturiert ist, dem Pfeil der Zeit folgt, und entsprechend Dollos Gesetz[36] jede Reversibilität ausschließt, gibt es keine retrograde Evolution vom Elephanten zur Amöbe. Es ist in einer dem Zeitpfeil folgenden Evolution deshalb durchaus angemessen und vernünftig, ihr letztes Produkt zum Ausgangspunkt der Analyse zu machen.
Die Frage „Was ist der Mensch?" hat keine einfache Antwort. Soweit wir in die Geschichte der Philosophie zurückblicken können, ist diese Frage immer nur unvollständig beantwortet worden, sie ist immer offen geblieben. Nichtsdestoweniger können wir feststellen, daß, soweit wir wissen, Menschen die einzigen Wesen im Universum sind, die fähig sind, solch eine Frage zu stellen und sich um ein Verstehen des Universums zu bemühen. Allein die Menschen sind in ihrer Wahrnehmung der Welt nicht endgültig durch ihre Sinne begrenzt: Sie können Instrumente bauen, die über ihre biologisch vorgegebenen Grenzen hinausreichen.[37] Menschen können über die Grenzen des wahrnehmbaren Universums hinausdenken, wenn sie auch durch ihre eigenen physischen Einschränkungen behindert und durch den Zeitkegel in der Wahrnehmung beschränkt sind.[38] Doch innerhalb ihrer eigenen Zeitkegel, die sich sowohl in die Zukunft wie in die Vergangenheit öffnen, scheint es keine Grenzen der menschlichen Forschung und Projektion zu geben. Wir können so mit großer Gewißheit feststellen, daß der Mensch Eigenschaften zeigt, die

[35] Doch ist letzten Endes jedes Vorgehen, das sich auf die Vernunft beruft, anthropozentrisch, sei es in der Physik, die in mathematischen Termini ausgesagt wird, sei es in der Biologie, die auf einer menschlichen Systematisierung beruht. Wer immer die Vernunft zum Kriterium seines wissenschaftlichen Vorgehens macht, beruft sich auf ein anthropologisches Existential, argumentiert also anthropozentrisch.

[36] Dollo, ein französischer Wissenschaftler, der als erster den Satz formulierte, daß es keine regressive Evolution, etwa vom Säugetier zum Fisch, gebe.

[37] Vgl. die Forschungen von Thure von Uexküll über die beschränkte Wahrnehmungswelt von Tieren.

[38] Da die Lichtgeschwindigkeit der schnellste Weg ist, irgendwelche Information mitzuteilen, ist unser Wissen um die Vergangenheit durch die Lichtgeschwindigkeit eingeschränkt: Wir können ein jetziges Ereignis auf einem mehrere Lichtjahre entfernten Stern nicht wahrnehmen; es kann in mehreren Jahren sichtbar werden. Die fernen Galaxien nehmen wir wahr, wie sie vor mehreren Milliarden Jahren waren. Vgl. Stephen W. Hawking, Eine kurze Geschichte der Zeit. Die Suche nach der Urkraft des Universums, Hamburg 1988, 34–52.

nirgendwo sonst im Universum gefunden werden, soweit es von den Naturwissenschaften erforscht worden ist.

Dem Menschen wurden von allen Philosophien und Religionen eine besondere Rolle und ein eigener Ort im Universum zugewiesen. Häufig entwickelten sie eine dualistische Sicht des Menschen als aus Leib und Seele zusammengesetzt.[39] Der Leib ist der Zeitlichkeit vergehender Materialität unterworfen, während die Seele der Ewigkeit des Himmlischen und Göttlichen verbunden ist. Die in diesen Mythen zum Ausdruck kommende Verwerfung eines endgültigen Todes scheint eine der frühesten Bekundungen des Auftauchens des wahrhaft Menschlichen zu sein. Die Bestattungsriten des Neandertalers dokumentieren diesen Glauben an ein Überleben jenseits des Grabes für wenigstens die letzten zweihunderttausend Jahre. Diese vertrauende Gewißheit eines Überlebens fand ihren Ausdruck in Aussagen über die Seele, die wir aus unserem eigenen Innen-Erleben heraus zu verstehen versuchen können, doch ist eine auf dieser inneren Erfahrung gründende klare Aussage über die Seele, die ein volles Verständnis beim Zuhörer zu wecken vermag, kaum möglich.

Die Seele als eine Innenwirklichkeit entzieht sich weitgehend der von außen kommenden Untersuchung. Die Hirnforschung hat uns vieles über durch Hirnverletzungen in der geistigen Aktivität verursachte Defizite gelehrt. In einer dualistischen Sicht ist vorgeschlagen worden, das Gehirn als das Organ zu sehen, das Leib und Seele verbindet. Dabei bleibt unklar, was die Seele sei. Andere haben die Seele mit dem Geist identifiziert, der seinerseits in der materialistischen Sicht als Epiphänomen begriffen wird.[40] Eine andere Sicht versteht das Gehirn und den Geist als komplementäre Wirklichkeiten, das eine existiert nicht ohne den anderen und umgekehrt, in unserer konkreten menschlichen Wirklichkeit.[41]

[39] Vgl. zum Beispiel Platos *Phaidros* oder den Re-Mythos im letzten Buch des *Staates*; siehe ferner: Die Schöpfung in den Religionen, Sankt Augustin 1990; Jean-Pierre Longchamp, La Création du monde, Paris 1990.

[40] Diese ziemlich weit verbreitete Auffassung führt zu dem materialistischen „Hirn-Gerede": In dieser Redeweise liest man dann, „das Gehirn denkt", das „Gehirn koordiniert", das „Gehirn hat Ideen", so als wäre das Gehirn nicht das Organ einer ganzheitlichen Person, sondern eine selbständig existierende Entität. Diese materialistische Vorstellung hat z.B. dazu geführt, daß man das Gehirn Einsteins in Princeton aufbewahrt hat. Allerdings haben die Untersuchungen nichts Besonderes an Einsteins Gehirn feststellen können.

[41] Hier ist nicht der Ort, näher die Frage menschlichen Überlebens nach dem Tode zu behandeln. Die grundsätzlich nicht auszuschließende Möglichkeit einer Transformation läßt zumindest den Gedanken an eine ewige Zukunft des Menschen zu.

Die zeitgenössische Wissenschaft, die von der Materie fasziniert ist und weithin materialistisch denkt, ist kaum offen für einen realistischen Dualismus im Menschen, wie er zum Beispiel von John Eccles,[42] vielen Religionen und in der christlichen Tradition vorgeschlagen wird. Gerade letztere hat sich viele Jahrhunderte um die Überwindung des Leib-Seele Dualismus bemüht, indem sie die Seele zur Form oder zum aktiven Prinzip der Leib-Seele-Dualität mit der Aussage der *anima forma corporis* machte. Doch der späte Augustinische[43] Glaube an eine unmittelbar von Gott geschaffene Seele – ein Satz, der von katholischen Theologen über viele Jahrhunderte als *de fide* qualifiziert wurde[44] – hat noch seine Anhänger. Dieser Glaube führte zu der Vorstellung von Tieren ohne Vernunftseele, die in all ihrem Tun und Lassen strikten Naturgesetzen unterlägen. Diese Konzeption kulminierte in Descartes' Tier-Maschine, die die Wissenschaften bis in die Instinkt-Vorstellungen noch dieses Jahrhunderts beeinflußte. Seit Darwin in der Nachfolge Linnés den Menschen als Primaten klassifizierte und gleichzeitig die Erschaffung des Menschen in einem besonderen Schöpfungsakt durch die Evolutionstheorie ausschloß, wurde so die Vorstellung vom Tier als Maschine auf das Menschentier ausgedehnt. Dies war und ist heute noch eine der Barrieren, die Theologen daran hindern, eine auf das Menschengeschlecht ausgedehnte Evolution wirklich zu denken.

Abgesehen davon, daß die Descartessche Vorstellung eine vorwissenschaftliche philosophische Annahme ist, die man heute schlicht als falsch bezeichnen darf, daß sie also keine ernsthafte Behinderung für die Annahme der Evolution als eines historischen Faktums ist, ist die Evidenz für den Ursprung des Menschen im evolutiven Prozeß so überwältigend geworden, daß es schlicht unvernünftig ist, sich zu weigern, den Menschen in der evolvierenden Welt zu denken und zu beschreiben. Die Menschen, zu denen Gott durch die Offenbarung spricht, sind durch die Evolution geschaffen worden. Dies gilt nicht nur für den Leib, sondern für den ganzen denkenden, wissenden, künstlerischen, kreativen, glaubenden und anbetenden Menschen. Der Mensch ist nicht Fremdling, nicht Gast auf Erden, dessen Seele aus einer anderen Welt käme. Der Mensch emergierte als *homo sapiens*, genauer, so dürfen wir vielleicht angesichts der frühen Bestattungsrituale vor aller künstlerischen Gestal-

[42] Karl Popper/John Eccles, Das Ich und sein Gehirn, München 1982, 434–440.

[43] Der frühe Augustinus glaubte, die Seele entstehe in der Zeugung, komme von den Eltern.

[44] Vgl. die Aussagen Pius' XII. in seiner Enzyklika *Humani generis* von 1950.

tung sagen, als *homo religiosus* im Evolutionsprozeß; und wir können die Geschichte seines Werdens verfolgen, um den Prozeß zu verstehen und den Schöpfungs-Aspekt dieses Prozesses auszuloten.
Die Selbsterfahrung des Menschen als eines integrierten Selbstbewußtseins erlaubt dem Menschen, sich selbst als jemanden zu erfahren, der sich von der übrigen Welt unterscheidet und zu ihr in Beziehung steht. In der Erfahrung dieser Einsicht unserer selbst wissen wir zugleich um unsere Teile, zum Beispiel um unsere Glieder. Wenn wir von uns selbst sprechen, wissen wir, daß wir mehr sind als die Summe unserer Hände, Füße, Augen und Ohren, Herz und Gehirn etc. Wir wissen, wir sind nicht nur unsere Teile. Der Verlust eines Gliedes zerstört, bei aller Minderung unserer Existenz, nicht unsere Einheit. Wir unterscheiden so unsere Teile, und gleichzeitig identifizieren wir uns mit ihnen. Ich kann meinen Finger verletzen, doch wenn jemand auf meine Finger schlägt, schlägt er mich. Wir erfahren uns selbst als zentrierte Einheit, die wir normalerweise mit der Person identifizieren, die wir sind, und die auf der Ebene des Menschen typischerweise bei ihrem Namen genannt wird. Jemanden mit seinem Namen ansprechen meint nicht diesen oder jenen Teil dieses Menschen, sondern die ganze Person. Zugleich wissen wir darum, daß wir ein Kompositum sind: Unser Finger kann uns weh tun. Wir erfahren uns also als einsgewordene Zentren, die zahlreiche Teile vereinen, die wesentlich zu uns gehören. Diese Polarität zwischen Teilen und Zentrum erscheint so als eines der Konstituentien des Menschseins, das durch den langen Prozeß der Evolution hervorgebracht wurde und dessen vergangene Geschichte erforscht werden kann. Wie kam die von uns erfahrene Einheit zustande? Wurde sie in einem spezifischen Akt als Mensch aus einem Rohmaterial - wie etwa aus Lehm - geschaffen? Oder gab es frühere, zu ihr hinführende Stufen der evolutiven Entwicklung?

1.5 Einheit und die Schaffung von Einheit als Grundaspekt der Evolution

Wenn wir in die Geschichte zurückblicken, bemerken wir rasch, daß die Arten, die früher waren als wir, keineswegs völlig von uns verschieden sind. Sie haben eine Reihe von Merkmalen, die wir auch bei uns selbst vorfinden. Die Anatomie der Menschenaffen, die von den Taxonomisten heute zusammen mit den Menschen als Primaten klassifiziert werden, ist der unseren sehr ähnlich. In vorchristlicher Zeit, als Untersuchungen an der menschlichen Leiche tabu waren,[45] lernte und lehrte Galen menschliche Anatomie an der Dissektion von Affen. Die Ähnlichkeit geht durchaus über die Anatomie hinaus: Es gibt deutliche Verhaltensmerkmale, die wir bei uns wiedererkennen. Die Achtung des Eigentums anderer unter Schimpansen,[46] die Sanktionierung asozialen Verhaltens,[47] die Fähigkeit, die Meisterung komplizierter und abstrakter Aufgaben zu lernen[48] und sogar einfache Begriffe als Symbole zu gebrauchen:[49] All diese Verhaltensweisen sind von der ethologischen Forschung der letzten Jahrzehnte aufgezeigt worden. Die Annahme, Tiere seien vom Instinkt geleitete Maschinen, mußte aufgegeben werden. Sie unterscheiden sich vom Menschen, sie sind weder Künstler noch glauben sie an ein Leben nach dem

[45] Für kurze Zeit war dieses Tabu in Alexandrien von Herophilus und Erasistratus durchbrochen werden, doch nach wenigen Jahren wurden die Dissektionen wieder aufgegeben. Galen mußte in seiner Zeit mit dem Tabu leben, er sezierte Tiere wie Affen und Paarzeher. Die Praxis der Dissektion menschlicher Leichen kam im Mittelalter zuerst wieder in Italien auf, einer kirchlichem Einfluß unterworfenen Region. 1316 schrieb Mondino dei Luzzi das erste Handbuch der Dissektion mit dem Titel *Anatomia*. Die Dissektion menschlicher Leichen wurde von Pius V. angeordnet, der damit das immer noch verbreitete Tabu formell brach; so öffnete das Mittelalter die Tür für große Anatomen wie Vesalius, die ihre Lehrbücher in Druck geben konnten. Vgl. David C. Lindberg, The Beginnings of Western Science: the European Scientific Tradition in Philosophical, Religious and Institutional Context, 600 B.C. to A.D. 1450. Chicago, 1992, 119–22, und 342–45.

[46] Schimpansen jagen allein, und der erfolgreiche Jäger hat das Eigentumsrecht an seiner Beute. Andere bitten um einen Anteil mit ausgestreckten Händen, doch versuchen sie nicht, den erfolgreichen Jäger zu berauben. Sogar das Alpha-Tier, wenn es auch einen größeren Teil bekommt, respektiert das Recht des Jägers. Vgl. Arndt Kortlandt, Handgebrauch bei freilebenden Schimpansen, in: Bernhard Rensch (Hg.), Handgebrauch und Verständigung bei Affen und Frühmenschen, Symposium der Werner-Reimers-Stiftung für anthropogenetische Forschung, Bern/Stuttgart, 1968, 59–102; Geza Teleki, The Omnivorous Chimpanzee, in: Scientific American, Januar 1973, 32–47.

[47] Z.B. den Ausschluß des egoistischen Individuums bei gemeinsamer Nutzung einer Nahrungsquelle.

[48] Vgl. die Arbeiten von Bernhard Rensch mit der Schimpansin Julia, die lernte, 25 verschiedene verschlossene Kisten, die sichtbare Werkzeuge zur Öffnung jeweils einer anderen Kiste enthielten, zu öffnen und so schließlich zu einer Kiste zu gelangen, die eine Banane enthielt, oder mit einem Magneten eine Zugang zu einem Schokolade spendenden Automaten gebende Münze durch einen komplizierten Irrgarten zu führen, indem sie erst den Irrgarten genau anschaute und dann die Münze auf dem kürzesten Weg herausholte. Bernhard Rensch/J. Röhl, Spontanes Öffnen verschiedener Kistenverschlüsse durch einen Schimpansen, in: Zeitschrift für Tierpsychologie, 1967, 476–489; dies., Wählen zwischen zwei überschaubaren Labyrinthwegen durch einen Schimpansen, in: Zeitschrift für Tierpsychologie, 1967, 216-231.

[49] Vgl. Ann James Premack/David Premack, Teaching Language to an Ape, in: Scientific American, Oktober 1972, 92–99; Michael P. Ghiglieri, The Social Ecology of Chimpanzees, in: Scientific American, Juni 1985, 102–13.

Tode, doch sind sie gewiß in sich zentrierte lebende Einheiten. Sie haben einen Bezug zu ihrer Umwelt, und sie handeln zweckgerichtet, sie verwirklichen Absichten. Gewiß ist ihre Welt auf das begrenzt, was sie mit ihren Sinnen wahrnehmen können, und sie sind unfähig, diese Begrenzung ihrer Sinne zu überschreiten. Doch erweisen sich unsere biologischen Vorfahren als innere Einheit und Zentriertheit aufweisende Wesen, wobei Einheit und Zentriertheit der Lebensstufe entsprechen, die die Evolution in ihnen erreicht hat. Ein deutlicher Unterschied zum Menschen ist, neben den bereits genannten mangelnden Fähigkeiten, die Begrenztheit ihres Aktionsradius. Diese Grenze hängt zusammen mit ihrer Wahrnehmungsbegrenzung und dem Verstehen dessen, was sie wahrnehmen. Zum Beispiel sieht der Schimpanse oder irgendein anderes Tier den Mond als eine strahlende Lichtquelle am Nachthimmel und nicht als die Gesteinsmasse, als die wir ihn kennen.

Wenn wir so in die Vergangenheit zurückblicken, sehen wir zentrierte Lebewesen mit einem begrenzten Wahrnehmungshorizont. Bis zu einem gewissen Grade haben sie mit uns gemeinsam eine wahrgenommene Welt, doch ist ihnen die Totalität dessen verschlossen, was wir zu sehen vermögen.[50] Diese Feststellung trifft sicher nicht nur auf unsere unmittelbaren Verwandten in der Familie der Primaten zu, sondern auch auf eine große Zahl von Tieren, mit denen wir in eine gewisse Kommunikation treten. Sie verhalten sich wie Zentren mit einem beschränkten Wahrnehmungsradius, der teilweise durch unseren Einfluß ausgeweitet werden kann. Hunde zum Beispiel scheinen ihrem Herrchen oder Frauchen sehr viel näher zu stehen, es scheint dort etwas mehr zu sein, als die oft angeführten Hinweise auf das instinktive Rudelverhalten hergeben. Ihr freundliches und spielerisches Verhalten ist kaum so einfach zu erklären. Die Hunde sind offensichtlich in gewissem Maße fähig, Bezug zu einem Menschen zu haben und aufrechtzuerhalten. Sogar Löwen, die in der freien Wildbahn Menschen als Beute oder Feinde betrachten, sind fähig, sich im Zirkus von ihren Dompteuren[51] leiten zu lassen. Worum es hier geht, ist nicht eine Vermenschlichung der Tiere, sondern die Einsicht,

[50] Einige Tiere mögen Wahrnehmungsmöglichkeiten haben, die jenseits unseres biophysischen Potentials liegen. So können wir polarisiertes oder ultraviolettes Licht nicht wahrnehmen, wie das den Bienen möglich ist; ähnliches gilt beim Ultraschall, den Fledermäuse benutzen, oder beim Magnetismus, der bei Brieftauben eine Rolle spielt. Doch sind wir in der Lage, Instrumente zu bauen und zu benutzen, die diese „Defizite" gutmachen.

[51] Der Terminus stammt offensichtlich noch aus der Zeit, da man glaubte, es ginge in erster Linie um die Dominanz über das Tier, über die Natur.

daß Tiere sich nicht wie Automaten verhalten, sondern wie Individuen, die die Welt innerhalb ihres Wahrnehmungshorizonts kennen und wissen, was sie tun wollen. Bei den Säugetieren haben wir keine Schwierigkeiten, diese Art von zentriertem, einheitlichem und ganzheitlichem Verhalten zu sehen: Offensichtlich sehen sie ihre Umwelt und situieren sich in ihr im Einklang mit ihrem Wahrnehmungshorizont.[52]

Je weiter wir in die Vergangenheit zurückgehen, um so eingeschränkter wird der Radius des Wahrnehmungshorizonts: Stare können zum Beispiel Würmer und Insekten, die sich nicht bewegen, nicht wahrnehmen. Ähnliche Beschränkungen finden wir bei Schlangen, die nur eine sich bewegende Beute ausmachen können. Wir können dieser Linie der Regression im Wahrnehmungshorizont und im Aktionshorizont bis zu einer sehr niedrigen Stufe folgen. Selbstverständlich wäre es ein Irrtum, wollte man eine einzige gerade Linie in die Vergangenheit ziehen. Vielmehr scheint es auf allen Stufen eine Vielzahl von ähnlichen Radien der Wahrnehmung und der Aktion zu geben, von denen sich einige in eine spezifische Richtung entwickeln, die schließlich in eine spezialisierte Sackgasse zu führen scheint. Auf der Stufe der Säugetiere finden wir so Spezialisierungen in eine endgültige Richtung, aus der es keine Rückkehr mehr gibt. Bei den Pferden sehen wir so vom dreizehigen Hipparion eine Entwicklung zu immer leistungsfähigeren Läufern, aber ohne Offenheit für eine andere Entwicklung. Bei den Vögeln erweisen sich die Kolibris als perfekte Nektarsammler, doch scheint ihre Entwicklung an ein Ende gekommen zu sein. Das Reich der Insekten ist angefüllt mit Spezialisten, die an ihre jeweilige Nische hoch angepaßt sind, die sich aber kaum weiterzuentwickeln scheinen. Doch sind sie alle in ihrer Welt einheitliche und ganzheitliche Entitäten mit einem definierbaren Aktionsradius.

Gehen wir noch weiter zurück in die Vergangenheit, verschwinden Säugetiere und Wirbeltiere und ebenso die Insekten in noch früherer Zeit. In den sehr frühen Stadien der Evolution des Lebens finden wir eine Vielfalt von Formen unter den Mollusken, die in großer Zahl als Arten bis heute überlebt haben, und insbesondere eine Vielfalt von Seeanemonen, Seelilien und Quallen: Zellkolonien, die eine Art von Einheit bilden, ohne zu einer inneren Einheit gelangt zu sein, wie wir sie etwa

[52] So war zu der Zeit, als man begann, mit der Büchse zu jagen, das Rehwild eine viel leichtere Beute, da das Wild die Büchse heute erkennt und vermeidet. Heute müssen Jäger sich verstecken und das Wild aus dem Hochsitz erlegen. In jagdfreien Gebieten hat das Wild kaum Scheu vor dem Menschen.

beim Hund finden. Die volle Einheit ist nur in der Zelle verwirklicht, obwohl diese Lebewesen eine mehr oder weniger strukturierte Einheit bilden, bei beginnender Zellspezialisierung. Zellkolonien, die sich bereits bei den Bakterien finden, ermöglichen diese beginnende Zellspezialisierung erst bei den eukaryotischen Zellen, die vor etwa einer Milliarde Jahren als Protozoen auftraten. Sie zeigen die Fähigkeit, ihre nächste Umwelt irgendwie wahrzunehmen und sich an sie anzupassen. Sie sind in ihrem Wahrnehmungs- und Aktionshorizont sogar fähig zu lernen. Einfaches Lernverhalten ist bei ihnen beobachtet worden, zum Beispiel bei Amöben und Pantoffeltierchen. Gehen wir noch weiter in die Geschichte der Evolution zurück, bis zu mehr als dreieinhalb Milliarden Jahre,[53] begegnen uns nur noch Bakterien. Sie haben zwar keinen sie zentrierenden Kern, doch verhalten sie sich gegenüber der Umwelt als Einheit, in vielen Formen auch als Kolonien bildende Einheiten. So klein sie sein mögen, Bakterien sind klar gegenüber ihrer Umwelt abgegrenzt, sie verhalten sich gegenüber ihrer Umwelt als Einheit und Ganzheit, wenn auch ihr Aktionsradius eingeschränkt ist.
Gehen wir noch weiter zurück, finden wir Makromoleküle, die ihre eigene strukturelle Einheit haben und in gewissem Sinne agieren können, zum Beispiel als Enzyme in ihrer Umwelt. Sie entfalten sich in ihrem Anpassungsverhalten, doch greifen sie nicht aktiv in ihre Umwelt aus. Innerhalb eines Organismus bewegen sich diese Moleküle aktiv und werden in mannigfaltiger Weise bewegt.[54] Sie verhalten sich passiv, werden sie sich allein überlassen, und wenn sie einer Form von Hitze ausgesetzt werden, zerfallen sie, verlieren sie ihre Einheit. Gehen wir in der Größenordnung noch weiter zurück zu einfachen Molekülen, so finden wir Composita, die unter den richtigen Bedingungen mit ihrer Umwelt reagieren können. Wenn auf dieser Stufe der Evolution zum Beispiel eine Säure wie HCI auf ein Kalziumkarbonat trifft, reagiert sie und bildet eine Reihe anderer Einheiten (CO_2, H_2O, $CaCl_2$). Auf dieser Ebene ist der Aktionsradius auf eine sehr kurze Strecke bemessen. Jede Einheit agiert aufgrund ihrer Gravitation und mit ihrer unmittelbaren Umwelt. Für eine effektive Einwirkung auf die Umwelt ist Berührungsnähe die

[53] Ganz genau bis zu 3,65 Milliarden Jahre.

[54] Vgl. Gerald M. Edelman, Cell-adhesion Molecules; a Molecular Basis for Animal Form, in: Scientific American, April 1984, 118–29; James H. Schwartz, The Transport of Substances in Nerve Cells, in: Scientific American, April 1980, 152–59; Corey S. Goodman/Michael J. Bastiani, How Embryonic Nerve Cells Recognize One Another, in: Scientific American, Dezember 1987, 72–93.

Regel. Moleküle benötigen Berührungsnähe, um zu interagieren, ihr Aktionsradius ist somit nahezu Null.

Dasselbe gilt für die noch elementaren Einheiten, denen wir zu Beginn des Universums begegnen: Atome, die in ihrer Interaktion mit anderen Atomen ein deutlich differenziertes Verhalten zeigen. Jedes Atom ist von einem anderen deutlich unterscheidbar. Die modernen Tunneling-Mikroskope[55] machen sogar einzelne Atome „sichtbar" und manipulierbar. Lange Zeit hatte man geglaubt, jenseits des Atomes gebe es keine kleineren Elementarteilchen. Doch die Atome zerfielen, und nur noch das einfachste Atom, Wasserstoff mit seinem aus einem Proton bestehenden Kern, scheint bis heute in meßbaren Zeiträumen jeglichem Zerfall zu widerstehen. Neutronen, die innerhalb der Atome stabilisiert sind, haben eine relativ kurze Lebensdauer, nach der sie in ein Proton und ein Elektron sowie eine Reihe von Partikeln wie dem Neutrino zerfallen. Außer den Neutronen, Protonen und Elektronen, die den Großteil der bekannten Masse des Universums ausmachen, gibt es eine Anzahl von Partikeln, die in drei Familien gruppiert werden.[56] Die Protonen und Neutronen sind aus drei kleineren Partikeln zusammengesetzt, die Quarks[57] genannt werden. Das Proton ist durch zwei *up-* und ein *down-Quark* charakterisiert, während es beim Neutron ein *up-* und zwei *down-Quarks* sind.[58] Vier weitere Quarks sind selten und nicht sehr stabil. Das extrem schwere *top-Quark,*[59] das vor kurzem entdeckt worden zu sein scheint, mit einer Masse von etwa der eines Gold-Atoms oder von mehreren Milliarden Elektonvolts, kommt in gewöhnlicher Materie nicht vor. Obwohl zahlreiche Partikel wie das Muon und die Tau-Partikel eine wichtige Rolle in stellaren Prozessen und kosmischen Strahlen spielen, scheinen sie in den atomaren Strukturen bedeutungslos zu sein, obwohl sie eine Rolle als Ursache von Zufallsmutationen bei Lebewesen spielen mögen. Die Einheit der einzelnen Partikel wird so jenseits der Atome undeutlicher und schwieriger zu fassen. Im Augenblick ist es eine offene

[55] Gerd Binnig/Heinrich Rohrer, The Scanning Tunneling Microscope, in: Scientific American, August 1985, 50–69.

[56] Gary J. Feldman/Jack Steinberger, The Number of Families of Matter, in: Scientific American, Februar 1991, 70–77.

[57] Der Ursprung und die Bedeutung dieses Wortes sind unklar. Im Deutschen gibt es den *Quark* als Weißkäse und als Unsinn. Der mündlich tradierte Entstehungsmythos berichtet, es sei ein ähnliches Unsinnswort wie die Bezeichnung des Urknalls als *Big Bang*.

[58] Das *up-Quark* hat eine Ladung von $+ {}^{2}/_{3}$ und das *down-Quark* eine von $- {}^{1}/_{3}$. Das Proton hat so eine Ladung von 1, und das Neutron eine Ladung von 0.

[59] Ein Elektronvolt (Einheit der Energie) ist gleich 1×10^{-28} Gramm (Masse-Einheit).

Frage, ob die Quarks selbst aus anderen Partikeln zusammengesetzt sind oder nicht. Innerhalb des Neutrons und des Protons kohärieren die Quarks sehr stark. Es scheint innerhalb der akzeptierten Theorien keine Möglichkeit zu geben, ein Quark zu isolieren. Es wird angenommen, daß ein solcher Versuch ein anderes Quark und ein Antiquark schaffen würde, so daß das Proton oder Neutron unverändert bliebe.[60] Es scheint deshalb vernünftig zu sein, unsere retrospektive Suche nach den frühesten einheitlichen und ganzheitlichen Wirklichkeiten zu einem Ende kommen zu lassen: Wir sind uns dabei dessen bewußt, daß die Suche weitergeführt werden könnte, und die Partikel jenseits der Protonen, Neutronen und Elektronen spielen eine wichtige, wenn auch meist momentane Rolle in der Produktion stellarer Energien. Dabei sind wir uns dessen bewußt, daß stellare Energien auch für das Auftreten von atomaren Elementen und für die Entwicklungsmöglichkeiten auf Planeten unentbehrlich sind. Doch nur die relativ stabilisierten Elemente, Protonen, Neutronen und Elektronen, haben eine Lebenszeit, die lang genug ist, um eine konkrete Rolle im Prozeß der Evolution jenseits der Schaffung von atomaren Elementen zu spielen.
Unsere Rückschau hat uns Einheit und Ganzheit als ein Merkmal erkennen lassen, das allen Wirklichkeiten, die uns in der Geschichte der Evolution begegnen, zuzuschreiben ist. Wenn dieses Markmal auch alles, was evolviert ist, kennzeichnet,[61] so gibt es doch qualitativ unterscheidbare Stufen der Ein-Ganzheit. Wir werden nun versuchen, Stufen der Einheit zu finden, die uns erlauben, Gemeinsamkeiten im allgemeinen Prozeß des Werdens zu sehen und diese Stufen der Einheit danach zu unterscheiden, wie sie in der Evolution verwirklicht werden.

1.6 Einswerdung als allgemeines Merkmal des evolutiven Prozesses

Wenn wir nach gemeinsamen Merkmalen der zu neuen Ein- und Ganzheiten führenden Evolution suchen, stellen wir fest, daß nicht der-

[60] Vgl. Claudio Rebbi, The Lattice Theory of Quark Confinement, in: Scientific American, Februar 1983, 54–65.

[61] Dieses Merkmal ist den Philosophen aller Zeitalter bekannt gewesen, die Scholastik sagte es in dem Axiom aus: *omne ens est unum* oder *ens et unum convertuntur*, doch ist die Frage des Ursprungs der Einheit und insbesondere des Werdens der Einheit und Ganzheit selten angesprochen worden.

selbe Prozeß über den gesamten Zeitraum der Evolution hin am Werk ist. Die Einswerdung geht weiter, doch können die in der Vereinigung eingehenden Elemente wechseln, wenn die Evolution weitergeht. Nur in einem sehr allgemeinen, wenn auch zutreffenden Sinne können wir von der Vereinigung, der Einswerdung von Elementen als einem grundlegenden Prozeß sprechen, bei dem immer Veränderungen im Modus der Bildung der Einheit und Ganzheit zu beachten sind. Auf der – von uns willkürlich so angenommenen – untersten Stufe des Protons und des Neutrons sehen wir, wie je drei Quarks Einheiten bilden, Entitäten, deren Eigenschaften und Stabilität von ihrer Zusammensetzung abhängen.[62] Diese Einswerdung schafft neue Wirklichkeiten mit Eigenschaften, die in den früheren Partikeln der Quark-Gluonen-Suppe des Urknalls nicht da waren. Seit der Planck-Zeit haben Neutronen und Protonen zusammen mit Elektronen einen wesentlichen Anteil am evolutiven Prozeß, wenn auch Neutrinos und Photonen ihrer Zahl nach die häufigsten im Universum sind und die Photonen beim Energietransfer eine wichtige Rolle spielen.

Im nächsten Schritt des evolvierenden Universums vereinen sich zwei Protonen mit zwei Neutronen, um ein Alpha-Partikel (oder einen Heliumkern) zu bilden, ein Schritt, der im innerstellaren Prozeß Zwischenstufen von Deuterium und Tritium, zwei Isotopen des Wasserstoffs, einschließen kann. Historisch sind Protonen und Alpha-Partikeln die einzigen[63] wichtigen Masse habenden Partikel, die nicht nur die Frühphase des Universums dominierten, sondern auch das Heute unseres Weltalls. Nach der Entkoppelung der Strahlung von der Materie ungefähr hunderttausend Jahre nach dem Beginn der Expansion bilden Protonen und Alpha-Partikel mit Elektronen Wasserstoff- und Heliumatome. Die von Elektronen umkreisten Atome sind fähig, sich mit anderen Atomen zu verbinden. Nicht mehr die Nuklearkräfte, sondern die elektrische Ladung des Kerns und die damit bestimmte Zahl der zu jedem Atom gehörenden Elektronen bestimmen die Möglichkeiten der Einswerdung in einer höheren Einheit, dem Molekül. Das Heliumatom mit seinem gesättigten Elektronen-Orbit ist normalerweise unfähig, eine Verbindung einzugehen, Helium ist ein Edelgas. Die Wasserstoffionen dagegen verbinden sich, sofern sie nicht von der Temperatur daran gehindert wer-

[62] Vgl. Claudio Rebbi, The Lattice Theory of Quark Confinement, in: Scientific American, Februar 1983, 54–65.

[63] Relativ kleine Mengen von anderen leichten Elementen wie zum Beispiel Lithium bildeten sich auch im Urknall.

den, und wenn die Distanz zwischen den Atomen nicht zu groß ist, zu Wasserstoffmolekülen (H_2). Gäbe es nur Wasserstoff und Helium im Weltall, könnten sich keine anderen Moleküle bilden. Durch die durch Gravitationskräfte bewirkte Bildung der Sterne, die an sich nur Anhäufungen von Masse ohne innere Einheit sind, kommt es in der stellaren Umwelt zu Vereinigungsprozessen, in denen sich die Protonen und Neutronen – häufig über die Zwischenstufen einfacherer Atomkerne – zu immer komplexeren Nuklei vereinen, die bis zu 92 Protonen und eine entsprechende Zahl von Neutronen enthalten.[64] Die komplexeren Nuklei verbinden sich wiederum mit Elektronen, deren Zahl jeweils der der im Atomkern enthaltenen Protonen entspricht.

Während die Vereinigung von Protonen und Neutronen zu Atomkernen die Bildung von mehr oder weniger ständigen Atomen mit ihren verschiedenen Eigenschaften ermöglicht, schafft die Vereinigung zwischen Atomen Moleküle mit eindeutig neuen Eigenschaften. So bildet z.B. die Vereinigung von zwei Wasserstoffatomen mit einem Sauerstoffatom ein Wassermolekül. Auf dieser Stufe wird ganz klar, daß die neue Entität nicht aus einer Ursache, aus Elementen entsteht, die das Neue schon in einer verborgenen Weise enthielten. Vielmehr verbinden sich die Elemente, um eine je einzigartige neue Entität zu bilden, die nicht in den Elementen enthalten ist. Die Elemente sind sicherlich eine notwendige Voraussetzung, eine conditio sine qua non für die neue, emergierende Wirklichkeit, doch enthalten sie diese Wirklichkeit nicht. Das Mehr tritt hier aus dem Weniger zutage. Das Mehr wird in der Vereinigung. Da wir es hier noch mit gut überschaubaren Komplexen zu tun haben, können wir hier den Prozeß des Werdens als einen Prozeß der Vereinigung klarer erfassen. Quarks vereinen sich, um Protonen und Neutronen zu bilden. Neutronen und Protonen vereinen sich, um Atomkerne zu bilden, die ihrerseits in der Vereinigung mit Elektronen zu Atomen werden. Atome vereinen sich, um einfache Moleküle zu bilden, die über das ganze Universum verteilt zu beobachten sind[65] und die ihrerseits zu Elementen für Makromoleküle werden.

[64] Bei den leichteren Elementen ist die Zahl der Neutronen fast gleich der Zahl der Protonen, bei den schweren Elementen übersteigt die Zahl der Neutronen gewöhnlich deutlich die der Protonen. So haben die Nuklei der vier Isotopen des Urans 92 Protonen und 140 bis 143 Neutronen.

[65] Vgl. J. Mayo Greenberg, The Structure and Evolution of Interstellar Grains, in: Scientific American, Juni 1984, 124–35; Roy S. Lewis/Edward Anders, Interstellar Matter in Meteorites, in: Scientific American, August 1983, 66–77.

Man könnte annehmen, die Vereinigung von Elementen zu neuen Einheiten sei auf den verschiedenen Stufen des Werdens gleicher Art, doch zeigt sich, daß der Zusammenhalt unter den Elementen jeweils recht anderer Art sein kann. Gluonen, die die Quarks im Proton und im Neutron zusammenhalten, werden deutlich anders beschrieben als die elektromagnetischen Kräfte, die Elektronen an den Atomkernen binden. Atome verbinden sich zu neuen Einheiten durch unterschiedliche Kräfte, die als Ionen-, Kovalenz- und als Wasserstoffbindung beschrieben werden. Es sollte dabei bedacht werden, daß die wissenschaftliche Beschreibung der Art und Weise, wie diese Elemente sich verbinden, keine letztgültige Erklärung für die sich in ihnen bekundende innere Einheit liefert. Die Beschreibung der Bindekräfte erklärt die Einheit ebensowenig wie Schrauben und Muttern einer Maschine ihre Einheit erklären. Mittel des Zusammenhangs müssen existieren als notwendige Bedingung für das Auftreten von Ein-Ganzheit; andernfalls würde die neu auftretende Einheit in die Kategorie übernatürlicher Wunder fallen. Diese elementaren Teile und Kräfte erklären jedoch nicht die Ganzheit der neu geschaffenen Einheit. Das Ganze ist mehr als die Summe seiner Teile. Es zeigt neue Eigenschaften, die nicht erahnt werden können, wenn man die Teile studiert. Dieses Phänomen wird noch deutlicher, wenn wir die anfänglichen Elemente auf einer höheren Stufe der Evolution wiederfinden. Niemand könnte jemals voraussagen, daß ein Kohlenstoff jemals die Rolle spielen würde, die es tatsächlich im menschlichen Denken innerhalb des Gehirns spielt.

Im evolutiven Prozeß unserer Gegenwart näher, geht der Prozeß der Einswerdung, der Vereinigung, über einfache Reaktionen hinaus, atomare Elemente und einfache Moleküle werden zu komplexeren Strukturen wie Aminosäuren verbunden, deren Ursprung in einer hypothetischen Uratmosphäre durch das Miller-Urey-Experiment demonstriert wurde.[66] Es herrscht immer noch Unklarheit darüber, wie die gesteuerte Polymerisation der Aminosäuren zu lebenswichtigen Proteinen am Ursprung des Lebens zustande kommen konnte. Die einfachsten Formen des Le-

[66] Vgl. Harold C. Urey, The Origin of Life, in: Scientific American, Oktober 1952, 53–61; George Wald, The Origin of Life, in: Scientific American, August 1954, 44–53; Richard E. Dickerson, Chemical Evolution and the Origins of Life, in: Scientific American, September 1978, 70–109; John Horgan, In the Beginning …, in: Scientific American, Februar, 1991, 116ff.; A.G. Cairns-Smith, The First Organismus, in: Scientific American, Juni 1985, 90–101; J. William Schopf (Hg.), Earth's Earliest Biosphere: its Origin and Evolution, Princeton 1983.

bens, die wir heute kennen, sind in ihren Strukturen so komplex, daß wir immer noch unfähig sind, sie im Ausgang von den Grundelementen herzustellen. Doch diese Lebewesen – Viren oder ähnliche Strukturen – zeigen einen hohen Grad von Ein-Ganzheit. Für eine Weile mag diese Einheit unsichtbar werden, wenn ein Virus sich selbst in eine Zelle integriert und die Zelle seinen eigenen Zwecken dienstbar macht, indem es seine RNA in die DNA[67] der Zelle transkribiert. Die Zelle wird zur vielfachen Vermehrung des Virus „mißbraucht". Ohne andere lebende Zellen kann ein Virus nicht überleben. Deshalb ist es fragwürdig, ob wir hier eine der frühesten Formen des Lebens haben. Eine eindeutige Ein-Ganzheit zeigt sich dagegen bei den vor-eukaryotischen Organismen wie den Bakterien aller Art und den Archäa.[68] Sie alle sind eindeutige Ein-Ganzheiten, die sich selbst untereinander und ihrer Umwelt gegenüber differenzieren und mit dem Rest des Universums als eigene Einheiten in Bezug stehen. Doch fällt es uns schwer anzugeben, was die Einheit des Bakteriums ausmacht. Die Zellwand hält es gewiß zusammen, die DNA speichert seine Erbinformation, die Vielzahl von Proteinen in seinem Innenraum interagieren in höchst komplexer Weise. Sie alle sind notwendig, damit das Bakterium existiere, doch erkennen wir nicht den Einheit und Ganzheit schaffenden Faktor, den wir Leben nennen. Da die Naturwissenschaften sich mit solchen unterscheidbaren Komponenten wie Zuckern, Phospholipiden und Proteinen in der Zellwand befassen,[69] sind Biologen im allgemeinen unfähig, die Frage zu beantworten: „Was ist das Leben?" Leben existiert nur als Ganzheit, nicht als Summe von Teilen. Das Leben ist gegenwärtig durch die Vereinigung der Teile, die kooperieren, als stünden sie unter einer zentralen Leitung, und nicht, als reagierten sie blind untereinander. Diese Leitung wird in ihrer Wirksamkeit sichtbar, wenn ein Organismus sich Nahrung einverleibt. Und sie wird noch deutlicher, wenn durch Endosymbiose frühere Elemente des Lebens wie Bakterien, Flagellaten und Archäa die eukaryotische Zelle wird, die ein vielfältiges

[67] Gelegentlich findet man in deutschen Publikationen noch die Abkürzung RNS (Ribonukleinsäure) oder DNS (Desoxyribonukleinsäure). Im allgemeinen hat sich das A für Acid (Säure) durchgesetzt.

[68] Die frühesten Formen haben ein gesichertes Alter von 3,65 Milliarden Jahren. Vgl. John H. Campbell/J. William Schopf (Hg.), Creative Evolution?, Boston 1994.

[69] Vgl. Nigel Unwin/Richard Henderson, The Structure of Proteins in Biological Membranes, in: Scientific American, Februar 1984, 78–95; Harvey F. Lodish/James E. Rothman, The Assembly of Cell Membranes, in: Scientific American, Januar 1979, 48–63; Mark S. Bretscher, The Molecules of the Cell Membrane, in: Scientific American, Oktober 1985, 100–109.

Verhalten zeigt, einschließlich einfacher Formen des Lernens. Die durch die Integration der Elemente wie Bakterien, Archäa etc. geschaffene Ein-Ganzheit läßt sich nicht vollständig durch den Verweis auf die Gesetze der Chemie erklären, obwohl selbstverständlich diese Gesetze weiterhin gültig sind und von der eukaryotischen Zelle adoptiert werden.
Wir können die Evolution unter dem Aspekt der Einswerdung mit immer deutlicher in sich geeinten Ganzheiten beschreiben, die neue Eigenschaften aufweisen, die durch ihre vorausexistierenden Elemente nicht erklärt werden. Zahlreiche Zellen verhalten sich zusammen als ein Ganzes in einem Organismus, der Organismus selbst erscheint als eine Vereinigung von immer mehr diversifizierten und spezialisierten Zellen, von den Nervenzellen bis zu den Hautzellen. Der Organismus verhält sich offensichtlich wie ein durch die Vereinigung von Milliarden diversifizierter Zellen gewordenes Ganzes. Gewiß spielen Atome und Moleküle eine Rolle im Organismus. Moleküle werden so vom Organismus als Mittel zum Zusammenhalt von Organen, zur Lenkung des Wachstums etwa der Nervenbahnen, zur Bildung eines Organs benutzt.[70] Doch wenn auch die mannigfaltigen Funktionen von Molekülen in den Organismus mehr und mehr erkannt werden, so ist doch nicht zu verkennen, daß sie nicht Ursache, sondern vom Organismus benutzte Mittel der Materialisierung der Einheit sind. Bei den Atomen und Molekülen selbst, die relativ einfache Strukturen haben, kommt uns Struktur und Ein-Ganzheit fast gleichzeitig in den Blick, so daß wir sie voreilig zu identifizieren bereit sind. Doch eine solche Identifikation wäre illusorisch: Wir erfahren diese einfachen Wirklichkeiten als Ein-Ganzheit, doch können wir nicht sagen, was ihre Einheit schafft. Diese Lücke in unserem Wissen zwischen den Mitteln, mit denen individuelle Wirklichkeiten zusammengehalten werden, und dem, was ihre Einheit ausmacht, mag bei einfachen Elementen wie Atomen und Molekülen noch unscharf sein, doch wird sie bei lebenden Wesen immer deutlicher. In Lebewesen wird das Einheitsprinzip Seele genannt, eine Entität, von der die Naturwissenschaft nichts weiß. Die Tatsache, daß die meisten Sprachen ein entsprechendes Wort kennen, ist ein deutlicher Ausdruck für die universelle menschliche Erfahrung der Ein-Ganzheit als mehr denn die Summe ihrer Teile. Dieses Phänomen ist gewiß nicht der einzige Aspekt der evolvierten Ein-Ganzheit. Wie wir sehen werden, evolviert das Leben selbst in immer bewuß-

[70] Vgl. Gerald M. Edelman, Cell-adhesion Molecules: a Molecular Basis of Animal Form, in: Scientific American, April 1984, 118–29.

tere und schließlich selbstbewußte zentrierte Wesen, die ihrerseits selbst wiederum Elemente einer höheren Struktur werden können. Wir werden uns solchen Phänomenen im nächsten Kapitel zuwenden.

In dem bisher Gesagten haben wir vielleicht nicht nachdrücklich genug betont, daß die Vereinigung die Identität der in die Ein-Ganzheit eingehenden Elemente nicht zerstört. Das Kohlenstoffatom bleibt ein Kohlenstoffatom, auch wenn es in eine Nervenzelle des menschlichen Gehirns integriert ist. Die Vereinigung ist also nicht eine Art von Verschmelzung, die die Identität der Elemente eliminiert. Es ist vielmehr so, daß durch die Vereinigung die Identität des Elements überhöht wird. Indem ein Element in eine höhere Einheit integriert wird, eröffnet sich ihm eine Zukunft, die ihm in der Isolation verschlossen bliebe: Nur ein in eine Aminosäure integriertes Kohlenstoffatom[71] kann Teil eines Proteins und schließlich Teil des Lebens und Denkens werden. Die Vereinigung läßt so die Elemente nicht verschwinden. Wie Teilhard de Chardin schon zu Anfang dieses Jahrhunderts gesagt hat: Die Vereinigung differenziert die Elemente, die vereint werden.

Die Zusammenschau des Evolutionsprozesses des Universums vom Urknall bis heute läßt so die Vereinigung als ein durchgehendes Phänomen in diesem Prozeß sichtbar werden. Dies ist gewiß nicht der einzige Aspekt, doch ist dieses Phänomen durch die ganze Geschichte des Universums hindurch vom Anfang bis zu dem Punkt hin zu verfolgen, an dem wir selbst heute als die evolviertesten Geschöpfe im Horizont unseres Wissens erscheinen. Dies führt uns zu folgender Feststellung:

Der evolutive Prozeß vollzieht sich durch Vereinigung von Elementen in höhere Ein-Ganzheiten, in denen etwas Neues existent wird.

Diese allgemeine Feststellung muß qualifiziert werden: Wie wir gesehen haben, sind die Prozesse der Vereinigung von Elementen unterschiedlich. Ebenso wie der Seinsbegriff, der zentrale Terminus der klassischen Metaphysik in einer statischen Welt, analog benutzt wurde, so wird in einer evolvierenden Welt auch der Vereinigungsbegriff analog gebraucht. Die Einheit eines Atoms, dem wir keine Seele zuschreiben, unterscheidet sich von der Einheit eines Lebewesens. Äußerlich wird dieser Unterschied in der Ein-Ganzheit schon in den benutzten Mitteln zur konkreten Verwirklichung der Einheit im Detail sichtbar.[72] Insgesamt erscheint das Universum als ein evolutiver Vereinigungsprozeß, der immer neue

[71] Der Weg könnte auch über einen Zucker, über ein Lipid etc. führen.

[72] Dies wird im nächsten Abschnitt und in den folgenden Kapiteln noch deutlicher werden.

Wirklichkeiten auf immer höheren Stufen des Seins, der Ein-Ganzheit, verwirklicht, ein Prozeß, der anfängt bei den einfachsten Elementen und seine höchste Stufe – zumindest innerhalb der Grenzen unserer Erfahrung – im Menschen erreicht. Welche Implikationen hat dieser Vereinigungsprozeß für den Theologen?

1.7 Vereinigung, ein Aspekt von Gottes Schöpfertun

Wenn wir als christliche Theologen den Evolutionsprozeß in den Blick nehmen, sehen wir den Vereinigungsprozeß als einen Aspekt von Gottes Schöpfung. Wenn die Analyse richtig ist, daß die Evolution sich durch Vereinigung von Elementen in höhere Ein-Ganzheiten vollzieht, dann hat Teilhard de Chardin richtig erkannt, daß Gott durch Vereinigung schafft. Dies scheint ein Grundaspekt der uns bekannten Schöpfung zu sein. Selbstverständlich ist diese Folgerung nicht durch die Naturwissenschaften beweisbar. Wir können von Schöpfung und Schöpfer nur reden, weil wir (als Christen) glauben, daß Gott dieses Universum geschaffen hat. Der Schöpfer und die Schöpfung können durch die Wissenschaft weder bewiesen noch widerlegt werden. Gottes Schöpfung ist offensichtlich nicht so wenig gelungen, daß sie eines dauernden Eingreifens von außen bedürfte, das dem Naturwissenschaftler auffallen könnte. Eine solche Schöpfervorstellung, die eher dem Lückenbüßergott oder dem Designergott der Physiko-Theologen entspricht, würde entweder Gott zum Gegenstand der Naturwissenschaften machen, da sein dauerndes Eingreifen Teil einer umfassenden wissenschaftlichen Theorie sein müßte, oder aber sie würde jegliche Naturwissenschaft unmöglich machen, da willkürliche Eingriffe die Suche nach Naturgesetzen nicht zulassen. Doch liegt hier nicht das Interesse des Theologen: Er schaut auf das Universum als Gottes evolvierende Schöpfung, um von ihr etwas über Gott zu erfahren. Wenn die Theologen den weitergehenden Evolutionsprozeß als Gottes Selbstoffenbarung lesen, können sie ein tieferes Verstehen von Gottes Schöpfungsabsicht erreichen. Durch seine Werke gibt Gott sich und seine Absichten zu erkennen, wie uns in vielen Psalmen gesagt wird.[73]

Die Schöpfung wird uns unter dem Grundaspekt der Vereinigung als ein fortgehender Prozeß sichtbar, der Neues hervorbringt, das aus den Ele-

[73] Vgl. zum Beispiel Psalm 104, der die Schöpfung rühmt.

menten emergiert, die vereint werden, das aber nicht mit den Elementen identisch ist. Wir können also feststellen: durch Vereinigung kommt Mehrheit zustande. Je mehr etwas in sich vereint ist zur Ein-Ganzheit, um so mehr Sein ist verwirklicht. Die Teilhardsche Formulierung:

plus esse = plus a pluribus uniri oder
plus esse = plus plura unire[74]

bringt dies auf den Punkt. In dieser Perspektive ist das *Sein* nicht mehr der denkbar allgemeinste Begriff, viellmehr ist es definierbar geworden. Sein wird verwirklicht und – wie man früher sagte – im Sein gehalten durch Vereinigung. Diese Vereinigung ist am sichtbarsten im Universum bei den Lebewesen. Ihre durch Vereinigung bewirkte Ein-Ganzheit, physikalisch ein offenes System mit einem beständigen Bedarf an zuzuführender Energie, zerfällt leicht. Deshalb gibt es keine beständige Menge von Sein im Universum, wie es die beständige Menge an Energie gibt, wie vom ersten Satz der Wärmelehre gelehrt wird. In der evolutiven Welt wird Sein durch die Vereinigung von Elementen geschaffen.

Die Modi der Vereinigung verweisen auf Seinsstufen, von der Stufe der Atome bis zur Stufe des Humanen oder Personalen. Der materielle Aspekt ist sekundär. In der klassischen Seinsmetaphysik läßt sich das die Materialität repräsentierende Prinzip auf die *materia prima* reduzieren, die reine Potenz ist.[75] Dieses passive Prinzip der Potentialität ist dem aktiven Prinzip, der *forma substantialis*, entgegengesetzt und sollte nicht mit einem zumindest innerhalb dieser Metaphysik irrigen Materialismus in Zusammenhang gebracht werden, für den Sein und Materie identisch sind. In dieser materialistischen Sicht ist das Sein auf die frühesten elementaren Partikel reduziert – alles andere sind Epiphänomene vorübergehender Art. In einer streng materialistischen Welt könnte es keine Emergenz durch Vereinigung geben, während in der Metaphysik der Vereinigung das Prinzip der Potentialität in den Elementen konkretisiert ist, die die Voraussetzung, die *conditio sine qua non* für die Bildung höherer Einheiten sind. Hier sind Sein und Einswerdung identifiziert. Der sprachliche Bruch in dieser Formulierung, die Sein als je neu zu realisierende Einswerdung identifiziert, die nie zum Abschluß kommt, sondern immer neu durchgehalten werden muß, ist ein Hinweis auf den grundle-

[74] Pierre Teilhard de Chardin, Die menschliche Energie (Werke Bd. 6), Olten 1966, 353.

[75] Dieser abstrakte Materie-Begriff beschreibt einen Zustand des Nicht-Seins, während konkrete Materie, wie Thomas von Aquin feststellt, immer bereits in-formierte Materie ist.

genden Wechsel in der Weltschau, wenn wir die statische Welt hinter uns lassen, um in eine evolutive Welt des Werdens einzutreten.
Bei unserer Reflexion über den Prozeß des Werdens durch Vereinigung haben wir bewußt die Frage nach dem Anfang der Schöpfung ausgeschlossen. Die Frage würde uns entweder in einer *regressio ad infinitum* zu dem Punkt führen, an dem Fragen innerhalb unseres Erfahrungshorizonts nicht mehr beantwortet werden können, oder aber uns in wilde Spekulationen über die kosmische Singularität stürzen. Solche Spekulationen würden uns nicht zu einem besseren Verständnis darüber bringen, wie Gott schafft, wenn auch einige Leute von einem visualisierten Urknall – dem gigantischen Feuerball – als einem Ausdruck der Allmacht Gottes beeindruckt werden können. Der für die Zukunft des Universums interessanteste Punkt, den man in diesen frühen Augenblicken ausmachen kann, die in einer sehr Abfall-trächtigen Weise die ursprüngliche Energie in Masse habende Partikel umformte, ist die Tatsache, daß das Hervorbringen dieser ersten einfachen Elemente den Prozeß der Vereinigung in Gang setzte. Die Art und Weise, wie Gott die evolvierende Welt schafft, ist in den Anfängen weniger sichtbar als später, wenn die Schaffung durch Vereinigung immer neue, höhere Seinsstufen hervorbringt.
Es mag aufgefallen sein, daß dieses Verständnis der Wirklichkeit in gewisser Beziehung zu den klassischen platonischen und aristotelischen philosophischen Anschauungen steht. Dieses trifft zu, weil die Metaphysik des Aristoteles seine Physik zur Voraussetzung hatte. Losgelöst von der ihm bekannten Physik, wird seine Metaphysik zu einem abstrakten Konstrukt ohne Beziehung zu der Wirklichkeit, in der er lebte. Dieser hier vorgelegte Versuch ist eher ein aristotelisches oder thomasisches Unternehmen, das sich bemüht, die bekannte Welt zu verstehen. Und wir finden zumindest eine parallele Aussage in der scholastischen Philosophie, die in der platonischen Tradition wurzelt: Die Feststellung, daß Vereinigung Sein schafft, hat ihr Gegenstück in einem der Universalien, nämlich daß *omne ens est unum*, daß alles Sein eins ist. In die Metaphysik der Vereinigung übersetzt, lautet dieser Satz *omne ens est unitum*, alles Sein wird geeint, das heißt existiert als geeint werdendes Sein.
Diese Feststellung trifft auf alles Sein zu, das wir in dieser Welt kennen und das wir im Glauben als Gottes Schöpfung sehen. Wir können sagen: Gottes Geschöpfe treten ins Sein, indem sie aus Elementen geeint werden. Dadurch sind wir beinahe in der Lage, den Schöpfer, den verborgenen Schöpfer, am Werk zu sehen. Es gibt kein Eingreifen in den Prozeß

von Gottes Seite, zumindest kein sichtbares, meßbares Eingreifen. Gottes Wege sind offensichtlich subtiler als in der Schöpfungsgeschichte der Genesis (1,1–2, 3) beschrieben.[76] Gott wirkt, wie Teilhard sagen würde, vom Innen der Dinge her, das von der Naturwissenschaft nicht erreicht werden kann. Gott wirkt als der Welt immanent. Wir werden auf diesen Punkt zurückkommen.[77] Hier wollen wir nur festhalten, daß der christliche Glaube Gottes Immanenz in der Polarität zu seiner absoluten Transzendenz sieht.

Doch Gottes Transzendenz versetzt ihn nicht in eine totale Weltferne, Gott ist zugleich fern und nah. Als Christen haben wir traditionell Gott als das höchste Sein bekannt, und die Kirchenväter und die scholastische Tradition des Mittelalters lehrten dementsprechend, daß alle Vollkommenheit in Gott verwirklicht und gegenwärtig ist. Der Gottesbegriff selbst, wie er im ontologischen Gottesbeweis zur Aussage kommt, ist mit dieser Präsenz aller Vollkommenheiten in Gott verbunden. Diese Vorstellung führte die mittelalterlichen Denker zu dem Schluß, daß jedes Seiende sein Sein nur insofern besitzt, als es Gott ähnlich ist. Es kann nichts geben, dessen Seinsstufe, dessen Vollkommenheitsstufe Gott völlig fremd wäre. Deshalb muß alles in irgendeiner Weise Gott ähnlich sein. Diese Ähnlichkeit mag noch so schwach sein, sie mag der menschlichen Vorstellungskraft entrinnen, sie macht das Sein, die Vollkommenheit des Seienden aus. Je blasser die Ähnlichkeit ist, desto niedriger die Seinsstufe. Menschen sind in dieser scholastischen Sicht, da sie nach dem Bild und Gleichnis Gottes geschaffen wurden (Gen 1, 26), Gott ähnlicher als andere Geschöpfe.

Vergleiche auf den Stufen des Seins sind möglich innerhalb der klassischen Lehre von der Analogie des Seins, der *analogia entis*. Durch sie wird deutlich, daß bei aller Ähnlichkeit der Seienden in ihrem Sein durch ihren Bezug zum Schöpfer der Seinsbegriff nicht univok, nicht immer genau dasselbe bedeutend, anwendbar ist. Vielmehr ist der Seinsbegriff hier nur äquivok verwendbar, so gleichzeitig die Ähnlichkeit und den Unterschied, die Distanz betonend. Wenn wir diese Grundregel des analogen Redens vom Sein auf die Metaphysik der Vereinigung anwenden, ergibt sich die Frage, ob vereint sein, d.h. existieren in einem Zustand ständig realisierter Vereinigung, in Bezug gesetzt werden kann zu Gottes

[76] Dies ist keine abschließende Bewertung des theologischen Inhalts, vielmehr bezieht sie sich auf die Gottesdarstellung, der als der Allmächtige dargestellt wird, dessen Wort die Welt schafft.

[77] Siehe Kapitel 5.

eigenem Sein. Wenn Sein durch Vereinigung definiert ist, müssen wir diese Möglichkeit als eine notwendige Konsequenz der Definition des Seins in Gottes werdender, evolvierender Schöpfung annehmen. Dies wird uns vor die Notwendigkeit stellen, die Bedeutung der klassischen Rede von Gott als reinem Akt und absolutem Sein neu zu denken. Diese Aussagen über Gott wurden in einer Zeit gemacht, als die Welt statisch war, als nichts Neues unter der Sonne[78] als möglich gedacht wurde und als Gott als das höchste und unveränderlich in sich selbst ruhende Sein (Gen 2,3) gedacht wurde. In einer Welt dagegen, in der Gott sich als der durch Vereinigung Schaffende offenbart, scheint es eine unvermeidliche Aufgabe, in Gott die Analogie zu seinem Schöpfertun zu finden. Wenn die *analogia entis* in ihrem Denkansatz richtig ist und aufrecht erhalten werden soll, wird es konsequent sein, Gott nicht als das höchste Sein schlechthin, sondern als das in einer höchsten Vereinigung je neu verwirklichte höchste Sein zu denken.

An dieser Stelle haben wir keine Möglichkeit mehr, unsere Aussagen durch Bezugnahme auf irgendeine Information zu verifizieren, die die Wissenschaften uns bereitstellen, wir befinden uns in der Welt theologischer Spekulationen. Sie können nur durch die Kohärenz mit dem Glaubensinhalt verifiziert werden. Wir sprechen hier als Christen, die an den Schöpfer glauben. Wenn Gott sich selbst durch seine Schöpfung offenbart, dann ist Gott das höchste Sein, das sich in einem höchsten und kontinuierlichen Akt der Vereinigung verwirklicht und aktualisiert.

Dies wirft die Frage nach der höchsten Stufe dieser göttlichen Vereinigung auf. In unserer Erfahrung wird die höchste Stufe der Vereinigung zwischen Elementen dort erreicht, wo menschliche Personen sich auf einer personalen Stufe mit anderen Personen vereinen, um eine Einheit zu bilden, die das Individuum transzendiert. In gewisser Weise kann man sogar sagen, das Individuum werde in größerem Maße zu einer Person, indem es sich mit anderen Personen personal vereint.[79] Wenn Gott als sich Vereinender existiert, dann können die „Elemente" dieser Vereinigung nicht infrapersonal sein. Gott als höchste Ein-Ganzheit bildendes, sich als Vereinigung verwirklichendes höchstes Sein muß (zumindest) eine Vereinigung von Personen sein, wenn der Anspruch des höchsten

[78] Koh 1,9.

[79] Die moderne Überbewertung des Individuums ist in dieser Sicht offensichtlich regressiv. Zum Begriff der Person vgl. Martin Buber, Ich und Du, Gerlingen [12]1994; Romano Guardini, Welt und Person. Versuche zur christlichen Lehre vom Menschen, Mainz/Paderborn 1988.

Seins gültig bleiben soll. Dies konfrontiert den strikten Monotheisten mit folgendem Dilemma: Entweder mangelt Gott die Qualität des Personseins, oder Gott muß andere Personen schaffen, muß Menschen schaffen, um sich mit ihnen zu vereinen. Die erste Antwort würde Gott zu einer unansprechbaren, personaler Kommunikation unzugänglichen Nicht-Person machen: Dies wäre weder in der jüdisch-christlichen noch in der islamischen Tradition eine annehmbare Antwort. Die zweite Antwort würde Gott von seiner Schöpfung abhängig machen, der Schöpfer hätte seine Schöpfung nötig. Dies ist offensichtlich nicht vereinbar mit der traditionellen Vorstellung vom transzendenten und freien Gott, dem höchsten Sein, das in den drei genannten Religionen bekannt wird.

Der Gott der christlichen Tradition, der dreieinige Gott, existiert dagegen in der beständigen Verwirklichung der Vereinigung dreier Personen. Gott erscheint hier als das *Urbild*, in Ähnlichkeit zu dem alle Schöpfung ins Sein kommt. Da er seit aller Ewigkeit diesen höchsten Akt der personalen Vereinigung in der Trinität realisiert, braucht Gott die Welt nicht.

Die Kraft, die vereint, insbesondere die Kraft, die Personen vereint, ist die Liebe. Gott existiert in vollkommener Vereinigung, so darf man sagen, weil Gott Liebe ist (1 Joh 1,4). Dieser biblische Text gewinnt im Horizont einer Metaphysik der Vereinigung eine tiefere Bedeutung, weil bisher die Liebe in erster Linie als ein moralisches Tun begriffen wurde. Wenn unser Verständnis von Gottes Schöpfung und ihrer Offenbarungsdimension richtig ist, wird die Liebe zur konstitutiven Kraft in Gottes Leben. Gottes Liebe ist der reine Akt der Vereinigung. Dies spiegelt sich in seiner Schöpfung wider, die Liebe wird zur konstitutiven Kraft, zur treibenden Kraft des evolutiven Prozesses fortschreitender Vereinigung.

Was hier theologisch gesagt wurde, ist keine wissenschaftliche Weltschau. Es geht vielmehr um das, was sichtbar wird, wenn man versucht, eben diese von der Wissenschaft erkannte und beschriebene Welt mit den Augen des Glaubens als Gottes Schöpfung zu sehen. In dieser Sicht ist die Welt der Wissenschaft, der Naturwissenschaften, dem Theologen nicht fremd; vielmehr wird sie zur Quelle theologischer Einsicht. Die theologische Wahrnehmung der Welt als Schöpfung steht nicht im Widerspruch zu der vom Naturwissenschaftler gesehenen Welt, wenn auch einige als Naturwissenschaftler und/oder Agnostiker es ablehnen mögen, sich diese oder irgendeine andere in einem Glauben gründende Sicht zu eigen zu machen.

Kapitel 2
Bewußtsein im Universum – Bewußtsein des Universums

2.1 Gerichtetheit des Werdens im evolvierenden Universum

Das Universum hat sich uns als ein Prozeß des Werdens durch Vereinigung gezeigt. Dieser Prozeß ist bereits in dem Augenblick auf dem Wege, bis zu dem unser Wissen auszugreifen vermag. Theologisch ist es ohne wesentliche Bedeutung, ob dieser Prozeß in der Rückschau nun in einer quantenmechanischen Interpretation ausrundet oder in der punktförmigen Singularität begann. Es ist weiter deutlich geworden, daß die Stufen der Evolution nicht durch die größtmögliche Quantität an Materie bestimmt sein können. Wenn dem so wäre, würden die Schwarzen Löcher, die im Zentrum der Galaxien vermutlich Millionen von Sonnenmassen auf kleinstem Raum zusammenballen, die höchste Seinsstufe an der Grenze dessen sein, was unserer Erfahrung noch indirekt zugänglich ist.[1] Doch ihrer Struktur nach sind die Schwarzen Löcher nicht das Produkt des Prozesses des Werdens durch Vereinigung, sie sind vielmehr eine Anhäufung von Quarks, die durch ihre Einverleibung in das Schwarze Loch alle Zukunftsmöglichkeiten verlieren.[2]
Andererseits ist es nicht zu leugnen, daß auf lange Sicht nach dem zweiten Satz der Wärmelehre, dem Entropiesatz, das Universum in einem Zustand enden wird, in dem Schwarze Löcher und andere tote Sterne (Neutronensterne, Weiße und Dunkle Zwerge etc.) die Masse des Uni-

[1] Die kürzlich beobachtete zirkulare Bewegung der Materie in der Nähe des Halor rund um die 87 A-Nova weist wahrscheinlich auf die Anwesenheit eines Schwarzen Loches mit mehr als einer Million Sonnenmassen hin.

[2] Es gibt selbstverständlich eine Theorie über eine Zukunft: Das Schwarze Loch bewirkt eine stärkere Krümmung der Raumzeit, die schließlich eine Blase bildet, aus der ein Miniuniversum entstehen mag, zunächst noch durch einen „Wurmgang" mit dem Schwarzen Loch verbunden, und schließlich unabhängig. Vgl. z.B. Paul Davies, Der Plan Gottes. Das Rätsel unserer Existenz und die Wissenschaft, Frankfurt a.M. 1995, 80–83. Es gibt einige offene Fragen: Da dies ein anderes Universum wäre, bekämen wir nie irgendeinen Beweis für seine Existenz. Und da Masse aus diesem Universum verschwände, würde damit der erste Satz der Wärmelehre, der von der Erhaltung der Energie, verletzt. Doch dies mag ein irriger Einwand sein: Vielleicht gilt der Satz von der Erhaltung der Energie nur lokal.

versums ausmachen werden, eines Universums, in dem der Energietransfer, wie er durch die aktiven Sterne gewährleistet wird, zum Stillstand gekommen ist.[3] Eine Richtung in unserem Universum, die Richtung der Entropie, verweist so auf eine Welt, in der alle Masse in einen keinen Energieaustausch mehr ermöglichenden Zustand übergeht und in dem die kosmische Hintergrundstrahlung sich dem absoluten Nullpunkt nähernd immer noch den größten Teil der ursprünglichen Energie ausmachen würde, während die Schwarzen Löcher den größten Teil der Masse habenden Materie aufgesogen haben würden. Wenn dieser Endzustand als Zielpunkt der Evolution begriffen würde, wäre sie bedeutungslos. An diesem Zielpunkt ist es, als habe sie nicht stattgefunden.

Im Weltall als ganzem läßt sich quantitativ die Evolution nicht feststellen. Doch wie im vorausgehenden Kapitel gezeigt wurde, ist dieses quantitative Argument für das Verstehen der Evolution nicht angemessen. Werte, neue Qualitäten lassen sich nicht durch die Materiemengen messen, die in die neue Wirklichkeit eingehen. Die Versuchung, so vorzugehen, mag groß sein; denn die Quantitäten lassen sich leicht bestimmen und könnten so eine eindeutige Klarstellung über die allgemeine Richtung des universalen Prozesses angeben und gleichzeitig unseren eigenen Ort im Universum festlegen. Die allgemeine Richtung ist die der größten Wahrscheinlichkeit, die im Entropiesatz ausgesagt wird. Doch steht einer Verallgemeinerung dieses Satzes zur Globalbeschreibung der Welt entgegen, daß eine solche Welt in sich paradox wäre, da sie Menschen hervorgebracht hat, die nach Werten suchen, die ihr Leben nach Werten gestalten. Diese Fragen sind Teil dieser Welt, in dieser Welt geworden, sie sind nicht von außen importiert worden. Doch die in der Entropie-Perspektive beschriebene Welt kennt keine Werte, erfaßt also nur einen Teilaspekt der Welt. Sie als Globalbeschreibung zu nehmen, steht im Widerspruch zu den uns aus der philosophischen und religiösen Tradition überkommenen Werten wie die Menschenwürde, Leben, Gerechtigkeit etc.; Werte, die als Grund die größere Menge haben, die rein quantitativ begründet werden, sind nur mit einem keinerlei Sinn habenden, mit einem völlig sinnlosen Universum vereinbar, in dem letzten Endes nichts wichtig ist.[4]

[3] Zumindest ist das die Prognose nach dem gegenwärtigen Stand des von Daten getragenen Wissens. Natürlich könnte dieses Universum auch geschlossen sein und in dem „Big Crunch“, einem Schwarzen Loch, enden.

[4] Vgl. die letzten Sätze in dem Buch von Steven Weinberg, Die ersten drei Minuten. Der Ursprung des Universums, München 1977, 207–213.

Gegen das Mengen-bewertete Universum steht die Wirklichkeit einer Evolution, die wider alle Wahrscheinlichkeit geschehen ist und geschieht. Wir können gewiß die Struktur von Atomen und Molekülen, den relativ frühen Produkten der Evolution, verstehen, soweit es um die dabei ins Spiel kommenden Kräfte geht. Doch vor dem Hintergrund der Gesamtzusammensetzung des Universums ist bereits ihre relative Seltenheit ein Hinweis darauf, daß ihre Existenz nicht selbstverständlich ist. Sie sind trotz ihrer sich in den Spektralanalysen zeigenden Quasi-Allgegenwart im Universum[5] im Vergleich zur Gesamtenergie des Universums eher eine Kuriosität. Doch der wirklich bedeutsame Stoff des Universums, der die Evolution des Lebens und Denkens ermöglicht, besteht aus eben dieser Kuriosität.

Dies führt uns zurück zu der Frage, wo wir den Schlüssel zum Verständnis des Universums, der Evolution, der Schöpfung finden. Wie gebannt auf die großen Quantitäten zu starren, heißt in die falsche Richtung schauen. Der an den Quantitäten orientierte Materialismus gibt uns Zugang zu einem äußerst trübsinnigen Universum mit wenigen Kuriositäten, die unerklärt bleiben.

Eine dieser Kuriositäten ist unser Bewußtsein, das ein Phänomen von äußerster Seltenheit im Universum zu sein scheint. Die anderen Planeten in unserem Sonnensystem weisen auf ihrer Oberfläche nichts Ähnliches auf. Wir können gewiß über die Möglichkeit denkender Wesen auf anderen Planeten spekulieren, die zu anderen Sternen gehören. Doch ist es zumindest bei den uns nahen Sternen relativ unwahrscheinlich, daß ihre eventuell vorhandenen Planeten Leben und denkendes Leben hervorgebracht haben. Allerdings ist das kein wirklich greifendes Argument für die Allein-Existenz menschlichen oder denkenden Lebens auf unserem Planeten. Wir können angesichts der Milliarden Sterne mit Hilfe unserer heutigen Galaxie und der mehr als fünfzig Milliarden Galaxien mit jeweils Milliarden Sternen mit Hilfe unserer heutigen Technologie nicht wissen, ob es im Weltall andere lebende Planeten gibt oder gegeben hat oder geben wird. Bisher hat die Suche nach außerirdischer Intelligenz durch das SETI-Programm[6] zu keinem Erfolg geführt, und die Fi-

[5] Vgl. Barry E. Turner, Interstellar Molecules, in: Scientific American, März 1973, 50–69; Eric J. Chaisson, Gaseous Nebulas, in: Scientific American, Dezember 1978, 164; M.A. Gordon/W.B. Burton, Carbon Monoxide in the Galaxy, in: Scientific American, Mai 1979, 54–67; Alan H. Barrett, Radio Signals from Hydroxyl Radicals, in: Scientific American, Dezember 1968, 36–59.

[6] Search for Extra-Terrestrial Intelligence, ein von der amerikanischen Regierung gefördertes Forschungsvorhaben.

nanzierung dieses Forschungsvorhabens durch die amerikanische Regierung ist eingestellt worden.[7]
Doch selbst wenn es andere Planeten geben sollte, die reflektiert denken, würden sie immer in dieser Welt ein sehr seltenes Phänomen sein.
Manche Leute haben Einwände dagegen, dem menschlichen Bewußtsein als dem Schlüsselphänomen zum Verstehen des Universums eine solche Bedeutung zu geben. Ihr Argument beruht lediglich auf dem quantitativen Aspekt, der, wie wir gesehen haben, willkürlich ist und gleichzeitig in Richtung der uninteressantesten Aspekte des Universums weist, das in seiner großen Masse relativ einfach strukturiert ist. Andererseits sehen wir in dieser Welt auf allen Stufen des Werdens Aktivitäten, die ihrerseits mit den Fähigkeiten des Handelnden zusammenhängen. Diese Aktivitäten greifen mehr oder weniger weit in ihr Umfeld. Beim Menschen sind diese Aktivitäten, zumindest in ihrem für die menschliche Existenz charakteristischen Teil, von seinem Bewußtsein kontrolliert. Wenn auch viele lebenswichtige Aktivitäten – vom Herzschlag über den Atem bis hin zur Verdauung etc. – glücklicherweise unter den meisten Umständen automatisch kontrolliert sind, wissen wir um sie als unsere Aktivitäten, insbesondere wenn die automatische Kontrolle nicht richtig funktioniert. Zur gleichen Zeit aber gibt es ein weites Feld bewußt kontrollierter Aktivitäten, von denen einige halbautomatisch werden können wie Gehen, Autofahren, Schreiben: alles Dinge, die wir zu lernen haben. Wenn auch das Zentrum all dieser Aktivitäten im Raum der menschliche Leib ist, so scheint es doch keine Grenze für die Reichweite dieser Aktivitäten zu geben. Diese Grenze wird um so weiter in die Ferne gerückt, als die Aktivität weniger unmittelbar die körperliche Anwesenheit ins Spiel bringt. Im Prinzip greift das menschliche Bewußtsein weiter als die Grenzen der sichtbaren Welt. Es gibt in Raum und Zeit keine Grenze des Wissens und Verstehens, wenn es auch physische Grenzen der Wahrnehmung gibt, die im Raum durch die Lichtgeschwindigkeit und in der Zeit bei der Planck-Zeit bei der angenommenen Singularität gegeben sind. Wir sind in der Lage, das Licht von den entferntesten Galaxien zu analysieren und damit ihre materielle Zusammensetzung zu erkennen. Und wir können zumindest in sinnvoller Weise über die Möglichkeit einer Zeit vor dem Urknall oder über den Quanten-Ursprung des evolvierenden Universums spekulieren.[8] Der menschliche Geist ver-

[7] In kleinerem Maßstab wird das Vorhaben mit Hilfe privater Finanzmittel weitergeführt.
[8] Vgl. C.J. Isham, Quantum Theories of the Creation of the Universe, in: Robert John

mag weit über alle physischen Grenzen hinauszureichen: Dies ist zumindest wahr für alle, die an einen Schöpfer des Universums glauben, und für alle Formen religiöser Glaubensvorstellungen, die sehr früh in der menschlichen Entwicklungsgeschichte auftreten. Doch auch die, die den Schöpfer und eine transzendente Wirklichkeit leugnen, erheben den Anspruch, in der Lage zu sein, ein solches Urteil zu fällen: Sie fühlen sich offensichtlich kompetent, über die Existenz oder Nicht-Existenz der Transzendenz, Gottes, zu urteilen. Dasselbe gilt auch für den Agnostiker, der zumindest darüber entscheidet, worüber er nichts mehr wissen kann.

Wie die lange philosophische Diskussion von den frühen Skeptikern bis zu den modernen Wissenschaftstheoretikern deutlich zeigt, gibt es keine Möglichkeit für den menschlichen Geist, die exakten Grenzen seiner Erkenntnismöglichkeiten zu bestimmen. Es gibt Grenzen und Gewißheitsgrade, die wir erfahren, doch sie mögen nur vorübergehender Natur sein. Endgültige Grenzen mag es für unsere Sinneserfahrung geben, und im Bereich des Abstrakten mag es absolute Grenzen geben, etwa wenn wir sagen, daß die Wirklichkeit Gottes die Fassungskraft unseres Geistes absolut übersteigt. Doch aus unserer inneren Erfahrung des Bewußtseins können wir keine prinzipielle Grenze unseres Verstehens erkennen.

So vermag die kleine Masse des menschlichen Gehirns, das die sichtbare Infrastruktur des menschlichen Geistes ist,[9] über die Grenzen des Uni-

Russell, Nancy Murphy, C.J. Isham (Hg.), Quantum Cosmology and the Laws of Nature, in: Scientific Perspectives on Divine Action, Vatikan 1993, 49–89.

[9] An diesem Punkt mag mancher Neurologe anderer Meinung sein und behaupten, das Gehirn sei der Geist. Abgesehen davon, daß hier ein Körperteil aus dem Gesamtzusammenhang des lebendigen Menschen herausgenommen wird und dadurch die Identifizierung von Gehirn und Geist schon falsch ist, ist diese Identifizierung wahr und falsch. Es kommt darauf an, wie wir Materie, Stoff, interpretieren. Teilhard de Chardin spricht von „Geist/Materie", (matière/esprit), und wenn man diese Begrifflichkeit akzeptiert, dann kann man in sinnvoller Weise sagen, das Gehirn sei die Form der Materie, in dem ihre Geistigkeit am deutlichsten zutage tritt. Die Teilhardsche Sehweise läßt sich mit der holistischen Interpretation in Einklang bringen, die versucht, die alles andere ausschließende Dualismus/Monismus-Alternative zu überwinden, wie sie von Descartes für die dualistische Auffassung und von T.H. Huxley und materialistischen Wissenschaftlern für die monistische vertreten werden. Vgl. Giuseppe del Re (Hg.), Brain Research and the Mind-Body-Problem: Epistemological and Metaphysical Issues – Proceedings of a Round Table Discussion Held at the Pontifical Academy of Science on 25 October 1988, Vatikan 1992; John R. Searley/Paul M. Churchland/Patricia Smith -Churchland, Artificial Intelligence: a Debate, in: Scientific American, Januar 1990, 25; John R. Searle, Is the Brain's Mind a Computer?, in Scientific American, 1990, 26–31.

versums hinauszugreifen. Der Mensch in seiner geistigen Dimension reicht so weiter, als die materielle Wirklichkeit dieses Universums quantitativ geht. So ist es selbst unter quantitativem Aspekt ein rein subjektives qualitatives Urteil zu glauben, der menschliche Geist sei für das Verstehen des Universums ohne Bedeutung. Einerseits wissen wir in dieser Welt von keiner anderen Wirklichkeit, die sich bemühte, das Universum zu verstehen. All die in den größten Schwarzen Löchern und den Sternen angehäufte Materie weiß nichts vom Universum. Für den Physiker als Physiker mag dies der einzige Gegenstand seines Interesses sein. Doch für den Physiker als Mensch, der in der Lage ist, Physik zu betreiben, würde es wohl doch eine Katastrophe sein, wenn die Materie, wie die Physik sie beschreibt, alles wäre, was es im Universum gibt.[10] Selbst Physik könnte nicht mehr betrieben werden. Andererseits haben das Leben auf Erden und sein letztes evolutives Ergebnis, der Mensch, ihre Wurzeln in den allerersten Anfängen des Prozesses dieses Universums. Das Leben hat im Menschen ein Alter von mehr als drei Milliarden Jahren: Seit den Anfängen des Lebens ist der Faden des Lebens nie gerissen, er ist mit seiner ganzen Geschichte in jedem Menschen präsent: Jeder Mensch ist lebendig mit dem Leben, das kurz nach der Bildung der Erde begann. In einem sehr genauen Sinne ist in jedem Menschen die verdichtete Geschichte des Universums von seinem Anfang mit der Bildung der Protonen bis hin zur Bildung des Gehirns vergegenwärtigt. Dieser universelle, in unserem Erkenntnishorizont im Menschen kulminierende Prozeß hat an dieser Stelle einen Status erreicht, an dem er reflexiv wird. In durchaus sinnvoller Weise dürfen wir sagen, daß der Mensch zumindest potentiell die Totalität des Universums reflektiert. Ein Anzeichen dafür ist, daß der Mensch glaubt, eine *Theory of Everything*, eine alles erklärende Theorie entwickeln zu können.

Die Relegierung des Menschen zur Bedeutungslosigkeit im Universum mit dem Argument, er sei eine *quantité negligeable* im Weltall, darf als ein ideologisches Artefakt zurückgewiesen werden. Um es noch einmal zu sagen: Die Menge, die Quantität, sagt nicht besonders viel über die Bedeutung im evolutiven Universum aus. Andernfalls wäre nur die kosmi-

[10] Manchmal kann man von Physikern hören, daß es im Prinzip möglich sein sollte, für jedes Lebewesen eine Wellenfunktion auszuschreiben: Dieser Anspruch ist eher phantastischer als realistischer Art. Bisher ist nicht einmal die Funktion der komplexeren Atome geschrieben, gar nicht zu reden von Molekülen. Die Funktion, die ein einfaches Bakterium beschreiben würde, ist nie versucht worden, und es ist mehr als zweifelhaft, ob sie jemals geschrieben wird. Und selbst wenn eine solche Formel geschrieben werden könnte, würde sie uns kaum sagen, weshalb es Leben gibt und was Leben ist.

sche Hintergrundstrahlung von Bedeutung. Das würde sogar die Physiker ihres Forschungsgegenstandes berauben.
Die wirklich wichtigen Dinge im Universum, deren wissenschaftliches Studium lohnt, sind die außergewöhnlichen Dinge: die minimalen Schwankungen in der Hintergrundstrahlung, die Atome und ihre Geschichte, die Moleküle und ihre Geschichte, das Leben und seine Geschichte, die Menschheit und ihre Geschichte. Quantitativ sind sie alle zu vernachlässigen. Je mehr interessante, forschungswürdige Diversität sie zeigen, um so mehr werden sie quantitativ zu einer Randerscheinung.[11] Weder die Anstrengungen der Wissenschaft noch das menschliche Interesse geht in die Richtung des quantitativ Überwältigenden. Deshalb scheint es gerechtfertigt, den Schlüssel zum Verstehen des gesamten Prozesses nicht bei den quantitativ im Vordergrund stehenden Quarks oder der kosmischen Hintergrundstrahlung zu suchen, sondern beim quantitativ unbedeutenden Menschen, dem vorläufigen Endprodukt, anzusetzen, der allein in der Lage ist, von sich selbst zu sprechen, und in dem in der Selbstreflexion die Evolution sich ihrer selbst bewußt wird.
Dagegen mag eingewendet werden, man würde damit in die Anthropozentrik zurückfallen, die von der objektiven Wissenschaft gerade ausgeräumt worden sei. Doch dies ist ein rein ideologisches Argument, das keiner wissenschaftlichen Begründung fähig ist. Das Etikett *anthropozentrisch* ist kein Argument gegen die Position des Menschen in der evolutiven Welt. Ein gewisser Anthropozentrismus ist gerechtfertigt, weil der Mensch dem Prozeß des Universums zentral ist, weil im Menschen das Universum zum Bewußtsein gelangt: Die quantitative „Bedeutungslosigkeit“ entspricht durchaus dem Ausnahmecharakter aller bedeutsamen evolutiven Wirklichkeit. Das Mindeste, das wir sagen können, ist die Feststellung, daß es keinen guten Grund gibt, den Menschen in allen seinen Dimensionen, in die die ganze Geschichte des Universums eingegangen ist, nicht als wesentlich für das Verstehen des Universums anzusehen.

[11] Es mag erwähnt werden, daß postulierte Partikel, die extrem selten sind, wie das *Monopol,* mittels sehr teurer Experimente gesucht werden. Vgl. z.B. Richard A. Carrigan Jr./ W. Peter Trower, Superheavy Magnetic Monopoles, in: Scientific American, April 1982, 106–119. Ein Großversuch, dieses Monopol zu finden, läuft seit Jahren in Italien im Gran Sasso. Der Versuch, die Higgs-Partikel und andere seltene Partikel zu finden, ist mit der Einstellung des Baus des Supercolliders, dessen Kosten ins Astronomische stiegen, vorläufig an den Grenzen des Machbaren gescheitert. Dagegen wird viel Geld aufgewendet für die Aufschlüsselung des menschlichen Genoms, einer anderen *quantité negligeable* im Universum.

Die Hypothese, daß die Evolution in Richtung der Emergenz des Menschen tendiert – tatsächlich kulminiert sie in unserem Erfahrungshorizont im Menschen –, ist zumindest ebenso vernünftig begründet wie die Vorstellung, die Evolution könne ohne Bedeutungsverlust auf ihre materiellen Aspekte in ihrer primitivsten Gestalt als Quarks und Elektronen und elektromagnetische Strahlung reduziert werden. Die Aussage, es gebe im evolutiven Prozeß keine Richtung, beruht auf einem rein quantitativen Argument: Da dieses Argument, wie nachgewiesen, nicht greift, besteht die einzige Möglichkeit zu beweisen, daß es keine Richtung der Evolution gibt, darin, alle Kriterien als nicht stichhaltig zurückzuweisen, die eine solche Richtung erkennbar werden lassen. Die Frage, die wir an die möglichen Hypothesen richten, ist, ob sie ein kohärenteres Verständnis des evolutiven Universums ermöglichen als das quantitative Argument.[12] Kohärenz ist ein allgemein akzeptiertes Zeichen der Wahrheit in einem Universum, das als ein inhärent Eines begriffen wird. Diese Einheit des Universums wird von allen Wissenschaften vorausgesetzt. Zum Beispiel ist die Suche nach Extra-Partikeln der Versuch, Lücken in einem System zu füllen, das als kohärente Einheit begriffen wird. Ebenso setzt die Spektralanalyse des Lichtes von fernen Galaxien voraus, daß die Spektrallinien für Spektren von Licht dieselbe Bedeutung haben, dieselben Atome und Moleküle anzeigen. Der Beweis einer solchen Kohärenz durch das Experiment ist im Falle der Evolution nicht möglich, da wir den Evolutionsprozess, beginnend mit dem Urknall, nicht wiederholen können. Da Quantität relativ unbedeutend für das Verstehen des Universums ist, es sei denn, sie ist mit bedeutsamen Qualitäten verbunden, und da Bedeutsamkeit nicht einfach an der reinen Menge festzumachen ist, gibt es kein anderes Kriterium als die Kohärenz, um Hypothesen über das evolvierende Universum zu testen. Jede Hypothese, die einen Teil des Universums als ein Epiphänomen oder als eine *quantité negligeable* oder als anthropozentrisch wegerklärt, verfehlt die Aufgabe. Deshalb gilt für jede Theorie, die die Wirklichkeit des Geistes (der Quelle aller Hypothesen über das Universum) in der Rekonstruktion der evolutiven Wirklichkeit vernachlässigt, daß sie dem Anspruch einer kohärenten Beschreibung des Universums, in dem wir leben, nicht genügt.

[12] Kohärenz ist eines der vier grundlegenden Kriterien, die allgemein benutzt werden, um die Gültigkeit einer wissenschaftlichen Theorie zu testen. Die anderen drei sind Übereinstimmung mit Daten, Reichweite der Theorie und Fruchtbarkeit der Theorie für ein weiterführendes Forschungsprogramm. Vgl. Ian Barbour, Religion in an Age of Science, New York, 1990, 34–36.

2.2 Das menschliche Bewußtsein als der höchste Punkt des Evolutionsprozesses

Der Mensch ist das einzige Wesen, das jedermann aus seinem eigenen Bewußtsein von innen her kennt. Wie das lateinische Wort *con-scire* andeutet, wissen wir um die Motive unseres Tuns. Wir können sagen, weshalb wir bestimmte Dinge tun oder lassen, wenn wir auch nicht immer bereit sind, unsere geheimsten Gedanken und Motive anderen zu offenbaren. Sogar das Gesetz erkennt dieses Verlangen nach einer inneren Unversehrtheit, nach einem privaten Innenraum an, wie in dem Recht des Angeklagten, zu lügen und seine Schuld zu leugnen, und dem Recht der Angehörigen, die Aussage zu verweigern, deutlich wird. Wenn man nichts über seine Motive und sein Tun und Lassen wüßte, wenn man nicht wüßte, wann man lügt und wann man die Wahrheit sagt, wäre man unfähig, von diesen Rechten Gebrauch zu machen: Sie setzen das Selbstbewußtsein voraus. Philosophen und Psychologen sind in Verlegenheit, wenn sie definieren sollen, was das Bewußtsein ist. Die Gesellschaft erkennt durch das Gesetz seine Existenz an, und alle Menschen im Kontakt mit anderen Menschen wissen um das Bewußtsein der anderen Person: Mann und Frau, Eltern und ihre Kinder erfahren in ihren Beziehungen seine Wirklichkeit, sie wissen, was es heißt, zu lügen.

Wenn auch das Leib-Geist-Problem[13] nicht in für alle Seiten akzeptierbarer Weise gelöst worden ist oder auch nur lösbar erscheint, so können wir doch feststellen, daß der Geist in hohem Maße effektiv ist aufgrund seiner reflexiven Bewußtheit. Wie Teilhard richtig feststellt, ist es ein wichtiger Aspekt des menschlichen Geistes, daß er weiß, was er tut und was er weiß. Diese Bewußtheit macht es möglich, abstrakte Begriffe zu entwickeln und zu benutzen, insbesondere können die Begriffe in Abwesenheit der zugehörigen konkreten Wirklichkeiten gehandhabt werden. Die moderne Physik ist nicht nur durch Experimente vorangebracht worden, sondern auch und wohl vorrangig durch die Entwicklung von Theorien und Modellen, die durch Experimente, die spezifisch zu den Theorien entwickelt wurden, der Möglichkeit der Falsifikation ausgesetzt werden. Ähnlich übernimmt in der technologischen Entwicklung

[13] Wir vermeiden bewußt den dualistisch stärker belasteten, wenn auch gängigeren Terminus Leib-Seele-Problem. Zur Problematik vgl. Giuseppe del Re (Hg.), Brain Research and the Mind-Body-Problem: Epistemological and Metaphysical Issues – Proceedings of a Round Table Discussion Held at the Pontifical Academy of Science on 25 October 1988, Vatikan 1992.

der Geist die Führung. Moderne Maschinen, vom Mähdrescher bis zum Raumfahrzeug, wurden vom menschlichen Geist entworfen, bevor sie verwirklicht wurden. Die Umwelt der Menschen ist in hohem Maße nach menschlichen Entwürfen und Plänen gestaltet. Die Oberfläche der Erde ist bedeckt mit den Produkten des Geistes. Was Menschen bauen, züchten und säen und was sie letztendlich landwirtschaftlich nicht zu nutzen beschließen, erfaßt den größten Teil allen Landes. Das Überleben des Planeten als eines lebenden Planeten hängt von menschlichen Entscheidungen ab. Dies gilt zumindest für die dem Planeten „zugemessene" Zeit. Leben auf der Erde kann nicht für alle Ewigkeit existieren, da die Existenz der Erde durch die Funktionszeit der Sonne begrenzt ist. Wird die Sonne zum Roten Riesen, verglüht die Erde. Es könnte aber auch früher schon zu einem „Unfall" aus dem Raum kommen, etwa durch einen großen Asteroiden, der die Erde treffen und alles Leben auf der Erde vernichten würde. Aber auch ohne jeglichen kosmischen Zwischenfall könnte das Geschlecht der Menschen diese Erde unbewohnbar machen. In unserer Erfahrung gibt es keine andere lebende Art, der eine solche Verantwortung zugemutet ist und die einen stärkeren Einfluß auf die ganze Biosphäre ausübt.[14] Menschen wissen um die Welt, in der sie leben, und sie nutzen dieses Wissen wirkungsvoll, um die Umwelt zu ändern.[15]
Bewußtsein ist also nicht nur das Wissen um sich selbst; es ist bewußtes Verstehen der uns umgebenden Welt. Menschliches Bewußtsein tritt immer in der Verknüpfung mit einer Weltschau auf, die erfaßt und in abstrakten Begriffen ausgedrückt und beschrieben werden kann. Es erfährt sich selbst als das Zentrum der wahrgenommenen und begriffenen Welt, die es zu sich selbst in Beziehung setzt.
Es soll nicht der Anspruch erhoben werden, dies sei eine erschöpfende Beschreibung des menschlichen Bewußtseins – das muß ausführlicheren Analysen und Beschreibungen überlassen bleiben –, doch kann diese

[14] Es gibt eine ähnlich große Einflußnahme in der Geschichte des Lebens, als nämlich die Archaea die Fähigkeit entwickelte, Photonen als Energie zu nutzen, um die chemische Bindung von Sauerstoff und Kohlenstoff aufzubrechen und damit den Sauerstoff freizusetzen. Dieser Prozeß „vergiftete" die frühe Atmosphäre und die Umwelt der meisten lebenden Arten, der anerobischen Bakterien. Doch wenn dieser sich über Jahrmilliarden hinziehende Eingriff in den natürlichen Zustand der Natur auch die ganze Atmosphäre änderte, so handelte es sich doch nicht um geplante und vielseitige Aktionen wie bei den Menschen.

[15] Heute werden die Menschen sich immer deutlicher dieser ihnen eigenen weitreichenden Fähigkeit bewußt, und wie alles, was neu ins Bewußtsein tritt, weckt es zunächst Angst und Schrecken – dies um so mehr, als die Vernichtung unserer Lebensgrudlagen in kurzer Zeit tatsächlich eine reale Gefahr ist.

Kurzbeschreibung durch Introspektion von allen Menschen verifiziert werden, wenn auch einige Unterstützung brauchen mögen, die rechten Worte zu finden, um ihr eigenes Bewußtsein zur Sprache zu bringen. Darüber hinaus können wir diese Beschreibung negativ verifizieren, wenn wir das Bewußtsein verlieren, was glücklicherweise nicht unser Normalzustand ist. Doch wissen wir danach, was in dieser Zeit fehlte. Und wir sind sehr wohl in der Lage zu unterscheiden, ob jemand bei Bewußtsein ist oder nicht. Wir können also, auch wenn unsere Beschreibung des Bewußtseins noch sehr rudimentär und keineswegs erschöpfend ist, doch wissen, was mit Bewußtsein gemeint ist. Unsere Unfähigkeit, eine erschöpfende Beschreibung des Bewußtseins zu liefern, mindert nicht unser Wissen darum, daß wir bewußt sind. Wir sind in einer ähnlichen Situation wie die Biologen, die unfähig sind, eine eindeutige Definition des Lebens zu liefern, obgleich ihre deskriptiven Bemühungen einen gute Einblick in die Wirklichkeit des Lebens vermitteln. Obwohl die Experten unfähig sind, sich über eine Definition des Lebens zu einigen, weiß doch schon ein Kind einen toten Hund von einem lebendigen Hund zu unterscheiden. Etwas abstrakter formuliert: Fehlende Definitionen negieren nicht die Existenz genuinen Wissens um Wirklichkeiten wie Leben und Bewußtsein.

Wenn wir uns umsehen, stellen wir sehr rasch fest, daß die Menschen nicht die einzigen in der Welt sind, die eine Art von bewußtem Verhalten zeigen. Die klassische Cartesianische Vorstellung, die weitgehend auf mittelalterlichen Ideen über naturgesetzliches Verhalten der einem strikten Determinismus unterworfenen Tiere gründete, ist in unserem Jahrhundert von einer offeneren Weise, die Dinge zu sehen, abgelöst worden. Forschungen über das Verhalten zahlreicher Tierarten haben gezeigt, daß alle Vertebraten lernfähig sind. Schimpansen, die genetisch dem Menschen am nächsten stehen, sind in der Lage, den Gebrauch von Symbolen zur Bekundung ihrer Wünsche zu nutzen und hochkomplizierte Aufgaben zu lösen.[16] Hunde sind offensichtlich keine Maschinen, und sie sind durchaus in der Lage, ihrem Herrchen oder Frauchen zu bekunden, was sie wollen oder nicht wollen. Sie agieren als Zentren ihrer Welt. Obwohl zwischen menschlichem und tierischem Bewußtsein keine Identität besteht – Menschen verfügen in der Reflexion über ihr Wissen, sie wissen, daß sie wissen –, besteht doch wohl mehr als eine blasse Ähnlichkeit zwischen ihnen. Bevor Menschen aus der langen Geschichte der

[16] Vgl. z.B. die in Kapitel 1, Anm. 48 erwähnten Experimente von Bernhard Rensch.

Evolution emergierten, gab es Tiere, die als Zentren ihrer Welt agierten und miteinander mit Hilfe symbolischer Mittel kommunizierten. Das unerwartetste und deshalb berühmteste Beispiel solcher Kommunikation ist die Art und Weise, in der Bienen ihre Stockgenossinnen über die Lokalisierung günstiger Nektarfundstellen informieren.[17] Es kann keinen Zweifel darüber geben: Tiere und alle Lebewesen agieren als Einheit, die sich jeweils vom Rest der Welt abgrenzt. Ihre Wahrnehmung der Welt mag begrenzt sein; einige Vögel sehen eine unbewegliche Beute nicht,[18] doch haben sie zumindest eine beschränkte Sicht der sie umgebenden Welt. Sie orientieren sich in ihrer Umwelt, die sich bei Zugvögeln über Tausende Kilometer erstrecken kann. Und viele Tiere verändern aktiv ihre Umwelt, um sie lebenswürdiger zu machen: Vögel bauen Nester, und Füchse graben ihre Höhlen. Der Mensch ist durchaus nicht der erste, der die Umwelt für sich umgestaltet. Wie sehr in der Praxis die Nähe tierischen Bewußtseins zum menschlichen Bewußtsein manchmal gesehen wird, zeigen Behavioristen, die typische Lernexperimente mit vielen Tierarten durchführten, um aufgrund der Ergebnisse Lerntheorien zu entwickeln, die beim Menschen Anwendung finden können.

Es dürfte also schwierig sein, das Bewußtsein als eine ausschließlich menschliche Wirklichkeit zu betrachten. Es gibt keinen Zweifel: In der Tierwelt finden wir ein breites Spektrum von dem Bewußtsein analogen Phänomenen. Doch würden wir kaum erwarten, überall dieselbe Bewußtseinsstufe vorzufinden. Wenn wir auch Schwierigkeiten haben mögen, die kleinen, manchmal kaum merklichen Unterschiede zwischen verschiedenen Säugetieren oder Vögeln auszumachen, so gibt es doch nur geringe Zweifel daran, daß zwischen der einen und der anderen Familie Unterschiede bestehen. Die klassische Theologie versuchte, die Unterschiede zwischen niederen und höheren Tieren in Familien von Fischen bis zu Säugetieren zu finden, wie es in der sequentiellen Schöpfung des Genesisberichts der Bibel beschrieben wurde. Diese Beschreibung folgt aber eher dem Weltverständnis der biblischen Autoren, das für unser heutiges Wissen als überholt gilt. Doch zeigt der biblische Text, daß man sich einer Stufung der Lebewesen bewußt war. Für uns heute gilt, daß grob gesprochen die Stufen der Klassifikation bestätigt werden, etwa wenn wir die Lernfähigkeiten verschiedener Arten als differenzie-

[17] Vgl. Karl von Frisch, The Dance Language and Orientation of Bees, Cambridge 1967; Wolfgang H. Kirchner/William F. Towne, The Sensory Basis of the Honeybee's Dance Language, in: Scientific American, Juni 1994, 74–80.

[18] Vgl. die Experimente von Thure von Uexküll.

rendes Kriterium ins Auge fassen. Das Feld der Lernmöglichkeiten weitet sich mit der Emergenz höherer Arten. Im Rückblick dagegen gilt: Je weiter wir in die Evolution zurückgehen, desto niedriger die erreichte höchste Entwicklungsstufe und desto begrenzter die Reichweite der Lernfähigkeit und der Wahrnehmung der Umwelt. Mauerwespen z.B., die ansonsten ein hoch komplexes Verhalten zeigen, sind unfähig, ihr Brutverhalten zu ändern.[19] Damit wird nicht gesagt, Insekten seien lernunfähig, sondern nur, daß gewisse Teile ihres Verhaltens nicht veränderbar zu sein scheinen. Sie verfügen durchaus über ein weites Spektrum der Wahrnehmung ihrer Umwelt und der Reaktion auf sie. Sogar kleine Tierchen wie Nematoden – ein Millimeter lange Würmchen – haben ein erstaunliches Wahrnehmungsspektrum. So vermag ein *caenorhabditis elegans* mit gerade eben dreihundertundzwei Neuronen etwa sechzig verschiedene Düfte zu unterscheiden und Informationen in seinem Gedächtnis über mehr als vierundzwanzig Stunden zu speichern, also zu lernen.[20] Schon mit ganz wenigen Neuronen sind Lernen und Gedächtnis möglich.[21] Sogar bei Amöben und anderen Einzellern konnten Lernfähigkeiten nachgewiesen werden.

Tiere passen sich aktiv an ihre Umwelt an und nutzen frühere Erfahrungen. In der einen oder anderen Weise wird Information über die Umwelt innerlich gespeichert. Die Reichweite dieser Informationen – sowohl hinsichtlich des Inhalts als auch des Ausgreifens auf die Umwelt – wird geringer, je weiter wir in die Geschichte der Evolution zurückschauen. Noch der kleinste Einzeller ist fähig, aktiv auf von außen kommende Informationen zu reagieren. Man mag zögern, diese Fähigkeit Bewußtsein zu nennen, und hier ist wirklich nur eine äußerst blasse Ähnlichkeit zum menschlichen Bewußtsein gegeben. Aber etwas Gemeinsames ist da doch: Information von der Außenwelt wird internalisiert, und es wird darauf reagiert, um die eigene Existenz (de facto, nicht reflektiert bewußt) zu

[19] Wenn sie ihr Nest gebaut hat, lähmt die Wespe eine Raupe durch einen Stich und bringt sie zum Nest. Sie deponiert die Raupe in einer bestimmten Distanz zum Nest und verifiziert den Zustand des Nestes. Wenn man inzwischen die Raupe in einer bestimmten Distanz von dem Hinterlegungspunkt entfernt, wird die Wespe sie finden, sie bringt die Raupe zurück zu dem Hinterlegungspunkt und verifiziert erneut das Nest. Wenn die Verlagerung der Beute wiederholt wird, wiederholt die Wespe dasselbe Verhalten, und dies so oft, wie man die Beute von ihrem Hinterlegungspunkt entfernt. Die Wespe nimmt offensichtlich ihre Umwelt wahr – sie findet die Raupe wieder –, doch vermag sie eine geringe Veränderung nicht in ihren Verhaltensablauf zu integrieren.

[20] Vgl. James H. Thomas, The Mind of a Worm, in: Science, 17. Juni 1994, 168.

[21] Vgl. Eric R. Kandel, Small Systems of Neurons, in: Scientific American, September 1979, 66–87.

gewährleisten. Alle Anzeichen von Bewußtsein verschwinden Schritt für Schritt aus unserem Blickfeld, je weiter wir in der Geschichte des Universums zurückgehen. Anderes ist uns einfach zu wenig zugänglich, etwa die Pflanzenwelt, die sicher auch ihre eigenen Wege hat, auf die Umwelt zu reagieren und ihre Möglichkeiten auszuloten, z.B. durch Tropismen und durch ihre Wasser suchenden Wurzeln. Man mag – wie das in manchen Gedichten geschieht – sich hier eine Art von Reaktion auf die Umwelt vorstellen, die von innen her gesteuert wird. Doch unser Verständnis der Innenseite von Pflanzen ist erschwert durch den Mangel an analogen Beziehungen.

Angesichts der weit verbreiteten reduktionistischen Erklärung des Verhaltens – wie etwa der Zurückführung auf die ins Spiel kommende Chemie und Physiologie, die als Infrastruktur notwendig sind[22] – ist mit Nachdruck der ganzheitliche Aspekt des Verhaltens zu betonen. Dieses ist notwendig, auch wenn manches Verhalten – insbesondere bei Tieren einer niedrigen Entwicklungsstufe – eine rein mechanische Reaktion (Responses) zu sein scheint. In jedem Falle sind es auch dann die Reaktionen des ganzen Tieres und nicht nur zweier Neuronen.[23] Es ist immer das ganze Tier bzw. die ganze Pflanze, die reagiert und betroffen ist, und nicht nur dieser oder jener Teil davon. Zumindest bei Tieren finden wir in diesen Aktivitäten Bewußtseinsspuren. Deshalb dürfen wird sagen: Je weiter wir in die Vergangenheit des evolvierenden Lebens zurückschauen, desto mehr verschwinden die Spuren des Bewußtseins, die man durch immer geringer werdende Reichweite ihrer Entwicklung auf die Umwelt charakterisieren kann. Und unterhalb der Biosphäre scheint das Bewußtsein nicht einmal mehr spurenhaft vorhanden zu sein. Einige Phänomene mögen uns an die Aktivitäten von Lebewesen erinnern, wie etwa die Autokatalyse, die ein wesentlicher Schritt auf dem Weg hin zum Leben zu sein scheint.[24] Doch findet auf dieser Stufe keinerlei Exploration der

[22] Es mag erwähnt werden, daß die Chemie zwar eine Rolle spielt, aber keineswegs eine absolut überwältigende Rolle. Versuche, beim Menschen durch Adrenalin-Injektionen aggressives Verhalten zu provozieren, scheiterten, wenn die Versuchsperson über die Injektion und die erwartete Wirkung informiert war.

[23] Vgl. A.O.D. Willows, Giant Brain Cells in Mollusks, in: Scientific American, Februar 1971, 68–75; Donald Kennedy, Small Systems of Nerve Cells, in: Scientific American, Mai 1967, 44–65; Charles M. Lent/Michael H. Dickinson, The Neurobiology of Feeding in Leeches, in: Scientific American, Juni 1988, 98–103.

[24] Vgl. Manfred Eigen/William Gardiner/Peter Schuster/Ruthild Winkler-Oswatitsch, The Origin of Genetic Information, in: Scientific American, April 1981, 88–119. Julius Rebek Jr., Synthetic Self-Replicating Molecules, in: Scientific American, Juli 1994, 48–55.

Umwelt mehr statt. Die Reichweite der Aktivität von Molekülen und Atomen scheint durch ihre physische Größe bestimmt zu sein, wenn auch hier unter den Makromolekülen wie etwa den Proteinen die Möglichkeit besteht, ihre Konfiguration zu ändern, sich zu falten etc., so daß sich ihre Gestalt und ihre Reaktivität ändern. Doch fällt es schwer, mehr als einen holistischen Aspekt in diesem Verhalten von Molekülen und Atomen zu sehen; Bewußtsein vermag man hier nicht mehr zu entdecken. Aber aus diesem Stoff emergiert das Leben, und mit ihm das Bewußtsein: Atome und Moleküle sind die *conditio sine qua non* für das Auftreten von Bewußtsein im Universum.

Das Bewußtsein tritt so in großer Deutlichkeit als Wirklichkeit im Menschen zutage, und es vermindert sich, je weiter wir in der Gechichte der Evolution zurückgehen.

Annäherungsweise läßt sich die erreichte Bewußtseinsstufe sogar messen, indem man die Reichweite des Wissens und der Aktivität als Parameter verwendet. Dieser Parameter nimmt immer geringere Werte an, je weiter wir in die Vergangenheit zurückgehen.[25] Am Anfang scheint das Bewußtsein zu verschwinden; das frühe Universum der Partikel scheint keine in die Umwelt ausgreifende Aktivitäten zu kennen.

In der Retrospektive sehen wir so das Universum mit relativ einfachen Strukturen beginnen. Diese kosmologischen Strukturen werden, so scheint es, weithin verstanden; zumindest sind sich die Physiker ihrer Sache recht sicher, daß sie ein volleres Verständnis des Kosmos erreichen werden. So stellt der in Princeton lehrende Astrophysiker P.J.E. Peebles fest: „Wir sehen in der Kosmologie ein sich entwickelndes Netzwerk von zusammenhängenden Ergebnissen. Dieses Netzwerk legt die Vermutung nahe, daß wir auf dem Wege zu einer glaubwürdigen Annäherung an die Wirklichkeit sind.“[26] Wie wir gesehen haben, sind die einfachsten Strukturen wie die Partikel, die die Gesamtheit aller Materie ausmachen, im Universum im Vergleich zur kosmischen Hintergrundstrahlung eine Ausnahmeerscheinung. Wollten wir das Universum mit der Quantität als entscheidendem Parameter verstehen, würde das, wie bereits gesagt, zum Entwurf eines sinnlosen Universums führen. In einem solchen Universum ist keinerlei Richtung in dem natürlichen Pro-

[25] Es mag in diesem Kontext daran erinnert werden, daß die Menschen die einzige Spezies sind, deren Bewußtsein die Dimension der Zeit erfaßt und damit die Fähigkeit entwickelt, das Universum als Geschichte zu sehen.

[26] P.J.E. Peebles, Principles of Physical Cosmology, Princeton 1993.

zeß der universellen Evolution zu erkennen. Alles, was in der Evolution bedeutsam ist, ist quantitativ eine zu vernachlässigende Größe. Wenn wir andererseits im Absehen von der Quantität auf die im Universum emergierenden Wirklichkeiten sehen, die zwar nur minimale Quantitäten darstellen, läßt sich doch in der quantitativen Höherentwicklung eine allgemeine Richtung erkennen. Gewiß, die Emergenz ist nicht durch irgendein bekanntes Naturgesetz prädeterminiert. Wir sind unfähig, die Zukunft eines Kohlenstoffatoms vorauszusagen. Doch sind wir im Prinzip in der Lage, die Geschichte eines Kohlenstoffatoms zu schreiben, das in ein menschliches Gehirn oder in ein Enzym integriert wurde. Die Atome, die wir in Lebewesen finden, haben ihre eigene lange Geschichte. Doch diese Geschichte ist nur einer der nicht gerade überragend wichtigen Aspekte des Evolutionsepos. Ein Hauptstrang der Geschichte informiert uns darüber, wie das Universum an ausgewählten, an speziellen Orten wie unserer Erde, die einzig sein mag, immer komplexere Moleküle hervorgebracht hat, die zu einem Zeitpunkt begannen, kooperative Einheiten mit einer Abgrenzung nach außen zu bilden. Die Theorien über die konkreten Einzelheiten dieses Anfangs des Lebens sind noch recht unsicher und kontrovers. Praktisch ist die Wissenschaft nicht wesentlich weiter gekommen als zu dem Nachweis, daß die notwendigen Elemente des Lebens – Aminosäuren, Nukleinsäuren etc. – spontan in der Uratmosphäre der jungen Erde entstehen können.[27] Das Phänomen des Lebens, wie es als neue Wirklichkeit aus der molekularen Evolution emergiert, ist in der Beschreibung der Moleküle nicht vorhanden. Es ist eine neue Qualität. Doch wovon? Dies scheint eine falsche Frage zu sein: Das Leben ist nicht die Qualität von etwas, das diese Qualität erwürbe. Es ist vielmehr eine neue qualitative Wirklichkeit, die mit einer bereits hochkomplexen Infrastruktur als Voraussetzung aus dem komplexifizierenden und gleichzeitig einigenden, größere Ein-Ganzheit schaffenden Prozeß der Evolution emergiert.

[27] Vgl. das Miller-Urey Experiment des Jahres 1952. Vgl. Richard E. Dickerson, Chemical Evolution and the Origins of Life, in: Scientific American, September 1978, 70–109; George Wald, The Origin of Life, in: Scientific American, August 1954, 44–53; Harold C. Urey, The Origin of Life, in: Scientific American, Oktober 1952, 53–61. Anfang 1993, vierzig Jahre nach der Veröffentlichung der damals sensationellen Ergebnisse, mußte Stanley Miller erkennen, daß wir heute nicht entscheidend mehr wissen über den Ursprung des Lebens. Vgl. ferner J. William Schopf, The Evolution of the Earliest Cells, in: Scientific American, September 1978, 110–139; ders. (Hg.), Earth's Earliest Biosphere: its Origin and Evolution, Princeton 1983. Stanley L. Miller, The Prebiotic Synthesis of Organic Compounds as a step toward the Origin of Life, in: J. William Schopf (Hg.), Major Events in the History of Life, Boston 1992, 1–28.

Heute ist es nichts Neues mehr zu sagen, daß der Prozeß der Evolution auf allen Stufen ein Prozeß der Komplexifikation ist.[28] An einem bestimmten Punkt emergiert dieser Prozeß ins Leben. Von da an werden, wie gezeigt wurde, die frühesten Spuren des Bewußtseins als einer Ganzheit beschreibbar, die die Erfahrung ihrer Umwelt internalisiert, d.h. die lernt und die aktiv als Ganzheit auf diese Umwelt reagiert.
Die Evolution ist kein linear verlaufender Prozeß, der mit dem Auftreten der ersten Partikel begänne, die sich konsequent zu immer komplexeren Partikeln vereinten. Es muß nachdrücklich betont werden, daß die Evolution kein deterministischer Prozeß ist, der in seinem Verlauf von der Existenz der ersten Partikel abgeleitet werden könnte. Wie durch das anthropische Prinzip aufgezeigt, hätte ein geringer Unterschied im Wert der Coulomb-Konstanten – es gibt keine bekannte physikalische Notwendigkeit, weshalb sie ihren spezifischen Wert hat – den ganzen evolutiven Prozeß gestoppt, er wäre nie über das Stadium des Protons hinausgelangt. Doch auch mit der Coulomb-Konstanten, wie sie ist, gelangt die meiste Materie nie über das Stadium von Protonen und Alphapartikeln hinaus, bevor sie in ein Schwarzes Loch oder einen Neutronenstern absorbiert wird. Die bedeutsamsten evolutiven Ereignisse haben sich im statistisch hoch Unwahrscheinlichen vollzogen. Der statistische Durchschnitt informiert uns nicht über die Richtung, in der sich die Evolution bewegt. Die Evolution folgt vielmehr dem Weg des Unwahrscheinlichen. Auf dieser Linie gelangt die Evolution zum Bewußtsein. Es ist so vernunftgemäß, innerhalb eines solchen Kontextes die Geschichte des emergierenden Bewußtseins als die signifikante Geschichte des evolvierenden Universums anzusehen. Parameter, die an die Evolution angelegt werden, sind so nicht quantitativer, sondern qualitativer Natur. Und zumindest eine für das Verstehen des evolvierenden Universums in Betracht zu ziehende evolvierende Qualität ist die Evolution des Bewußtseins, die für unsere Erfahrung mit dem beginnenden Leben erkennbar wird.
Nachdem wir so eine vernunftgemäße Alternative zu der rein quantitati-

[28] Diese Feststellung wurde im ersten Viertel dieses Jahrhunderts von Edouard Le Roy und Pierre Teilhard de Chardin als erste ausgesprochen. Von dorther machten die Begriffe der Komplexität und der Komplexifikation ihren Weg zunächst in die biologischen Wissenschaften und dann in den allgemeinen wissenschaftlichen Diskurs, meist ohne jegliche Referenz zur Quelle dieser Begrifflichkeit. Es gibt Ausnahmen: In den sechziger Jahren insistierte der französische Paläontologe Jean Piveteau nachdrücklich auf der Priorität Teilhards als desjenigen, der den Begriff der Komplexität in die Bio-Wissenschaften einführte.

ven Beurteilung der Evolution aufgezeigt haben, können wir eine erkennbare Ausrichtung des Evolutionsprozesses auf die Emergenz des Bewußtseins hin feststellen. Doch zugleich müssen wir davor warnen, diese Interpretation mit der klassischen deterministischen Orthogenese zu identifizieren. Dies wäre ein Mißverständnis, dem bereits Teilhard de Chardin von seiten mancher Naturwissenschaftler ausgesetzt war. Die klassische Orthogenese ist ein linearer, deduzierbarer und voraussagbarer Prozeß. Die Alternative dazu ist nicht die Evolution als ein orientierungsloses Zufallsprodukt. Die Evolution bringt vielmehr Wahrscheinlichkeiten hervor, die an ihren Extremen die Emergenz höherer Formen des Bewußtseins erlauben: Es gibt keine eingebaute finale Notwendigkeit, daß der Prozeß die Richtung nimmt, die er genommen hat. Doch in der Retrospektive können wir das Vorhandensein dieser Richtung nicht leugnen. Wenn wir die Geschichte der Evolution schreiben, erkennen wir eine wichtige, kontinuierliche Richtung des emergierenden Bewußtseins, die quantitativ unbedeutend sein mag, die aber in ihren Auswirkungen hoch bedeutsam ist. Ohne sie gäbe es keine Wissenschaft. Die Evolution geht in Richtung des Bewußtseins bis zu ihrer qualitativ höchsten Stufe, die wahrscheinlich höchst selten ist. Und in einem sehr genauen Sinne können wir feststellen, daß in den Menschen das evolvierende Universum bewußt wird und über sich selbst zu reflektieren beginnt.

2.3 Gottes Schöpfung: Evolution in Richtung des Bewußtseins

Es ist möglich, die Bedeutung des Bewußtseins als Phänomen der Evolution zu leugnen und es zu einem Epiphänomen zu erklären. Nichtsdestoweniger stützen die Auswirkungen und der historische evolutive Hintergrund dieses sogenannten Epiphänomens unsere Position weit besser. Eine mathematische Sicherheit in Anspruch nehmende Entscheidung ist nicht möglich, wir müssen hier ein qualitatives Urteil fällen. Die vorgetragene Interpretation ist gewiß nicht irrational, wenn wir auch nur ohne definitiven Beweis für sie vernünftig argumentieren können. Beweise sind letzten Endes nicht möglich, wo Werte in Frage stehen. Wenn ein sinnloses Universum vorausgesetzt wird, dann ist jedes Werturteil rein subjektiv. Doch die Voraussetzung selbst ist subjektiv, sofern man keine unwiderlegbaren Beweise für ein sinnloses Universum vorlegen kann. Wir sind so letzten Endes auf relativ vernünftige, rationale Urteile angewiesen. Das Universum hat effektiv Wesen hervorgebracht, Menschen, die nach

dem Sinn fragen. Und im Menschen fragt das Universum selbst nach dem Sinn. Die Evolution hat ihren Weg trotz einer überwältigenden quantitativen Unwahrscheinlichkeit gemacht. Der Hinweis auf die Endlichkeit des quantitativ verstandenen Universums macht dieses Universum nicht sinnlos. Denn dies ist nur ein Aspekt des Universums, dem der evolutive Aspekt gegenübersteht, der in der Sinnfrage das Universum zu sich selbst kommen läßt. Die Geschichte der Evolution stützt die Auffassung von einem sinnhaltigen Universum, gemessen an dem Parameter des evolvierenden Bewußtseins. Uns scheint, ein solches Urteil wird von einem sinnhaltigen Universum getragen. Unsere eigene Erfahrung zeigt, daß das Universum Wesen hervorgebracht hat, die nach Sinn suchen. Sollte das ein Irrtum der Evolution gewesen sein? Oder ist es vielmehr, zumindest in den Augen des Theologen, Gottes Schöpfung, die sich ihres Trends in Richtung von Bewußtsein und Sinn bewußt wird? Weder die Zeiträume, die notwendig waren, noch die Seltenheit des menschlichen Bewußtseins im Vergleich zur Gesamtmasse des Universums ist ein Argument gegen diese Sicht der Wirklichkeit.
Es ist an dieser Stelle daran zu erinnern, daß wir nicht die Absicht haben, die Existenz eines Schöpfers mit Hilfe von Argumenten aus den Naturwissenschaften zu beweisen. Die Naturwissenschaft kann uns nicht sagen, weshalb es das Universum gibt, und weshalb nicht nichts. Auf die Naturwissenschaft zurückgreifende Design- oder Planungsargumente mögen zwar hilfreich scheinen, doch öffnen sie die Tür für den „Lückenbüßer-Gott". Gott erscheint dann als ein Teil des Universums mit einer Funktion, die wissenschaftlich notwendig ist, um zu erklären, was zur Zeit der wissenschaftlichen Erklärung nicht zugänglich ist. Gewiß, der Mensch kann in bewunderndem Staunen vor den Wundern der Natur stehen und darin den Schöpfer erfahren. Diese Erfahrung wird durch das wissenschaftliche Verstehen dieser Wunder weder positiv noch negativ tangiert. Gott ist der Schöpfer aller Wirklichkeit, kein Teil von ihr, den die Wissenschaft erklären könnte. Die Frage: „Ist die Welt geschaffen oder ist sie ein ewiges, sich selbst tragendes Universum?" kann von der Wissenschaft nicht beantwortet werden. Die Naturwissenschaft kann sich nicht außerhalb des Universums stellen, um diese Frage objektiv zu beantworten. Es gibt sogar Grenzen unserer Wahrnehmung der Wirklichkeit im Universum, wie den durch die Lichtgeschwindigkeit definierten Kegel. Doch selbst wenn wir eine nichtlokale Möglichkeit der Kommunikation und Wahrnehmung entdecken würden, die die Lichtgeschwindigkeit obsolet machte, könnte die Naturwissenschaft nur über

ein vorausexistierendes Quantenvakuum spekulieren, aus dem unser Universum sich entwickelt hätte. Doch wo soll das Quantenvakuum herkommen? Wenn wir Gott zum Schöpfer des Quantenvakuums machten, um unsere wissenschaftliche Frage auszuräumen, würden wir einen *Deus ex machina* beschwören, der den Wissenschaftlern ihre Probleme lösen soll. Letzten Endes ist die Wissenschaft, wie die ganze Menschheit, mit der Kontingenz des Universums konfrontiert. Nichts ist so, wie es es ist, mit absoluter Notwendigkeit. Deshalb hat die Naturwissenschaft eher eine beschreibende als eine erklärende Funktion. Die Naturwissenschaft ist nicht in der Lage, den eindeutigen Beweis für oder gegen den Schöpfer zu erbringen.

Wir stellen uns also keinesfalls die Aufgabe zu beweisen, daß dieses Universum geschaffen ist. Christen glauben an den Schöpfergott. Es gibt gute Gründe für die Annahme, daß das Universum fundamental kontingent und nicht in allen seinen Aspekten, sowohl den physikalischen wie den geistigen, voll einsichtig ist. Doch dies kann nicht dazu benutzt werden, um zu einem schlüssigen Beweis für die Tatsache der Schöpfung und die Existenz eines Schöpfers zu gelangen. Darüber hinaus wäre es nicht die primäre Aufgabe des seinen Glauben reflektierenden Theologen, sondern des Philosophen, einen solchen Beweis beizubringen. Der Philosoph setzt mit seinen Verstehensbemühungen bei der immanenten Wirklichkeit des Universums an. Platon und Aristoteles strebten so eine natürliche Theologie an. Die moderne Philosophie hat sich weitgehend in einen das Wißbare abgrenzenden Skeptizismus zurückgezogen und die klassischen Aufgaben der Philosophie den Physikern überlassen, die oft die Gottesfrage aufwerfen. Einige ihrer Fragen, wie die Einsteins, zeigten tiefe Einsichten, während andere, wie die Stephen Hawkings, theologische Naivität bekunden. Tatsächlich kann die moderne Philosophie durch ihren Rückzug in die Wissenschaftstheorie eine Leere hinterlassen. Doch es sollte nicht die Aufgabe des Theologen sein, dieses Loch zu füllen.

Die Theologie beginnt mit dem Glauben als ihrer Voraussetzung. Deshalb ist es nicht ihre Aufgabe, die Schöpfung zu beweisen, vielmehr geht es ihr darum, den universellen Prozeß der Evolution als Schöpfung zu verstehen. Können wir aus der Geschichte der Schöpfung, wie wir sie heute zu lesen vermögen, irgend etwas über die Absicht des Schöpfers mit seinem Werk erkennen?

Das klassische Verständnis von Schöpfung auf der Grundlage der ersten Kapitel der Genesis beschrieb eine von einem allmächtigen Gott dominierte Welt, der ein Habitat für die Menschheit schuf. Das Tun Gottes, wie es vom priesterschriftlichen Text berichtet wird, überwältigt das Chaos, schafft Ordnung und weist den Geschöpfen ihren Ort zu. Alles, insbesondere alle lebenden Geschöpfe, wurden an ihren Ort gewiesen und hatten ihre Funktion in Gottes Schöpfung. Wie das Buch der Weisheit (11,21) sagt: „Du ordnetest alles nach Maß, Zahl und Gewicht." Der Genesisbericht war in einem statischen Universum nachvollziehbar. Christliche Kosmologen von den frühesten Jahrhunderten an bis in die Neuzeit hatten nur geringe Schwierigkeiten, das Universum und seine Geschichte im Einklang mit der biblischen Schöpfungsgeschichte zu beschreiben. Basilius erarbeitete in seinem *Hexaemeron* die Ordnung, der Gottes Schöpfertun folgte. Eine solche Interpretation von Gottes Sechstagewerk bot für viele Jahrhunderte ein befriedigendes Verständnis für die dem Universum eingeschriebene Ordnung. Dabei verließ man sich nicht ausschließlich auf die biblischen Texte. Aktuelles Wissen über das Universum wurde in das theologische Verständnis der Schöpfung integriert. Deshalb waren alle angehenden Theologen gehalten, das Universum zu studieren, bevor sie zum Studium der Theologie zugelassen werden konnten. Natürlich brauchte es einige Zeit, bevor die Theologen sich der Bedeutung dessen bewußt wurden, was wir heute Naturwissenschaften nennen und was über viele Jahrhunderte als das *quadrivium* gelehrt wurde. In der voll entfalteten scholastischen (nicht der neuscholastischen) Theologie war die reale Ordnung des Universums von vorrangiger Bedeutung. Die Ordnung, die man insbesondere in den sieben Planeten zu erkennen glaubt, wurde überall gesehen. Der Makrokosmos wurde zur vorbildlichen Regel des Mikrokosmos und wurde aller menschlichen Ordnung übergestülpt, sowohl der geistlichen als auch der weltlichen Ordnung. Die Ordnungsvorstellung und die Vorstellung von den ewigen (Natur-)Gesetzen erschienen den scholastischen Theologen als ein Ausdruck des göttlichen Schöpferwillens, der nachzuahmen ist. Dies war im dreizehnten Jahrhundert die allgemein akzeptierte, nicht diskutierte, sondern in den Texten häufig vorausgesetzte theologische Sicht der Wirklichkeit.

Diese Interpretation hielt sich keineswegs sehr eng an den biblischen Text. Die beiden großen Lichter des biblischen Textes wurden durch die fünf „anderen" Planeten ergänzt. Die sieben Planeten demonstrierten die vollkommene Himmelsordnung, die auch auf Erden zu verwirklichen war: Die Gebetsordnung in den Klöstern folgte der himmlischen Ordnung. Alles war von der Siebenzahl dominiert, die ihren Ursprung in den sieben Planeten hat: sieben Sakramente, sieben Tugenden, sieben Hauptsünden, sieben Adelsränge, sieben Zeitalter des Universums, sieben Stufen zum Priestertum, das als Sakrament den Namen *ordo* erhielt. Kathedralen hatten sieben Kapellen rund um das Chor, Rom hatte sieben Kirchen, und der Mensch, der Mikrokosmos schlechthin, hatte vier Elemente – Erde, Wasser, Luft, Feuer – und drei Seelen: vegetativa, animalia und rationalis. Diese Liste ließe sich durchaus noch weiterführen. Die beschriebene Ordnung ist nicht biblisch, vielmehr gründet sie auf dem ptolemäischen oder aristotelischen Weltbild. Die traditionelle Theologie war so auf eine Ordnung zentriert, die sie in der Welt vorfand. Dies gilt bis ins sechzehnte Jahrhundert, in dem Schedel in seiner *Weltchronik* immer noch die biblischen Texte im Lichte einer ptolemäischen Weltschau interpretierte.

Die moderne Naturwissenschaft hält immer noch nach Ordnung Ausschau, wobei sie vergißt, daß diese Suche tief im mittelalterlichen Glauben an einen die ganze Natur beherrschenden Determinismus wurzelt. Im Mittelalter hatten die strikt determinierenden Naturgesetze, in der scholastischen Redeweise das ewige Gesetz, ihre Wirklichkeit und ihre Kraft in dem als strikt unwandelbar geglaubten göttlichen Willen.[29] Doch der Glaube an einen solchen strikten Determinismus reicht weiter zurück. In Griechenland begegnen wir ihm in der vorchristlichen Philosophie als dem Glauben an die alles, auch die Götter beherrschende *anágke*. Die moderne Wissenschaft hat den Begriff der Naturgesetze als ewige Gesetze beibehalten, man nimmt sie für bare Münze. Der Kontingenz der Naturgesetze ist in den Naturwissenschaften keine Beachtung geschenkt worden: Die Existenz von ewigen Naturgesetzen macht den Grundglauben der Naturwissenschaft aus. Dieser Glaube, der in unserer Zeit durch die Quantenmechanik und Chaostheorien allerdings erschüttert wurde, wird bezeugt durch die Suche nach einer alles erklärenden Theorie, der *Theory of Everything*, die die Welt in allen Einzelheiten deterministisch erklären könnte. Weinberg spricht hier richtig von Träumen von einer endgültigen Theorie.[30] Wenn man genauer hinsieht, erweist sich das Universum nicht gerade als von Determinismen beherrscht, die eine strikte Ordnung schaffen würden. Vielmehr sehen wir mannigfaltige entropische und negentropische Phänomene, die mehr oder weniger Ordnung sichtbar werden lassen. Wo immer Ordnung auftritt,

[29] In der mittelalterlichen Weltsicht ist alles strikt determiniert, mit Ausnahme des menschlichen freien Willens, der frei ist, weil Gott es so will.

[30] Vgl. Steven Weinberg, Der Traum von der Einheit des Universums, München 1993.

ist sie im Vergleich zum generellen Prozeß lediglich marginaler Natur. Wie immer wir Gottes Schöpfung interpretieren, es wird deutlich, daß Gottes erste Absicht nicht war, ein wohlgeordnetes Universum zu schaffen. Das Universum ist weder eine perfekt arbeitende Maschine noch ein ökonomisch geordnetes strukturiertes Ganzes. Ziehen wir die fast völlig strukturlose kosmische Hintergrundstrahlung und die Zukunftslosen Schwarzen Löcher in Betracht, dann scheint der größte Teil der in das Universum investierten Energie Abfall zu sein, der keine erkennbare Ordnung aufweist.

Angesichts des traditionellen scholastischen Verständnisses der Schöpfung als einer wohlgeordneten Wirklichkeit[31] werden wir mit einer Schwierigkeit konfrontiert. Wenn Ordnung ein Kriterium ist, dann ist die Welt offensichtlich alles andere als perfekt. Die traditionelle Interpretation der Unordnung im Universum als Folge der Sünde ganz allgemein und insbesondere der Erbsünde ist heute kaum mehr hilfreich. Der größte Teil der ungeordneten, der unordentlichen Energie ist das Ergebnis des Urknalls, ist Hintergrundstrahlung. Ordnung kommt im Universum nur als außergewöhnlicher Zustand vor, nur dort, wo Evolution stattgefunden hat.

Einige rudimentäre Ordnungszustände lassen sich in den Schwerkraft-dominierten Strukturen wie den Sternen und Galaxien erkennen, die Formen von Ordnung unter Einwirkung der Schwerkraft entwickeln. Doch erreichen sie keine Stufe der Komplexität, sie haben keine eindeutigen Strukturen, die ihre Teile koordinieren. Diese Himmelskörper sind vielmehr akkumulierte Materie, ihre Strukturen und Aktivitäten sind durch Gravitationskräfte bestimmt. Es dürfte heute für die Wissenschaftler, die sich in der Verteilung der Sterne und Galaxien auskennen, schwierig sein, darin die Hand eines Ordnung schaffenden Gottes zu erkennen. Sofern im ptolemäischen Weltbild die Himmel Ordnung vorführten, war es vernünftig, die Menschen aufzufordern, zum Himmel aufzublicken und die himmlische Ordnung zu erkennen, die als Modell für die auf der Erde zu verwirklichende dienen sollte.[32] Heute haben die Himmel offensichtlich aufgehört, das gute Beispiel einer getreulich zu befolgenden Ordnung zu geben.

[31] Dieses Schöpfungsverständnis findet sich heute in vielfachen säkularisierten Formen.

[32] Vgl. die Predigten Bertholds von Regensburg über die sieben Planeten: Berthold von Regensburg, Vollständige Ausgabe seiner Predigten, Berlin 1965. In dieser mittelalterlichen Welt hatte auch die dritte Vaterunser-Bitte eine ganz konkrete Bedeutung: Man konnte sehen, wie der Wille des Vaters im Himmel geschah.

Wenn wir zum Nachthimmel aufblicken, mögen wir seine Schönheit bewundern, und wir mögen von Schaudern und Staunen erfüllt sein, wenn wir in die unendliche Weite der Himmel schauen, in denen wir unseren Platz nicht mehr ausmachen können: Es gibt, so scheint es, keinen Mittelpunkt im Raum. Bilder von Sternen und Galaxien durch moderne Teleskope erfüllen uns mit Bewunderung.[33] Doch würden wir kaum irgendeine exemplarische Ordnung in der Verteilung der über den Nachthimmel zerstreuten Billionen von Galaxien finden. Nicht einmal nur unvollkommen verstandene Strukturen wie die Große Mauer[34] bringen Ordnung in die Himmel. Die Evolutionsgeschichte des Universums erfordert gewiß einige verstreute Anhäufungen, doch sind sie nicht in einer erkennbaren Weise organisiert worden. Die Ordnung in den Himmeln ist minimal. Allerdings ist dieses Minimum an Ordnung die Voraussetzung für die Anhäufung der Materie, die innerhalb unseres Universums die *conditio sine qua non* dafür ist, daß die Evolution auf der atomaren Stufe weitergeht. Der Prozeß, der dic Sterne leuchten läßt, ist ziemlich gewaltsam. Aller Sonnenschein, der uns auf der Erde erreicht, ist das Ergebnis der Erhitzung der Sonne durch interne Kernreaktionen, d.h. der Fusion von Protonen via Deuterium und Tritium zu Alphapartikeln, zu Heliumkernen. Wie in der Wasserstoffbombe ist dies ein explosiver Prozeß, der durch die Schwerkraft der Sonnenmasse eingegrenzt wird.

Der nukleare Prozeß bringt selbst zunächst Helium und in einem späteren Stadium Kohlenstoff und schließlich Eisen hervor. In den stellaren Kernfusionen können die ersten sechsundzwanzig Elemente der Periodentafel entstehen,[35] alle anderen Elemente werden in Supernova-Explosionen gebildet.[36] Auf der makroskopischen Ebene ist der Prozeß nicht wegen seiner Ordnung, sondern wegen seiner Heftigkeit bemerkenswert. Das Ergebnis des Prozesses auf der Mikro-Ebene zeigt dagegen klare Zeichen von Ordnung: Die Atome eines jeden Elements haben

[33] Vielleicht sind wir heute schon dafür zu abgebrüht. Vor dem Zeitalter des Farbfernsehens und des zum Mond ausgreifenden Raumprogramms zeigte ich in einer Sommernacht in einem winzigen Dorf in Frankreich einigen älteren Leuten vom Lande durch ein kleines Teleskop den Saturn, und ich war beeindruckt von ihrer Dankbarkeit dafür, daß es ihnen gegeben war, solche Schönheit zu schauen.

[34] Vgl. P.J.E. Peebles, Principles of Physical Cosmology, Princeton 1993, 35.

[35] Vgl. George Gamow, Modern Cosmology, in: Scientific American, März 1954, 54–65; Victor E. Viola/Grant J. Mathews, The Cosmic Synthesis of Lithium, Beryllium and Boron, in: Scientific American, Mai 1987, 38–45.

[36] Hans A. Bethe/Gerald Brown, How a Supernova Explodes, in: Scientific American, Mai 1985, 60–87.

eindeutige Strukturen und spezifische Eigenschaften, die sie unterscheidbar machen. Und obwohl sie sich voneinander unterscheiden, folgen die Atome doch einem gemeinsamen Strukturplan: Kerne, die sich aus Protonen und Neutronen zusammensetzen und die von Elektronen umgeben sind, deren Zahl für jedes Atom durch die Zahl der Protonen im Nukleus bestimmt ist. Himmelskörper haben viele Ausmaße – die Größe bestimmt die Heftigkeit der nuklearen Fusionsreaktionen und damit die „Lebenszeit" der Sterne – ohne klare Unterscheidungen: Die Masse kann jeder Größenordnung sein. Elemente sind dagegen deutlich voneinander unterschieden durch die Struktur ihrer Atome, sie machen deutlich, daß Ordnung eine notwendige Bedingung ihrer Existenz ist.

Obwohl diese Bedingung der Ordnung für das evolvierende Universum wichtig ist, stellen in Bezug zur Gesamtenergie des Universums Atome weniger als ein Milliardstel, und für die Elemente jenseits des Wasserstoffs und des Heliums kaum ein Hundertmilliardstel der Ursprungsenergie dar. Der größte Teil der Materie im Universum gelangt nicht über die beiden ersten Schritte der Nukleosynthese hinaus. Wenn Quantität der richtige Parameter zur Bewertung von allem im Universum wäre, bräuchten wir nicht weiter zu fragen. Andererseits ist aber niemand willens, die Fragen auf quantitativ relevante Kriterien zu beschränken. Vielmehr sind fast alle Menschen am Außergewöhnlichen in der Welt interessiert: an der Entwicklung immer höherer, komplexerer Strukturen durch chemische Evolution, durch Autokatalyse, durch Emergenz einfacher Lebensformen und immer höher evolvierter, immer komplexerer Lebensformen bis hin zum Menschen.

Soweit wir sehen können, geschieht nichts von dem, was interessieren könnte, was Neues in die Welt bringt, in einer quantitativ relevanten Größenordnung. Wäre das Universum nach dem Prinzip Ordnung angetreten, dann würde es in geordneter Weise mehr Ordnung hervorbringen. Das wäre z.B. daran zu erkennen, daß die verfügbaren Mittel quantitativ adäquat und sparsam eingesetzt würden.[37] Dies ist offensichtlich nicht der Fall. Es ergibt sich also hinsichtlich der Ordnung im Universum, daß zwar einige Ordnung zustande kommt, aber auf einem recht unordentlichen Wege. Die Geschichte des evolvierenden Universums,

[37] Das Mittelalter hat dieses Sparsamkeitsprinzip in der Schöpfung als gültig angesehen: Interessanterweise verwendet die Wissenschaft heute noch dieses Prinzip als *Occam's Razor*, um weitere Erklärungen auszuschließen, wenn man eine Erklärungsmöglichkeit gefunden hat. Das führt zur Reduzierung komplexer Wirklichkeit auf nur halbwahre einfache Erklärungen.

das neue Wirklichkeiten hervorbringt, ist kein ordentlicher Ablauf. Vielmehr entsteht Ordnung lokal aus Unordnung. Alle Lebewesen evolvierten aus den ersten einfachsten Partikeln, die zuerst auftraten, aber ein vorgezeichneter ordentlicher Weg ist nicht erkennbar. Man mag zwar davon träumen, daß eine Theorie schließlich die ganze Geschichte durch eine Wellenfunktion zu beschreiben erlaube, und innerhalb eines deterministischen Weltbildes mag das stimmen,[38] doch für die Wirklichkeit der Evolutionsgeschichte ist solcher mathematischer Reduktionismus irrelevant. Die Wellenfunktion bestätigt, daß die Geschichte mit dem Ursprung des Universums begann, sie sagt nichts über die evolvierte Wirklichkeit aus, die durch ihre Neuheit die Vergangenheit transzendiert. Höhere Komplexe sind nicht quantitativ mehr; sie sind neu, weil sie neue Qualitäten zeigen;[39] die Geschichte der biologischen Evolution ist nicht nur das Auftreten von Mutationen in den DNA-Strukturen, sondern ein konstanter Anstieg der Qualität und der Reichweite des Hinausgreifens in die Welt durch die Formen des Lebens, die immer bewußter werden. Das menschliche Bewußtsein ist die höchste Stufe, die diese evolutive Bewegung mit einer offenen Zukunft erreicht hat. Eine Stufe, auf der das Universum begonnen hat, über sich selbst nachzudenken.[40]

[38] Es gibt allerdings berechtigte Zweifel an einer solchen Aussage: Da die Anfangsbedingungen entsprechend der Quantenphysik nicht gewußt werden können, kann eine solche Wellenfunktion nicht konkret geschrieben werden. Im Augenblick scheint sogar die Beschreibung des Elektrons in einem Wasserstoffatom die Grenze der wissenschaftlichen Möglichkeiten zu bilden. Die Wellenfunktion des Universums ψ_U ist ein Ausdruck des Glaubens an den Determinismus auf seiten des Wissenschaftlers, der die Formel postuliert, und weit weniger einer konkreten Möglichkeit, diese Formel zu schreiben. Sie scheint mit der indeterminiert evolvierenden Wirklichkeit des Universums nicht kompatibel.

[39] In einem Interview erklärte Gerald Edelman vom Neurosciences Institute in La Jolla, Kalifornien: „Während die Biologie die Physik benötigt, um die biologische Welt zu beschreiben, ist die Physik doch unzulänglich, um die biologischen Prozesse zu beschreiben." Wenn dem so ist, dann ist es ziemlich unverständlich, daß er für sich in Anspruch nimmt, die Biologie solle fähig sein, den Geist und das Bewußtsein zu erklären; diese brauchen die biologischen Prozesse ebenso wie letztere die physikalischen brauchen. Vgl. Frankfurter Allgemeine Zeitung, Magazin Heft 811, 15. 9. 1995, 54–55.

[40] Einige materialistische Wissenschaftler schließen vor diesem Faktum die Augen. Durch dauernde Wiederholung des Satzes, alle lebenden Formen hätten denselben evolutiven Status, unterdrücken sie die Evidenz ihrer eigenen Existenz: Entweder halten sie sich selbst für Fremdlinge auf dieser Erde – eine vorevolutive Vorstellung, in der Menschen als Fremde geschaffen und in einen Garten gesetzt wurden, aus dem man sie später vertrieb –, oder sie betrachten sich selbst als in diesem Prozeß verwurzelt: In letzterem Falle sind sie die einzigen auf dieser Erde, die das Universum studieren. Kein anderes Tier oder eine DNA enthaltende lebende Struktur tut das. Solange sie diesen Unterschied nicht anerkennen und erklären, kann man sie nicht ernst nehmen.

2.4 Das Universum: Schöpfung auf dem Wege, Gott zu begegnen

Qualitativ tendiert Gottes Schöpfung in Richtung des Bewußtseins. Es ist deutlich geworden, daß diese Tendenz keiner Blaupause folgt: Das Universum ist weder nach dem Prinzip der Ordnung noch nach dem der Sparsamkeit entworfen. Das Bewußtsein entstand nicht auf dem kürzesten denkbaren Weg. Alle Schritte auf dem Wege zum Bewußtsein erfolgten nicht im Zuge einer Massenbewegung, sie waren zumindest quantitativ Ausnahmeerscheinungen. Das Leben selbst, die Biosphäre, bildet nur eine dünne Haut auf der Erde, im Vergleich zu dem Rest des Weltstoffs ist es quasi nichts.[41] Doch kann es keinen Zweifel daran geben, daß wir an dem erreichten vorläufigen Endpunkt des Evolutionsprozesses, von Gottes weitergehender Schöpfung, Menschen mit reflexivem Bewußtsein finden, das an die komplexesten physischen Strukturen gebunden ist, die wir kennen.

So ist, von einem technologischen und materialistischen Standpunkt aus gesehen, das Universum kein Meisterwerk, was an zwei Punkten deutlich wird: Erstens, das Universum wurde nicht mit der geringst möglichen Menge verfügbaren Materials konstruiert, wenn die Hervorbringung des menschlichen Geistes das Ziel ist; zweitens, der allgemeine Gang der Evolution ist nicht durch die Dominanz von Ordnung ausgezeichnet. Diese Fakten sind festzuhalten, und wir werden darauf zurückkommen.[42] Dies ändert nichts daran, daß der letzte in diesem Prozeß der Evolution erreichte Punkt neue Qualitäten hervorbringt – nicht nur Modifikationen von Eigenschaften, wie die ärgerlichen Mutationen des Influenza-Virus –, die alle anderen Qualitäten des Lebens transzendieren, wie z.B. das selbstreflektierende Bewußtsein, kreatives Denken einschließlich der Mathematik, künstlerische Kreativität und Symbolsprachen, die fähig sind, Wirklichkeit auszusagen, die der sinnlichen Wahrnehmung unzugänglich bleibt. Im Menschen ist das Universum nicht nur weiterhin in Evolution, vielmehr beginnt es nach seinem Sinn

[41] Die Frage, ob es noch andere Planeten gibt, auf denen sich Leben entwickelt hat, ist bisher unbeantwortet. Die Milliarden von Galaxien machen eine positive Antwort sehr wahrscheinlich, doch die besonderen Bedingungen, die Voraussetzung jeden Lebens zu sein scheinen, wie etwa die richtige Distanz zur Sonne des Planeten, die richtige Zusammensetzung, die richtige Drehzahl, um zu große Temperaturunterschiede zu vermeiden, und ein effektives Magnetfeld zum Schutz vor schädigenden kosmischen Strahlen machen eine negative Antwort nicht völlig unwahrscheinlich.

[42] Vgl. Kapitel 4.

zu suchen. Da Menschen über sich selbst und ihr Universum reflektieren und sich der Zukunftsdimension bewußt sind, können sie nicht umhin, nach dem Sinn ihres Engagements in das Universum innerhalb des evolutiven Prozesses zu suchen. Haben sie einmal sich als die späteste und außergewöhnlichste Stufe der Evolution (zumindest in ihrem Erfahrungshorizont) erkannt, so wissen sie, daß in einer sehr genauen, quantitativ vernachlässigbaren, aber qualitativ hoch bedeutsamen Weise die ganze Geschichte des Universums in ihnen gegenwärtig ist.[43] Die Suche der Menschen nach Sinn ist also die Suche des Universums nach Sinn.

Die Suche nach Sinn ist Teil von Gottes Schöpfung, und zugleich scheint es offensichtlich zu sein, daß das kontingente Universum keine Antwort bereithält. Das Universum als energetisches Ganzes folgt in seinen materiellen Strukturen dem zweiten Satz der Wärmelehre, der aussagt, daß die Entropie jedes Systems mit einer begrenzten Menge an differentieller Energie ein für alle Zeit weitergehendes, Leben ermöglichendes Funktionieren dieses Systems unmöglich macht. Das offene Universum als geschlossenes System – eine Hypothese, die von den meisten Daten gestützt wird[44] – wird kalt und unbewohnbar enden. Auch wenn wir ein im „Big Crunch"[45] endendes Universum haben, wird es keinen Platz für ein reflektives menschliches Bewußtsein geben. Wie Steven Weinberg gesagt hat, ist für sich allein genommen das quantitativ verstandene Universum, und deshalb auch das Leben, äußerst sinnlos. Nur qualitative Parameter eröffnen eine Möglichkeit des Sinns und Orientierung. Die Menschheit hat unter den Rahmenbedingungen dieses Universums keine unendliche Zukunft. Unter diesem Gesichtspunkt wird die Kontingenz der Menschheit und des Universums offensichtlich. Gott schuf kein Universum, das sich selbst genügt und fähig wäre, die von ihm hervorgebrachte Sinnsuche zu befriedigendem Erfolg zu bringen. Im menschlichen Bewußtsein wird das Universum sich seiner Grenzen und seines

[43] In diesem Zusammenhang ist daran zu erinnern, daß in einem konkreten und realistischen Sinn unser Leben vor dreieinhalb Milliarden Jahren begann. Der Lebensfaden wurde niemals abgeschnitten, das Leben durchlief Wandlungen, doch es hörte nicht auf. Wenn der Lebensfaden durchgeschnitten worden wäre, wären wir nicht da.

[44] Vgl. Stan Woosley/Tom Weaver, The Great Supernova of 1987, in: Scientific American, August 1989, 32–41; Ray Jayawardhana, A Dark Matter Recipe is Tested – and Found Wanting, in: Science 264, 1994, 1845.

[45] Das Gegenstück zum „Big Bang", also etwa der „Große Krach", bei dem, ähnlich wie beim Börsenkrach die Kurse, das Universum in sich zusammenfällt. Man könnte den Terminus im Hinblick auf das vorausgesagte unendlich massive Schwarze Loch auch mit die „Große Quetsche" wiedergeben.

Bedürfnisses, diese Grenzen zu transzendieren bewußt; es erfährt im Menschen seine Angewiesenheit auf Gott, wenn sein Streben nach Sinn befriedigt werden soll.

Dies ist kein Beweis für die Existenz Gottes, doch dürfen wir sagen, daß der Glaube an den Schöpfer nicht im Widerspruch zur Evolution des Universums steht: die Geschichte der Evolution kann im materialistischen Glauben gelesen werden, der dem Prozeß jeglichen letzten Sinn abspricht, oder er kann als das weitergehende Werk des Schöpfers gelesen werden. Der christliche Theologe nimmt natürlich die letztere Position ein. Wie schon gesagt, wir reflektieren auf der Grundlage des ersten Artikels des christlichen Credo, das den Glauben an den Schöpfer bekennt.

Unsere Aufgabe ist nicht, den Schöpfer zu beweisen, sondern zu fragen, welche Absicht der Schöpfer hatte, als er das evolvierende Universum schuf, das in der Menschheit bewußt zu reflektieren beginnt. Schon sehr früh sind die Menschen sich ihrer Grenzen bewußt geworden, am offensichtlichsten in dem Faktum, daß sie sterben müssen. Doch der absolute Tod war nicht annehmbar, wie durch die Bestattungsrituale von Neandertalern bezeugt, aus denen sich, insbesondere aus den Grabbeigaben, ein Glaube an ein Leben jenseits des Todes erkennen läßt. Menschen wurden sich ihrer individuellen Einzigkeit bewußt und erkannten einander als Personen, als sie begannen, die unwiederholbare Wirklichkeit und die unauslotbare Tiefe des anderen wahrzunehmen.

Wir wissen nicht genau, wie die Menschen religiös wurden und wie die Gottesvorstellung dem Menschen zugekommen ist. Die Hypothesen wechseln je nach Standort und Zeit ihrer Autoren. Die Erfahrung des Numinosum[46] ist ein Weg, auf dem der Mensch Gott begegnen kann. Die Erfahrung der Naturkräfte in Stürmen und Gewittern ist ein anderer. Es gibt wohl mehr Spekulationen als Wissen darüber, wie die Menschheit wirklich angefangen hat, von Gott zu reden und zu wissen. Der psychologisierende Weg, den Feuerbach in dem Glauben, Gott damit aus dem Horizont der Menschen zu eliminieren, vorgeschlagen hat, mag durchaus der Weg sein, wie die Gottesvorstellung Teil des menschlichen Erbes wurde. Der rationalistische Irrtum liegt darin zu glauben, daß es Feuerbach gelungen sei, Gott auf eine einfache Projektion zu reduzieren. Die Projektion kann sehr wohl eine normale Anwendung des Poten-

[46] Vgl. Rudolf Otto, Das Heilige. Über das Irrationale in der Idee des Göttlichen und sein Verhältnis zum Rationalen, München 1991.

tials des menschlichen Geistes sein, die zur Erfahrung des Numinosum führt. Doch wie immer die Menschheit auch lernte, von Gott zu sprechen und an Gott zu glauben, der Glaube an Gott ist ein Faktum. Im Glauben begegnet der Mensch Gott, im Menschen ist so das Universum *capax Dei* geworden. Das reflexive Bewußtsein ist der Punkt, an dem das Universum zu Gott, zu seinem Schöpfer, zu sprechen vermag.

Die lange Geschichte des Universums vom Urknall an – oder wie immer der evolutive Prozeß begann – zeigt durchaus Kontraste zur biblischen Schöpfungsgeschichte. Gewiß wird das Chaos zumindest lokal durch den Werdeprozeß überwunden, doch soweit das ganze Universum in Frage steht, sehen wir nicht den allmächtigen Schöpfer am Werk, der Ordnung aus Chaos machte. Es sieht eher so aus, als lasse Gott das Universum all seine außergewöhnlichen Möglichkeiten ausprobieren und als warte er mit unendlicher Geduld auf das Auftreten des reflexiven Bewußtseins, des menschlichen Geistes. Mit seinem späten Auftreten gibt es zum ersten Mal in der Geschichte des Universums, zumindest soweit wir wissen und erfahren können, ein Wesen, das fähig ist, Gottes Offenbarung zu empfangen. Mehr als fünfzehn Milliarden Jahre gab es keine ansprechbare geistige Wirklichkeit in Gottes Schöpfung. Wir werden der Frage weiter nachgehen müssen, weshalb Gott mit solch extremer Geduld schuf und nicht so, wie frühere Zeiten glaubten, daß er geschaffen habe: mit unmittelbarer Wirkung, aus der eine vollkommene Welt[47] hervorging. Die manchmal gehörte Bemerkung, der Genesisbericht gebe zumindest grob die richtige Abfolge der Evolution von Pflanzen und Tieren an, ist für das Verständnis von Gottes evolvierender Schöpfung bedeutungslos. Der Schöpfungsbericht belegt nur, daß der biblische Autor sich einiger physischer Notwendigkeiten bewußt war: Tiere müssen etwas zu fressen finden, bevor sie leben können. So geht die Erschaffung der Pflanzen logisch der Erschaffung der Landtiere voraus. Es würde nicht nur schwierig sein, die biblische Schöpfungsgeschichte mit dem historischen Evolutionsprozeß zu harmonisieren, es wäre auch überflüssig. Wie Bonaventura betont:

„Die Schrift berichtet normalerweise, was für die Lehre genügt, d.h. sie

[47] Die Fossilien waren schwierig mit einer vollkommenen Welt vereinbar. Cuvier, der Direktor des Naturgeschichtlichen Museums in Paris und gleichzeitig Supervisor der protestantischen Kirche Frankreichs war, lehnte Lemarcks evolutionistische Ideen scharf ab und macht ihm das Leben recht schwer. Die Existenz der Fossilien erklärte er als Überreste früherer, weniger vollkommener Schöpfungen, die Gott aufgab und durch andere ersetzte.

beschreibt nicht ausdrücklich die Unterscheidung weder der himmlischen Umläufe noch der elementarischen, sie sagt wenig oder nichts über die Bewegungen und Kräfte der höheren Körper und über die Mischung der Elemente und der Elementata."[48]

Der Versuch, die Evolution mit dem biblischen Bericht zu harmonisieren, würde einem Mißverstehen des biblischen Textes gleichkommen, der im Kontext seiner Zeit gelesen werden muß. Die Bibel verkündet den Schöpfer als den einzigen Urquell alles Seins in der Gegenüberstellung zu den weitverbreiteten dualistischen Vorstellungen unter den im Umfeld Israels lebenden Völkern. Für uns stellt sich heute die Aufgabe, diese offenbarte totale Abhängigkeit alles Seins – richtiger müßten wir heute sagen: alles Werdens – vom Schöpfer in bezug auf das evolvierende Universum zur Aussage zu bringen. Darüber wird mehr zu sagen sein, wenn wir weitere Aspekte des Universums auf ihre Relevanz befragt haben.[49]

An dieser Stelle können wir schon feststellen, daß der besondere Status des Menschen, wie er durch den *imago-Dei*-Begriff ausgesagt wird, im evolutiven Kontext keineswegs verlorengeht. Der biblische Text spricht dem Menschen diesen besonderen Status aufgrund einer souveränen göttlichen Entscheidung zu. Im evolutiven Kontext erfahren wir aus unserer Position im allgemeinen Prozeß und unserer Funktion als reflexives Bewußtsein des Universums, daß Gott der Welt durch uns begegnen will. Wir sind weit genug auf Gott hin evolviert, so daß unsere Ähnlichkeit mit Gott einen Kontakt ermöglicht. Dies ist offensichtlich mit der Gefahr verbunden, daß der Mensch sich selbst als Gott gleich, als unabhängig und Herr seiner selbst denkt. Die Bande der Abhängigkeit von Gott zu zerreißen, mag den Menschen das Gefühl der Freiheit geben, ohne daß sie die reale Möglichkeit der Überwindung der Kontingenz erreichen würden. Letzten Endes täuscht diese doch immer begrenzte Freiheit. Und die alte, wenn auch nicht historische, so doch metaphorische, biblische Geschichte vom Sündenfall enthält immer noch die Erkenntnis, daß Menschen sich gegen Gott auflehnen unter Benutzung magischer Mittel, um Gott gleich zu werden – ob sie nun einen Apfel oder eine mathematische Formel benutzen.[50] Dieser Aspekt der Wirklichkeit hat sich im Übergang vom statischen zum evolutiven Weltbild

[48] Bonaventura, Breviloquium, pars secunda, de creatura mundi c.5. Die Elementata sind die Composita, die aus Elementen zusammengesetzten Stoffe.

[49] Vgl. Kapitel 5.

[50] Beide sind an sich gut, aber nicht, wenn sie magisch benutzt werden.

nicht geändert. Nach wie vor kann der Mensch um Gott wissen und sich weigern, an Gott zu glauben.
Da die Menschen reflexiv bewußt wurden, ist die Möglichkeit einer bewußten Beziehung des Universums zu Gott eröffnet worden. Das evolvierende Universum, das sich bisher auf allen möglichen Wegen abmühte, eine höhere Stufe des Werdens zu erreichen – dies ist zumindest das Bild, das sich in der Evolutionsgeschichte abzeichnet –, hat endlich eine Stufe erreicht, auf der es nicht länger blind seinen inneren Trieben folgt, welche immer diese sein mögen; vielmehr beginnt es einen Leitstrahl zu sehen, der ihm von der Erfahrung des Schöpfers im bewußten menschlichen Geist zukommt. Im menschlichen Geist transzendiert letztendlich das Universum sich selbst.
Eine solche Transzendenz ist eindeutig nur für den Gläubigen gegeben, für jene, die in ihrem Glauben wissen, daß sie mit dem Schöpfer verbunden sind; andere mögen eine agnostische Position einnehmen und jegliches Wissen über eine transzendente Wirklichkeit leugnen. Doch Gottes Wirklichkeit hängt nicht von der Bejahung oder Verneinung des Agnostikers ab. Im Glauben wissen wir, daß das ganze Universum in all seiner Existenz vom Schöpfer abhängt, und nachdem wir die Geschichte des evolvierenden Universums skizzenhaft nachgezeichnet haben, dürfen wir sagen, daß er erkannt werden wollte und auf die Begegnung mit diesem bewußt gewordenen Universum wartete.
Gestützt auf die klassische Idee der *analogia entis*, können wir noch einen Schritt weitergehen. In dieser Sicht erscheint Gott als die Fülle alles Seins. Jedes Seiende existiert nur, weil und sofern es eine – wenn auch noch so blasse und begrenzte – Ähnlichkeit zu Gott aufweist.[51] Wenn wir den bewußten Menschen in der Sicht der Seinsanalogie begreifen, dann dürfen wir feststellen, daß Gott keine blinde Macht ist, keine Art Fatum, wie es die Griechen als *anágke* dachten, noch ist er die Summe der Naturgesetze, vielmehr ist er ein wissender Gott, der nicht nur in der Weise bewußt ist, wie wir Menschen es sind, sondern, wie wir in der Projektion unserer eigenen Fähigkeiten auf Gott hin sagen dürfen, sich selbst vollständig und alle Wirklichkeit bis ins letzte Detail weiß. Theologen haben dies immer die Allwissenheit Gottes genannt, die die notwendige Bedingung dafür ist, daß menschliches Bewußtsein in Gottes Schöpfung evolviert. Der Mensch, der evolviert ist, um das Bild Gottes zu werden,

[51] Eine Konsequenz dieser klassischen Lehre von der *analogia entis* ist die Definition des Übels als Mangel an Sein. Sogar der Teufel, eine Macht des Bösen, existiert als gefallener Engel mit einer gewissen Ähnlichkeit zu Gottes Sein.

weiß aufgrund seiner eigenen Erfahrung der Bewußtheit, so defizient sie auch sein mag, um den wissenden Gott, der dieses Universum erschafft. Doch sind wir nicht im Unklaren darüber, daß Gottes Wissen um ihn selbst und um alle Wirklichkeit unendlich viel weiter reicht als unser begrenztes Wissen.

Die scholastische Theologie spekulierte über das Wissen Gottes in bezug auf die Wirklichkeit des Universums. Wie schon Plato in seinem Sonnengleichnis gezeigt hat,[52] macht Gott die Dinge (Ideen) durch sein Wissen erkennbar und verleiht ihnen Sein. Dies wurde von den Scholastikern in die Feststellung übersetzt: *omne ens est verum*. Ein jedes Wesen ist wirklich und wahr, soweit es von Gott gewußt ist. Der Mensch, der die Fähigkeit erreicht hat, in einem gewissen Ausmaß die ihn umgebende Welt zu erkennen, nach dem Wesen der Dinge zu forschen und nach den in der Geschichte emergierten Gesetzen der Natur zu fragen, ahmt Gott nach, er wird zum Bild Gottes in dem Versuch, zu erfassen und zu begreifen, was Gott weiß.

2.5 Zeit, Bewußtsein und Gottes Ewigkeit

Hier mag man versucht sein zu ergänzen: „was Gott von aller Ewigkeit her wußte“: Dies könnte uns in eine Diskussion darüber locken, was es bedeutet, wenn wir Gott ewig nennen. Diese Diskussion würde ein anderes Buch erfordern.[53]

Das menschliche Denken hat Schwierigkeiten, sich selbst von zeitbestimmten Vorstellungen zu lösen, obwohl wir kaum zu sagen vermögen, was Zeit ist. Augustinus fragte sich: „Was ist Zeit?“, um sich die Antwort zu geben: „Wenn mich niemand danach fragt, weiß ich es.“[54] Der Begriff der Zeit ist seit jeher Gegenstand endloser Diskussion gewesen. Aristoteles reduzierte die Zeit zur Bewegung im Raum. Die Relativitätstheorie hat diese Reduzierung beibehalten, indem sie die Zeit mit der Bewegung des Lichtes im Raum verknüpfte; das ermöglichte ihr die Geometrisierung der Zeit, die dann schlicht als eine Dimension des nunmehr vierdimensionalen Raumes behandelt wurde. Sie wird in Zyklen

[52] Vgl. Plato, Der Staat, Buch 6.

[53] Vgl. Lawrence W. Fagg, The Becoming of Time – Integrating Physical and Religious Time, Atlanta 1995.

gemessen und ist zumindest im Prinzip reversibel. Andererseits beschreibt der Pfeil der Zeit, wie er im zweiten Satz der Wärmelehre erkennbar wird, eine irreversible Richtung. Wir Menschen selbst erfahren die Zeit als strikt irreversibel: Niemand kann in den Mutterschoß zurückkehren. Und wenn wir auch in einer mathematischen Beschreibung die Zeit als umkehrbar – man muß nur ein Pluszeichen in ein Minuszeichen verwandeln –, als negativ denken können,[55] so bleibt eine Zeitmaschine doch ein Traum der Science-Fiction-Literatur. Was Kant in seiner *Kritik der reinen Vernunft* „Formen der Anschauung" nannte, begrenzt die menschlichen Möglichkeiten, sich die Wirklichkeit vorzustellen. Wir können uns keine zeitlose Wirklichkeit vorstellen. Deshalb ist unsere Sprache, wenn wir versuchen, über Gottes Ewigkeit zu sprechen, immer von der Zeitlichkeit eingefärbt. Wir scheinen unfähig, eine zeitlose Ewigkeit eines lebenden Gottes zu denken.

Noch schwieriger ist das Problem, wie wir das Zeit-strukturierte Universum in Bezug zum ewigen Gott setzen. Einerseits wissen wir im Glauben, daß Gott in diesem Zeit-dominierten Universum wirkt, andererseits bekennen wir Gott als Ewigen. Whitehead hat versucht, die Zeit von der Ewigkeit zu trennen, indem er von der *ewigen Natur* Gottes sprach, in der alle Potentialitäten des Universums (wie platonische Ideen) enthalten sind; dieser ewigen Natur stellte er dann die *nachfolgende Natur* Gottes entgegen, Gottes Gedächtnis, in der die im Laufe der Evolutionsgeschichte des Universums verwirklichten Potentialitäten aufbewahrt sind. Doch Whitehead sah das Universum selbst als ewige Wirklichkeit, Gott war in seiner Sicht eher Teil des Universums als dessen Schöpfer. Unseres Erachtens verliert der Gott Whiteheads die Transzendenz, die es ermöglichte, ihn als Schöpfer zu sehen. Doch werfen seine Gedanken ein scharfes Licht auf unsere Unfähigkeit, die Ewigkeit und ihre Beziehung zur Zeitlichkeit zu verstehen.

Diese Probleme sind unter christlichen Theologen[56] aller Zeiten diskutiert worden. Die Ewigkeit ist einer der wichtigeren Aspekte jener Überlegungen, die als *theologia negativa* seit den Zeiten der Kirchenväter diskutiert werden. Ihre zentrale Aussage ist, daß wir Gott nicht wissen können, daß er unser Erkennen um ein Unendliches übersteigt; alles Sprechen von Gott geschieht nur metaphorisch. Der Begriff der Ewig-

[54] A. Augustinus, Confessiones/Bekenntnisse, lateinisch und deutsch, eingeleitet, übersetzt und erläutert von Joseph Bernhart, München [3]1966, 629.

[55] Dies ist z.B. möglich in der Wellenfunktion Schrödingers.

[56] Natürlich nicht nur unter ihnen.

keit ist uns nur in dieser negativen Weise zugänglich als Negation der Eigenschaften der Zeit, die wir in ihrem vorübergehenden Charakter erfahren. Für uns wird Gott gegenwärtig in der Zeit, weil wir in der Zeit sind, oder besser: werden. In der Beziehung dieses Universums zu seinem Schöpfer, zu unserem Schöpfer, in dem das ganze Universum sein Werden hat und auf den wir vertrauen, zu dem wir um Hilfe beten und den wir in der Zeit anbeten, in dieser Zeitlichkeit wissen wir um Gott und bekennen ihn in unserer Anbetung. Wir können so den ewigen Gott erfahren, doch wir können ihn nicht begreifen. Wir glauben, daß der Gott, der Raum und Zeit und alles in ihnen auf seine Weise schuf, indem er sie evolvieren ließ, Raum und Zeit in einer unser Zeit-gebundenes Verstehen unendlich übersteigenden Weise transzendiert.
Doch setzt die Zeit uns nicht nur Grenzen, sie bietet auch die Möglichkeit der Evolution. Wenn die moderne Physik die Zeit an der Distanz mißt, die das Licht (elektromagnetische Wellen) in einer Sekunde zurücklegt – das sind annähernd 300 000 Kilometer in einer Sekunde –, oder mit den Frequenzen einer Atomuhr, wird die Zeit in Bezug gesetzt zur klassischen aristotelischen Physik mit ihren regelmäßigen und meistens zyklischen Bewegungen. Für die „genaue" Zeit sind regelmäßige Bewegungen sehr brauchbar: In früheren Zeiten der Sonnenaufgang und -untergang, heute als Erdumdrehung verstanden, die Umlaufzeit der Erde um die Sonne mit ihren Jahreszeiten, die Bewegung des Pendels oder der Unruh in Uhren, die Schwingungen des Quarzes in modernen Uhren, um nur einige bekannte Verwendungen zyklischer Bewegung zur genauen Zeitangabe, zur Zeitmessung zu nennen. Doch diese regelmäßigen Bewegungen messen nicht die Welt des Werdens aus, das mit Recht als ein genauso wichtiger, wenn nicht als ein bedeutenderer Parameter zum Messen der Zeit angesehen werden kann. An zyklischen Standards gemessen, gibt es endlos lange Zeiten, die nur geringe Bedeutung als Werdezeit haben. Wenn man das Auftreten einer neuen Wirklichkeit im Universum zur Maßeinheit machte – eine variable Maßeinheit, die für physikalische Messungen nicht besonders brauchbar wäre, weil die Einheit nicht in Algorithmen verwendbar wäre –, würde sichtbar, daß die Zeit eine Tendenz hat, immer dichter zu werden: Die zyklische Zeit, die notwendig ist, etwas Neues hervorzubringen, hat sich im Laufe der Geschichte des Universums sehr deutlich verkürzt. Die Zeit muß also nicht notwendig als die isotrope Wirklichkeit gesehen werden, die die Physik in ihren Berechnungen benutzt. Evolutive Zeit wird nicht in erster Linie durch zyklische Bewegungen oder die Bewegung eines Photons, sondern

durch das Werden neuer Wirklichkeiten gemessen. In dieser Perspektive ist die Zeit eine wesentliche Dimension der Schöpfung Gottes. Durch die Erschaffung der Zeit schuf Gott die Dimension des Werdens, das die einzige sinnvolle Dimension des Universums zu sein scheint: Die Zeit erlaubt dem Universum zu evolvieren, den Menschen hervorzubringen und damit fähig zu werden, seinem Schöpfer zu begegnen. Dies scheint der wichtigste Aspekt der Zeit in ihrem Bezug zum Schöpfer zu sein.[57] Zeit und Ewigkeit in ihrer Relation wirklich zu verstehen, liegt jenseits unseres Fassungsvermögens; wie gesagt, über die Ewigkeit können wir nur negativ etwas aussagen. Doch die Zeit, die wir erfahren, ist die Bedingung, ohne die nichts, einschließlich wir selbst, hätte evolvieren können.

Im Menschen wurde das Universum reflexiv bewußt, es gelangte damit zum Wissen um seine Zeitdimension und ihre Grenzen, insbesondere die Todesgrenze. Während frühere Jahrhunderte die Zeit als ein durch den freien Willen des Schöpfers begrenztes Maß ansahen (gerade genug Zeit, um die ursprüngliche Ordnung der Schöpfung wiederherzustellen), haben wir gelernt, die Zeit als eine notwendige Bedingung des Werdens in einer evolvierenden Schöpfung zu verstehen. Doch diese Zeitlichkeit öffnet uns bestenfalls einen Spalt, durch den wir die Ewigkeit mehr erahnen als erspähen können. Tief im Herzen trägt jeder Mensch die Sehnsucht nach der Ewigkeit. Wir alle kennen dieses tiefe Verlangen, die Zeit stillstehen zu lassen.[58] Gottes Zeit läuft nicht weg. Der Schöpfer transzendiert die Zeit in einer unser Begreifen übersteigenden Weise und ist voll in die Zeit engagiert: Gott ist transzendent und immanent. Obwohl wir nicht wissen, wie wir solche paradoxalen Aussagen klären sollen, sind doch in Gott, der, wie Nikolaus von Kues sagt, die *complexio oppositorum* (die Vereinigung der Gegensätze) ist, die Antworten, für die unser Bewußtsein sich letztendlich öffnen mag.

[57] Damit wird nicht gesagt, der zyklische Aspekt sei bedeutungslos: Er ermöglicht ein gewisses Maß an Stabilität durch die Quasi-Erneuerung des bereits Bestehenden, wie wir sie im Wechsel von Tag und Nacht, den Zyklus der Jahreszeiten, der Generationen etc. erfahren.

[58] Vgl. z.B. Friedrich Nietzsches bekanntes Wort: „Denn alles Glück des Erdenmenschen will tiefe, tiefe Ewigkeit."

Kapitel 3
Die Evolution der Information: ein Merkmal der Schöpfung Gottes

3.1 Bits und Bedeutung

Das Universum als Gottes Schöpfung weist keine vollkommene Ordnung auf, doch wie wir gesehen haben, bringt der Evolutionsprozeß hochkomplexe Formen von Ordnung hervor, die notwendig sind, wenn das Leben und das Denken funktionieren sollen. In der menschlichen Welt werden Strukturen geschaffen durch die Information der vorhandenen Wirklichkeit. Das ist bereits sehr früh in der aristotelischen und platonischen Philosophie erkannt worden. Insbesondere Aristoteles benutzt immer wieder das Bild des Handwerkers, um zu zeigen, wie Dinge zu dem werden, was sie sind: Der Schreiner, der in seinem Geist die Form eines Tisches entworfen hat, gibt diese Form dem Material, das er benutzt. Information ist so als Begriff diesem aristotelischen Hylemorphismus verwandt, wenn auch die modernen Informationstheoretiker dies meist vergessen zu haben scheinen. In unserer Welt sind es die von den Naturwissenschaften und der Technologie geschaffenen Informationen, die neue Wirklichkeiten zustande bringen: Erfindung neuer Maschinen, Entwicklung neuer medizinischer Behandlungsmethoden, Gewinnung besserer Kenntnisse über die Strukturen des Universums: All dies ist Schaffung neuer Information. Über Information zu verfügen, kann einem Macht geben, und oft bedeutet durch Patente geschützte Information hohes Einkommen. Information ist so im Universum und im Leben der Menschen hoch bedeutsam.

Die in den letzten Jahren viel diskutierte Informationstheorie hat sich diesem zentralen Aspekt der Information wenig gewidmet. Das Interesse der Informationstheorie zentrierte sich auf die Möglichkeit, Information zu speichern und zu verarbeiten, insbesondere unter dem Aspekt der Verwendung moderner Computer. Folglich wurde die Information gemessen durch Zählen der Bits, die zum Speichern einer bestimmten Information nötig sind. Für eine Weile verbreitete sich der Glaube an die künstliche Intelligenz, die die menschliche Intelligenz imitiert oder sich sogar ihr gegenüber als überlegen erweist, und dieser Glaube hat immer noch seine Vertreter. Die hohe Rechenkapazität moderner Rechner ist zweifellos erstaunlich, und für diejenigen, die ihre innere Struktur nicht verstehen, sind sie beinahe Wunder. Sie sind fähig, Rechnungen schneller durchzuführen als die besten Rechenkünstler. Die Ergebnisse, die der Rechner ausdruckt, liegen sicher schneller vor, als wenn der Mensch mit Papier und Bleistift rechnen würde. Dies gilt insbesondere dann, wenn derselbe Algorithmus immer wieder angewendet werden muß.[1] Doch diese Leistungsfähigkeit der Computer sollte uns für zwei Dinge nicht blind machen:

1) Der Computer ist immer nur so gut wie die Verbindung seiner Elektronik, seiner Hardware, mit dem Programm. Das Programm instruiert den Computer letzten Endes, Daten im binären Code zu speichern und Rechnungen durch Addieren oder Subtrahieren durchzuführen, die den Anweisungen des ebenfalls im binären Code gespeicherten Programms folgen.[2] Wenn die Flexibilität der Computer aufgrund des Erfindungsreichtums der Programmautoren auch noch so groß ist – unter dem Strich kann der Computer nur binäre Zahlen registrieren, addieren und subtrahieren.

2) Der Computer weiß nie, was er tut. Die Bedeutung der Bits sind für den Computer nicht erkennbar. Die Frage: „Ist das menschliche Gehirn ein Computer?“ wird von Searles unter Benutzung des Chinesenzimmer-Arguments mit einem klaren „Nein“ beantwortet. „Ein Programm manipuliert nur Symbole, während das Gehirn ihnen Bedeutung beimißt.“[3] Der entscheidende Punkt ist, daß Computer Bedeutung nicht handhaben können. Deshalb sind Übersetzungsmaschinen am besten geeignet für technische Sprachen mit eindeutigen Wortverwendungen; wenn es um Lyrik oder auch nur Dichtung ganz allgemein geht, sind sie verloren. Selbst wenn es möglich ist, ein Programm zu schreiben, das die meisten Fehler durch Kontextvergleiche – die aber immer nur Bitsfolgen vergleichen – eliminiert, versteht der Computer doch nie, was er tut: Der Ausdruck hat für ihn keine Bedeutung, er handhabt nur Bits, nie Inhalt. Bits können alles und nichts bedeuten.

Obwohl die Computer eine hervorragende Arbeitshilfe sind – sie machen das lästige, zeitraubende Neuschreiben eines Textes überflüssig, die

[1] Die vielstelligen Primzahlen konnten so nur mit einem schnellen Rechner bestimmt werden, kein Mensch hätte es mit der ihm verfügbaren Zeit tun können.

[2] Vgl. John E. Hopcroft, Tuning Machines, in: Scientific American, Mai 1984, 86–107.

[3] John R. Searle, Is the Brain's Mind a Computer?, in: Scientific American, Januar 1990, 26–31.

Manuskriptcollagen der sechziger und siebziger Jahre gehören der Vergangenheit an –, handhaben sie keine Bedeutung. Da die Informationstheorie über Bits diskutierte und die Information durch Bits messen wollte, ist sie in eine Sackgasse geraten, wo sie mit der Bedeutung der Information nicht mehr zurecht kam. Sie hat damit viel von ihrem Reiz verloren. Der Wert einer Information liegt nicht in der Zahl der Bits, sondern in ihrer Bedeutung. Die Information kann nicht mit Bits gemessen werden, wir können vielmehr nur die Bits messen, die nötig sind, um Information in einem bedeutsamen Kontext zu speichern. So mögen wir in einem bestimmten Programm ein Bit benötigen, um zwischen Mann und Frau, Krieg und Frieden, tot und lebendig, schuldig und unschuldig zu unterscheiden, doch der Computer handhabt nur ein Bit, ohne je zu wissen, was es bedeutet. Wir werden deshalb nicht nach der Anzahl der Bits fragen, die für eine Information benötigt werden: Jenseits der technischen Handhabung der Information innerhalb eines informierten Kontextes enthält diese Zahl keine Information. Um die Rolle der Information im evolutiven Kontext zu verstehen, müssen wir fragen, wo Information vorkommt und inwiefern sie sich als werthaft erweist.

3.2 Die Information als wesentlicher Teil der Existenz

Die Information in ihrer werthaften Gestalt ist bedeutungsvoll, insoweit sie auf die wirkliche Welt Bezug hat: sei sie technologisch, landwirtschaftlich, umweltbezogen oder geistig. Information, die sich auf nichts bezieht, ist wertlos und sinnlos. Was der Computer ausdruckt, ist nur sinnvoll, sofern es Menschen gibt, die das Ergebnis lesen und/oder nutzen können.

Sinnvolle Information findet sich auf verschiedenen Stufen der Evolution. Auf der Stufe des Menschen wird zweifellos eine gewaltige Menge von Information geschaffen und ausgetauscht. Lehre in den Schulen, den Hochschulen und anderen ähnlichen Einrichtungen ist der institutionalisierte Weg der Weitergabe der Information, die von anderen geschaffen wurde. In der modernen Gesellschaft sind wir der Meinung, daß die ersten zwanzig Jahre eines Menschenlebens investiert werden müssen, um der nächsten Generation die zum Überleben in unserer Welt notwendige Information weiterzugeben.

Es gibt keinen Zweifel: Niemand kann heute mehr über alle in der menschlichen Welt angesammelte Information verfügen. Die notwendige Information zugänglich zu machen, ist zu einem wichtigen Problem geworden. Die Veröffentlichungen auf allen Wissensgebieten – gewiß eine Mischung von neuem Wissen mit einer riesigen Menge redundanten und Pseudowissens – sind so zahlreich, daß niemand in der Lage ist, sie alle zu lesen. Die Gesamtsumme der in dem Wissen der menschlichen Bevölkerung der Erde enthaltenen Information ist nicht in den Händen eines Individuums, sondern ein Gemeingut. Um aktiv an der Nutzung dieser Information teilzuhaben, muß man sich zumindest in einem gewissen Ausmaß spezialisieren. Dabei gilt, daß die Rolle, die man in der Gesellschaft spielen kann, durch die Information definiert ist, über die man verfügt.

Offensichtlich ist die Information nicht auf die wissenschaftliche Information beschränkt. Poesie, Musik, die Künste ganz allgemein, Nachrichtendienste, mystische Erfahrungen etc. informieren uns je in einer Weise, und sie beeinflussen unser Tun und unsere Einstellungen. Information ist nicht auf die Bibliotheken, die Datenbanken etc. beschränkt, wenn letztere auch sehr eindrucksvolle und nützliche Datensammlungen enthalten. Und wenn sie auch nicht die einzigen Instrumente der Weitergabe von Information sind, so haben sie doch den Vorteil einer größeren Kommunikabilität gegenüber etwa der Musik, die sehr subjektiv verstanden wird. Wer immer studiert und so Information, Wissen erworben hat, weiß, daß er dazu Bücher braucht. Glücklicherweise geht das von den Generationen geschaffene Wissen nicht verloren, vielmehr wird es als gewonnene Information zumindest in hohem Maße von einer Generation zur nächsten weitergereicht. Wir brauchen nicht alles vom Nullpunkt an neu zu erfinden. Niemand braucht heute das Rad zu erfinden.

Wenn wir die angesammelte Information der Menschheit plötzlich verlieren würden, wären wir unfähig, auch nur das einfachste Steinwerkzeug zu machen. Wir sind Menschen, weil wir unter anderem gewaltige Mengen an Information zu unserer Verfügung haben. Wenn dies auch nicht der einzige unser Menschsein definierende Aspekt ist, so ist es doch ganz sicher ein wichtiger.

In den letzten fünfzig Jahren sind wir uns immer mehr dessen bewußt geworden, daß die Information nicht nur ein weit verbreitetes Constituens der menschlichen Wirklichkeit, sondern der ganzen Biospähre ist. Seit der DNA-Code entziffert wurde, genauer, seit wir lernten, dieses Vier-Buchstaben-Alphabet mit ihren Drei-Buchstaben-Wörtern zu lesen, kennen wir das Mittel der Speicherung der genetischen Information. Wir können das zu machende Protein an einer Sequenz der DNA ablesen, die dann via einer Transkription in die RNA und mit Hilfe von Ribosomen zustande kommt.[4] Doch sind wir weit davon entfernt, den Code in seiner vollständigen Bedeutung für das Lebewesen zu verstehen. Einige Zusammenhänge zwischen spezifischen Genen und ihrem Ausdruck im Phänotyp, im lebenden Individuum, sind bekannt. So wissen wir z.B. beim Down-Syndrom und bei der Tay-Sach-Krankheit[5] mit Gewißheit, ob die erbliche Krankheit vorhanden ist oder nicht, wenn wir die Gene analysieren. Doch bei den meisten von Erbanlagen mitbedingten Krankheiten gibt es keine Eins-zu-Eins Korrelation; genetische Beratung wird damit zu einer mit vielen Unsicherheiten belasteten Sache. „Jedermann hat genetische Defekte",[6] ein jeder hat „zumindest fünf bis zehn Gene, die ihn unter falschen Umständen krank machen können.[7] Gene haben keine Eins-zu-Eins Entsprechung in ihrem Phänotyp, vielmehr wirken sie zusammen, um einen einzigen Effekt hervorzubringen. Die Definition der Teile des Genoms, die am Endprodukt – Haarfarbe, Fingerabdrücke, Ohrform oder Intelligenz – beteiligt sind, ist eine Aufgabe, bei der die Wissenschaft noch weit vom Ziel entfernt ist. Das rasch voranschreitende Ausschreiben des menschlichen Genoms wird uns in absehbarer Zeit die vollständige Sequenz an die Hand geben, doch ist sie gewiß nicht bei allen Menschen dieselbe. Selbst mit der vollständigen Sequenz in der Hand sind wir immer noch weit davon entfernt, von wenigen Ausnahmen abgesehen, das Material sinnvoll zu lesen. Wir wissen einiges über die Spleißmechanismen. Und wir haben gelernt, daß einige DNA-Sequenzen verschieden zu lesen sind, je nachdem, wo man zu lesen anfängt. Die gewaltige Menge von sogenannter Junk-DNA, Abfall-DNA – Teile, die anscheinend im Prozeß der Vererbung nicht benutzt werden – sind kaum, oder genauer nicht verstanden. Wie in jüngerer Zeit gezeigt wurde – z.B. von Werner Arber und seinem Team in Basel –, kann das, was zu Abfall erklärt wurde, eine entscheidende Rolle etwa für die Entwicklung von Penizillin-Resistenz bei Bakterien spielen. Wir können so ohne zu übertreiben sagen, daß wir trotz aller gewaltigen Fortschritte, die seit der Entdeckung der DNA-Struktur und des genetischen

[4] Diese etwas verkürzte Darstellung mag hier genügen. In der konkreten Wirklichkeit muß u.a. häufig die RNA erst aus verschiedenen RNA-Transkriptionen zusammengespleißt werden, um bei den Ribosomen das gewünschte Protein entstehen zu lassen. Näheres darüber ist in der relevanten Literatur nachzulesen.

[5] Vgl. John Rennie, Grading the Gene Tests, in: Scientific American, Juni 1994, 88–97.

[6] Kaback, zitiert bei Rennie (1994).

[7] Rennie, aaO.

Alphabets etwa mit der Entdeckung der Homeobox gemacht wurden, immer noch weit davon entfernt sind, den Code in seiner vollen Bedeutung für den Phänotyp zu verstehen. Über den ersten Schritt der Produktion von Proteinen sind wir kaum hinausgekommen, wir haben die Bedeutung des Codes noch lange nicht verstanden.

Doch bei allen riesengroßen Lücken in unserem Wissen, die früher oder später gefüllt werden mögen, gibt es keinen Zweifel daran, daß alle Lebewesen in sich die Information tragen, die in ihre Entstehung eingegangen ist und beständig benutzt wird, um verbrauchte Zellen zu erneuern. Volkstümliches Wissen sagt, daß die Körperzellen eines jeden Menschen alle sieben Jahre erneuert werden,[8] tatsächlich ist die Zeit sehr variabel: Blutzellen haben eine viel kürzere Lebenszeit, während die Neuronen des Gehirns und die Herzmuskelzellen ein ganzes Leben lang halten müssen. Doch bei all diesen erneuerbaren Zellen muß das richtige Programm verwendet werden, das aus der Gesamtinformation, die im Kern jeder Zelle enthalten ist, die jeweils benötigte, richtige Information für jede Spezialzelle aussortiert. Wie immer dies verwirklicht wird, es kann keinen Zweifel daran geben, daß alle Lebewesen weiterexistieren durch kontinuierliche Verarbeitung von Information.

Wir dürfen also gewiß sein, daß nicht nur in der menschlichen Welt die Information von entscheidender Bedeutung ist, sondern ebenso in der Biosphäre. Wenn wir noch einen Schritt weiter in die Geschichte der evolutiven Wirklichkeit zurückgehen, fällt es uns schwer, Information als einen wesentlichen Aspekt der Wirklichkeit zu erkennen. Doch gibt es zumindest einige Hinweise darauf, daß eine Art von Information selbst auf der Stufe der Chemie wirksam ist. Autokatalyse, vielleicht der letzte Schritt des molekularen Werdens, bevor das Leben entstand[9], benutzt offensichtlich die in der molekularen Struktur enthaltene Information. Das Molekül selbst ist in seiner Struktur seine Information. Das wird besonders deutlich bei der Erzeugung bevorzugt leptogyrischer oder dextrogyrischer Moleküle im Bereich des Lebens. Beide Formen sind normalerweise energetisch gleich wahrscheinlich. Bei Makromolekülen wird durch die Veränderung der Konfiguration bei sonst gleicher Zusammensetzung die Aktivität der Moleküle verändert; am deutlichsten

[8] Dies hängt wahrscheinlich noch mit dem alten Strukturelement aller Ordnungen zusammen, die sich im Mittelalter und der Antike an den sieben Planeten orientierten, denen wir die sieben Tage der Woche, die sieben Lebensalter etc. verdanken.

[9] Vgl. Manfred Eigen/William Gardiner/Peter Schuster/Ruthild Winkler-Oswatitsch, The Origin of Genetic Information, in: Scientific American, April 1981, 88–119.

ist dies in der lebenden Zelle. Enzyme müssen, damit sie aktiv sind, nicht nur die richtige Sequenz der Aminosäuren aufweisen, vielmehr müssen sie in der richtigen Weise gefaltet werden. Ein weiteres auf Information verweisendes Phänomen ist, daß sogar bei einfachen Atomen die innere Struktur, die deformiert werden kann, erinnert und zurückgewonnen wird.[10]

Je einfacher die Strukturen, denen wir begegnen, um so weniger sichtbar wird die in ihnen enthaltene und verwirklichte Information. Wenn wir auf das einfachste Atom blicken, wird es schwierig, die Präsenz von Information zu postulieren, die bei den komplexeren deutlicher sichtbar zu werden beginnen. Dies würde der evolutiven Struktur des Universums entsprechen, wenn die Information ein relevanter Parameter des Prozesses ist. Wie das Bewußtsein würde die Information immer mehr verblassen, je näher wir den frühen Stadien des Universums kommen. Wie man recht gut weiß, stammt aller im Universum vorhandener Wasserstoff aus der Zeit des Urknalls. Seine Nuklei, die Protonen, haben wenigstens eine Lebenszeit von mehr als dem Tausendfachen des Alters des Universums, obwohl die Theorie auch ihren schließlichen Zerfall voraussagt.[11] Dieser Zerfall würde darauf hinweisen, daß auch sie Informationen enthalten, die man in der inneren Struktur des Protons, des aus drei Quarks „zusammengesetzten" Wasserstoffkerns, sehen könnte. Je weiter der Evolutionsprozeß voranschreitet, um so sichtbarer wird die Information als ein Konstituens der Wirklichkeit. Doch wie wir bereits gesehen haben, bedeutet dies nicht, daß die Information auf allen Stufen der Evolution in derselben Weise vorhanden wäre. Die Information hat ihre eigene Evolutionsgeschichte.

3.3 Aspekte der Evolution der Information

Auf der Stufe der Atome können wir Information und Struktur nicht differenzieren. Obwohl bei komplexeren Atomkernen, die mannigfaltige Gestalt annehmen können, eine Art von Gedächtnis den Atomen zu erlauben scheint, ihre ursprüngliche Gestalt wieder anzunehmen, scheint

[10] Vgl. Richard G. Brewer/Erwin L. Hahn, Atomic Memory, in: Scientific American, Dezember 1984, 50–7.

[11] Vgl. Steven Weinberg, The Decay of the Proton, in: Scientific American, Juni 1981, 64–75; J.M. LoSecco/Frederick Reines/Daniel Sinclair, The Search for Proton Decay, in: Scientific American, Juni 1985, 54–77.

die Information von ihrer Struktur nicht unterscheidbar zu sein. Soweit die atomare Welt in Frage steht, können wir sagen, daß jedes Atom seine Information ist, für sich selbst und für seine Umwelt. Doch in dieser Welt begegnen wir keiner Information, die die Atome als Träger benutzen würde. Information ist auf dieser Stufe von den Atomen selbst nicht zu unterscheiden. Das Äußerste an Information, das uns auf dieser Stufe sichtbar werden mag, liegt auf der Ebene von Kristallen wie dem Diamanten, die deutlich geordnete, von den Atomen informierte Strukturen aufweisen. Das Kohlenstoffatom hat auf diesem Gebiet der Strukturbildung wohl die größte Informationskapazität. Das besonders Interessante des Kohlenstoffatoms liegt unter anderem darin, daß es zahlreicher kristalliner Strukturen fähig ist: Diamanten, Graphite, Fullerene, um nur einige zu nennen. Dasselbe Phänomen des Auftretens von geordneten, das heißt informierten Strukturen ist auf der Stufe der Moleküle weit verbreitet. Kristalle aller Art von Molekülen sind Teile unseres Alltags, wie Salze, Zucker, Kalzite etc. Obwohl wir wohl berechtigt sind festzustellen, daß alle diese hochgeordneten Strukturen informiert sind, sind wir doch unfähig, andere Informationen als die Struktur des Atoms oder des Moleküls zu finden.[12] Sie sind ihre Information, doch sind sie auf dieser Stufe nicht Träger von Information, die von ihrer Struktur unterscheidbar wäre.

Diese Situation ändert sich grundlegend mit dem Auftreten des Lebens. Moleküle sind ihrem Erscheinungsbild nach noch dieselben Moleküle wie auf der Szene des Vor-Lebens, doch haben sie ihre Funktion grundlegend geändert. Wir können deutlich zwischen der molekularen Struktur und der in dieser Struktur enthaltenen Information unterscheiden. Gewiß gibt es noch einen weithin unaufgeklärten Prozeß, der von der DNA zum Phänotyp, sagen wir zu blondem Haar und blauen Augen führt. Doch besteht offensichtlich keine Identität zwischen den blauen Augen und der DNA-Struktur. Die letztere enthält die Information, die gelesen und übertragen werden muß. Die DNA selbst bringt nicht das Lebewesen hervor, sie ist vielmehr die Bibliothek, die von der Eizelle und kontinuierlich weiter von dem entstehenden Organismus gelesen werden muß. Das menschliche Genom ist kein Mensch, es ist noch nicht einmal Teil des Lebens außerhalb der menschlichen Zelle.

Die Verwirklichung der DNA-Information, des Genoms in seiner vollen

[12] Um bestimmte Kristalle zu verwirklichen, müssen die für die Kristallbildung notwendige Temperatur und der entsprechende Druck gegeben sein.

Bedeutung, etwa in blauen Augen, erfordert zahlreiche Zwischenschritte, die weitgehend unserem Verständnis (noch) nicht zugänglich sind. Wir haben gelernt, die DNA-Informationen auf ihrer ersten Stufe, der Verwirklichung von Peptiden (Proteinen), zu verstehen, und wir machen Gebrauch von diesem Wissen. So sind wir in den achtziger Jahren fähig geworden, z.B. humanes Insulin zu produzieren, indem wir die notwendigen DNA-Sequenzen in Plasmide spleißten, die in Bakterien eingebracht wurden, die diese Information vervielfachen und beginnen, das gewünschte Enzym zu produzieren. Ein solcher Erfolg ist auf der Stufe der bakteriellen Evolution noch verhältnismäßig leicht. Wenn man dasselbe mit eukaryotischen Zellen versucht, muß die neue Information in die DNA des Zellkerns eingespleißt werden, um wirksam zu werden. Bisher sind die Retroviren den Menschen in dieser Technik noch hoch überlegen. Die Zelle muß getäuscht werden, im Prinzip erkennt sie ihre eigenen Chromosomen. Wenn man fremde Chromosomen in eine Zelle einbringt, mögen sie für einige Zellteilungen wirksam sein, doch werden sie verhältnismäßig schnell von der Zelle eliminiert.[13]

Selbst für die DNA selbst ist die Information nicht strikt definiert. Die DNA-Sprache ist nicht unikov. Es gibt zumindest zwei DNA-Sprachen: Die eine wird von den Chromosomen des Zellkern, die andere von der DNA der Mitochondrien benutzt, die mit den Archaea verwandt zu sein scheinen.[14] Offensichtlich ist die Bedeutung der DNA-Sequenzen nicht nur durch Sequenz der Triplets, sondern auch durch den Ort bestimmt, an dem sie gelesen werden: der Zellkern oder das Mitochondrion. Die Bedeutung ist nicht absolut wißbar allein aufgrund der Kenntnis des Moleküls – selbst wenn wir es vollständig entziffert hätten. Um die Bedeutung zweier identischer Sequenzen zu identifizieren, müssen wir wissen, wo diese Sequenzen gelesen wurden.

An diesem Punkt der Evolutionsgeschichte ist die Information nicht mehr vollständig mit der atomaren oder molekularen Struktur identisch, wie wir es für den Bereich des Vor-Lebens annehmen. Die materielle Struktur wird vielmehr zum Träger von Information, deren Bedeutung ebensosehr von dem aktuellen Lesen wie von der DNA-Sequenz abhängt.

[13] Vgl. Carlo M. Croce/Hilary Koprowski, The Genetics of Human Cancers, in: Scientific American, Februar 1978, 117–25; Frank H. Ruddle/Raju S. Kucherlapati, Hybrid Cells and Human Genes, in: Scientific American, Juli 1974, 36–49.

[14] Vgl. Ursula W. Goodenough/R.P. Levine, The Genetic Activity of Mitochondria and Chloroplasts, in: Scientific American, November 1970, 22–9; J. William Schopf, The Evolution of the Earlist Cells, in: Scientific American, September 1978, 110–139.

Wir finden eine analoge Situation in menschlichen Sprachen, in denen dieselbe Buchstabenfolge in sehr verschiedener Weise verstanden werden kann. Zum Beispiel *belle* fordert in Deutschland einen Hund auf, Laut zu geben, während der Franzose bei dem Wort eher an eine schöne Frau oder sonst etwas Schönes denkt. Mit anderen Worten, die Infrastruktur oder der materielle Träger der Information kann nicht länger mit der Information identifiziert werden. Der Austausch von Botschaften benutzt eine Art von materiellem Träger, doch ist der letztere selbst nicht die Botschaft.

DNA ist keineswegs die einzige Form von Information, der wir auf der Stufe lebender Geschöpfe begegnen. Bei den Lebewesen können wir eine ganze Reihe verschiedener aktiver Kommunikationssysteme sehen. Zellen können durch Hormone Botschaften empfangen und aussenden.[15] Das Ergebnis ist an der Struktur der Hormone nicht unmittelbar erkennbar, diese sind vielmehr ein Signal, das von den adäquaten Zellen verstanden wird, die ihrerseits über eine ganze Kaskade von inneren Signalen schließlich die in der Hormonbotschaft enthaltene Information in Ergebnisse überführen. Hier begegnen wir wiederum von molekularen Strukturen getragene Botschaften, die nicht mit ihrem Träger identisch sind. In ähnlicher Weise benutzt das Nervensystem in den lebenden Geschöpfen alle möglichen Mittel, um Botschaften von einem Teil des Körpers zum anderen zu übermitteln, z.B. von den Sensoren aller Art zum Gehirn, wo der Input in eine symbolische Darstellung der mit den Sensoren wahrgenommenen Wirklichkeit umgewandelt wird. Der neurale Signalweg, der unter anderem Transmittersubstanzen benutzt – deren Zahl bisher nicht endgültig bekannt ist, zumindest hat es einen langsamen, aber konstanten Zuwachs gegeben, der mit der Identifikation von wenigen Molekülen wie Serotonin und Norephedrin als Transmittersubstanzen begann[16] –, überträgt Informationen, die nicht von der Transmittersubstanz abgelesen werden können. Die Information mag vielmehr in bestimmten Lokalitäten im Gehirn enthalten sein, sie mag davon abhängen, an welcher Synapse der Transmitter ausgelöst wird, während die benutzten Moleküle bestenfalls einen Teil der Bot-

[15] Vgl. Gunther S. Stent, Cellular Communication, in: Scientific American, September 1972, 42–51; Werner R. Loewenstein, Intercellular Communication, in: Scientific American, Mai 1970, 78–91; Solomon H. Snyder, The Molecular Basis of Communication Between Cells, in: Scientific American, Oktober 1985, 132–41; Lubert Stryer, The Molecules of Visual Excitation, in: Scientific American, Juli 1987, 42–51.

[16] Vgl. Julius Axelrod, Neurotransmitters, in: Scientific American, Mai 1992, 68–77; David I. Gottlieb, Gabaergic Neurons, in: Scientific American, Februar 1988, 82–9.

schaft repräsentieren mögen. Wir können heute die Kombination von Transmittersubstanzen mit durch die Nerven laufenden elektrischen Impulsen bis zu einem gewissen Grad verfolgen, doch sollten wir uns darüber im klaren sein, daß all unsere Erforschung der Feinstrukturen des Gehirns bisher nicht gezeigt hat, wie wir bewußt wissen, was wir wissen: Die Hirnstrukturen haben bisher nicht erhellt, wie wir Bedeutung erkennen.

Wir wissen, daß die Einheit eines lebenden Organismus vital von diesem inneren Kommunikationssystem abhängt, sei es nun hormonal oder neural (oder etwas bisher nicht Erforschtes). Wenn eins oder das andere versagt, zerfällt der Organismus, zumindest verliert er, wie im Falle einer Paralyse, die Kontrolle über einige seiner Teile. Wenn die Propriosensoren eines Organismus versagen, kann das Individuum seine Bewegungen nicht mehr kontrollieren, weil die notwendige Rückkopplungsinformation das zentrale Nervensystem nicht mehr erreicht. Wenn die Sensoren zur äußeren Welt nicht mehr brauchbar sind – wie bei Blindheit oder Taubheit –, sind die Orientierungsmöglichkeit in der Umwelt und die Lebensfähigkeit eines Organismus stark eingeschränkt. All dies hängt unmittelbar von der Fähigkeit eines Organismus ab, äußere und innere Informationen zu sammeln und sie auf den Organismus als Ein-Ganzheit zu beziehen. Ein sehr großer Teil dieser Information wird unterbewußt benutzt, wenn etwa die Bewegungen der Muskeln beim Gehen und Laufen koordiniert werden. Glücklicherweise müssen wir unsere Muskeln oder unser Verdauungssystem nicht bewußt bewegen. Diese Aufgaben werden vom niederen, dem evolutiv älteren Teil des Gehirns erledigt. So wird die Koordination der Muskelspannung in der Bewegung vom Kleinhirn gewährleistet, das dem Großhirn den Freiraum für bewußtes, nicht automatisiertes Tun schafft.

Es gibt keinen Zweifel: Ein höherer Organismus ist ohne hoch entwikkeltes internes Kommunikationssystem, durch das die Teile zusammengehalten werden, nicht lebensfähig. Die Einheit wird nicht durch mechanische Mittel verwirklicht – obwohl selbstverständlich mechanische Bindungen (Knochen, Gelenke, Muskel, Bänder) notwendig zum Organismus gehören, doch sie sind noch dort, wenn der Organismus tot ist –, sondern durch Information-haltige Signale.[17] Leben ist eine durch In-

[17] Es mag in diesem Kontext daran erinnert werden, daß der Tod, der früher in erster Linie mit dem Herzstillstand, das heißt einem quasi-mechanischen Ereignis identifiziert wurde, heute häufig mit dem Ende der Gehirnfunktionen, mit dem Aufhören der Gehirnwellen, gleichgesetzt wird.

formation bestimmte Wirklichkeit nicht nur aufgrund der in der DNA enthaltenen Information, sondern auch als ein kontinuierlich Information hervorbringendes System. Die Lebewesen haben ihre Wirklichkeit, ihre Ein-Ganzheit in der Information. Was man in früheren Zeiten die Seele nannte, kann heute als die Gesamtheit der in einem Organismus wirksamen Information verstanden werden. Dies vermag ein neues Verständnis der Seele als der informierenden Wirklichkeit des Organismus, der *anima forma corporis,* zu eröffnen. Dies würde dazu beitragen, die dualistische Fehlinterpretation der Seele zu vermeiden, die von den scholastischen Philosophen überwunden worden war und die in der europäischen Philosophie seit Descartes vorherrschte.

Angesichts der dualistischen Belastung mag man zögern, den Begriff der Seele in diesem Kontext zu benutzen. Doch können wir in jedem Fall feststellen, daß die Einheit des Lebewesens durch Information gewährleistet wird, die beständig durch ein Kommunikationssystem übertragen wird, das Signalträger benutzt, die nicht mit der Information identisch sind. Letztere ist wesentlich immateriell.

Dies wird noch deutlicher, wenn wir das Phänomen der Kommunikation zwischen Tieren ins Auge fassen. Die Sprache der Honigbiene ist eindeutig symbolisch: Die vermittelte Botschaft benutzt die Richtung der Honigwaben als Richtungsangabe in bezug auf das polarisierte Licht der Sonne. Für die Kommunikation lebender Organismen mit ihrer Umwelt ist richtig bemerkt worden, daß das, was das Auge an Photonen empfängt, der symbolischen Interpretation bedarf. Wir nehmen es allzu schnell als selbstverständlich an, daß wir die Außenwelt direkt sehen. Das farbige Bild, das wir sehen, ist eine symbolische Darstellung aufgrund der Interpretation von Daten elektromagnetischer Wellen jenes kleinen Teiles eines sehr viel breiteren Spektrums, den das Auge registrieren kann. Wir wissen, wie die Welt für uns aussieht, doch heißt dies nicht, daß die Welt so ist. Am deutlichsten wird das bei den Farben, die eine rein subjektive Wirklichkeit haben. Dies bleibt wahr, wenn sich auch alle Tiere offensichtlich recht erfolgreich in dieser Welt zurechtfinden. Wir dürfen also zumindest ein gewisses Maß an Entsprechung zwischen der Welt dort draußen und der Wahrnehmung dieser Welt durch die Tiere annehmen. Doch diese Entsprechung wird ermöglicht durch symbolische Mittel, die typisch für die Darstellung der Umwelt durch das Gehirn sind. Dieser Vorrang symbolischer Mittel wird am offensichtlichsten in jeder Art von Sprache: der Gesang der Vögel, die Warnschreie usw. sind unter den Tieren wohl verstandene Signale, die regionale Unterschiede in ih-

rer Bedeutung aufweisen können: Eine kanadische Krähe muß zunächst einmal die Sprache der französischen Krähen lernen, bevor sie erfolgreich am Leben eines französischen Schwarms teilnehmen kann. Bei den Insekten finden wir chemische Signale, Pheromone, die das Männchen anlocken.[18] Durch die Annahme des äußeren Erscheinungsbildes giftiger oder aggressiver Insekten versuchen einige harmlose Arten ihre Feinde dazu zu verleiten, sie zu vermeiden.[19] Mimikry, sowohl von Pflanzen als auch von Tieren benutzt, trickst Jäger und Beute aus. Kuckucke unterschieben anderen Vögeln Eier, die denen dieser Vögel gleichen, männliche Glühwürmchen einer Art werden von Weibchen einer anderen Art in die Falle gelockt, indem sie den Blink-Code der Art des Männchens verwenden: Fällt das Männchen darauf herein, wird es zur Beute und gefressen: In der Biosphäre gibt es nicht nur ein breites Spektrum von Informationen, sondern auch von Desinformation.[20]
Es gibt, zumindest unter den Säugetieren, sogar ein breites Spektrum von Zeichensprache. Ein Hund, der die Vorderpfote hebt, zeigt Spielerwartung, ein von Katzen oft mißverstandenes Zeichen. Die ausgeprägteste Zeichensprache finden wir bei Schimpansen. Mit ausgestreckten Händen bitten die Tiere eines Clans einen Jäger, der über die von ihm gejagte Beute verfügt, um einen Anteil. Will ein Tier niederen Ranges am Alpha-Tier vorbeigehen, legt es seine Hand an die Stirn[21] – ein Zeichen, das auch beim Menschen immer noch benutzt wird, am deutlichsten beim Militär.
Der Einfluß der Information und die Nutzung von Information sind so überall in der Biosphäre sichtbar. Die Fähigkeit, Information zu nutzen,

[18] Vgl. Dietrich Schneider, The Sex-Attractant Receptor of Moths, in: Scientific American, Juli 1974, 28–35; Edward O. Wilson, Animal Communication, in: Scientific American, September 1972, 52–71.

[19] Vgl. Lincoln Pierson Brower, Ecological Chemistry, in: Scientific American, Februar 1969, 22–29.

[20] Vgl. Nicholas B. Davies/Michael Brooke, Coevolution of the Cuckoo and its Hosts, in: Scientific American, Januar 1991, 92–99; James E. Lloyd, Mimicry in the Sexual Signals of Fireflies, in: Scientific American, Juli 1981, 138–147; Jürgen Nicolai, Mimicry in Parasitic Birds, in: Scientific American, Oktober 1974, 92–99, Lawrence E. Gilbert, The Coevolution of a Butterfly and a Vine, in: Scientific American, August 1982, 110–121; Spencer C.H. Barrett, Mimicry in Plants, in: Scientific American, September 1987, 76–85; Theodore W. Pietsch/David B. Grobecker, Frogfishes, in: Scientific American, Juni 1990, 96–103.

[21] Arndt Kortland, Handgebrauch bei freilebenden Schimpansen, in: Bernhard Rensch (Hg.), Handgebrauch und Verständigung bei Affen und Frühmenschen. Symposium der Werner-Reimers-Stiftung für anthropogenetische Forschung, Bern/Stuttgart 1968. 59–102.

wird durch Erkennen der Umwelt, durch Vererbung, durch Abschauen und Nachahmung des Verhaltens – wie das Bemutterungsverhalten bei Schimpansen – oder durch Erlernen neuer Wege entwickelt. Letzteres wurde z.B. bei den Meisen in Mittelengland beobachtet, die gelernt hatten, die Aluminiumdeckel der vor der Haustür angelieferten Milchflaschen aufzupicken, ein Wissen, das sich in verhältnismäßig kurzer Zeit über den größten Teil Englands und bis nach Holland verbreitete. Informiertes Verhalten ist keineswegs rein instinktiv, wenn auch unter Insekten und Molluskeln diese Art von strikt gesteuertem Verhalten vorzuherrschen scheint. So kann man auf dieser evolutiven Stufe das ziemlich mechanisierte Verhalten beobachten, das durch die Stimulierung eines einzigen Neurons ausgelöst wird.[22] Auf fortgeschritteneren Evolutionsstufen ist die Information nicht mehr in dieser strikten Weise kodifiziert. Tiere zeigen ein durchaus flexibles Verhalten, wie manchmal die Nutzung früherer Erfahrungen deutlich erkennen läßt. So vertrauen Paviane lieber der Erfahrung eines schwachen älteren Tieres als der Kampfkraft der jüngeren Männchen, wenn es darum geht, die von Löwen für die Gruppe ausgehende tödliche Gefahr zu vermeiden.[23]

Je genauer wir die Biosphäre daraufhin ansehen, um so offensichtlicher wird, daß es eine äußerst mannigfaltige Nutzung von Information gibt, und es zeigt sich, daß es selbst ohne Einbeziehung der Art Mensch möglich ist, Stufen der Qualität und der Flexibilität der Information zu unterscheiden. Mit dem Auftreten der Menschheit wird der qualitative Sprung in der Nutzung und dem Hervorbringen neuer Information offensichtlich. Menschen begannen in großem Maße Werkzeuge herzustellen, sie trieben in der Altsteinzeit Werkzeughandel über tausende von Kilometern, sie entwickelten hoch wirksame Jagdwaffen, mit denen sie Beute erjagen konnten, die sie an Größe bei weitem übertraf. Sie domestizierten Tiere und züchteten sie in quasi neue Arten, sie selektierten ansonsten lebensunfähiges Getreide für den Ackerbau.[24] Sie entdeckten den Menschen als Person in seiner Individualität und Einzigkeit, sie gaben ihm Namen, sie entdeckten ihre Offenheit für das Göttliche. Sie begannen zu beten und die Götter zu verehren. All dies ist für den Men-

[22] Vgl. A.O.D. Willows, Giant Brain Cells in Mollusks, in: Scientific American, Februar 1971, 68–75.

[23] Vgl. Robert M. Sapolsky, Stress in the Wild, in: Scientific American, Januar 1990, 116–23.

[24] Wilder Mais z.B. wirft seine Körner ab, während der Bauer die Körner säen muß, die er dann nur ernten kann, weil sie nicht abgeworfen werden. Getreidemais ist auf den Menschen angewiesen, um zu überleben.

schen entscheidende Information. Die Menschen verlangten nach Information, sie stellten Fragen über den Himmel und über die Erde, sie wollten wissen, woher sie kamen und wohin sie gingen. Religiöse Erfahrungen wurden in Ursprungs- und Schicksalsmythen übersetzt, die über das Unwißbare informierten. Die Wissenschaften als das Unternehmen, das Wißbare auszuforschen, hat eine gewaltige Menge an Information geschaffen, die den Menschen befähigt, zum Mond zu fliegen, extreme Zerstörungswerkzeuge zu bauen, Nahrung in genügender Menge zu produzieren für eine Bevölkerung, die größer ist als die, die je auf der Erde lebte, die Zukunft unter Respektierung der irdischen Rahmenbedingungen zu planen etc. Es kann keinen Zweifel geben: Die Information hat in der Menschheit das höchste Maß an wesentlicher Bedeutung innerhalb des Evolutionsprozesses erreicht. Damit stellt sich die Frage: Ist es möglich, diesen Prozeß zu skalieren, und welche Aspekte könnten für eine solche Skalierung benutzt werden?

3.4 Skalierung der Evolution von Information

Wir haben gesagt, daß wir qualitative Sprünge oder Innovationen in der Evolution der Information zu erkennen vermögen. Um die Information als Parameter zu benutzen, müssen wir eine angemessene Skala entwikkeln. Diese kann nicht numerisch sein, das Zählen von Bits liefert uns keine Skalierung bedeutsamer Information. Um eine brauchbare Skala zu entwickeln, müssen wir einen näheren Blick auf die verschiedenen Aspekte der Information werfen, darauf, wie sie evolvieren. Drei Punkte scheinen uns im Hinblick auf die Information für unseren Zweck besonders beachtenswert, die zu drei Fragen führen, nämlich: Wie wird Information geschaffen? Wie wird Information gespeichert? Wie wird Information weitergegeben?

3.4.1 Schaffung von Information

Wir wissen recht wenig darüber, wie Information geschaffen wird. Die informierten Strukturen der Atome und Moleküle werden durch die Existenz der Naturgesetze erklärt, die selbst als gegeben angesehen werden. Sie werden gefunden, doch haben wir keine Erkärung dafür, weshalb sie existieren. Gewiß können einige Gesetze der Physik auf grundlegendere Gesetze reduziert werden, doch letztendlich haben wir die

Gesetze zu akzeptieren, ohne sie zu erklären. Der Gesetzesbegriff selbst verlangt nach einem Gesetzgeber, obwohl die moderne Naturwissenschaft offensichtlich von diesem Aspekt des Gesetzes abstrahiert hat. Statt dessen verweisen sie auf ein Corpus von Gesetzen, das in sich selbst Bestand hat, und behaupten, daß die Vorstellung eines Systems von Gesetzen, das die *gesamte* Natur reguliert, bis zu Galilei, Kepler und Descartes unbekannt gewesen wäre, wie z.B. Steven Weinberg schreibt.[25] Solche Aussagen sind Teil der Hagiographie oder Mythologie der Wissenschaften. In Wirklichkeit ist der Begriff des alle Natur regierenden universellen Gesetzes das auf die Wissenschaften gekommene Erbe des Mittelalters. Das Wissen um die Existenz dieses universellen Gesetzes gab nicht nur der Wissenschaft ihre Zielvorstellung, vielmehr wurde sie auch als theologisches Argument gebraucht. So sagt Thomas von Aquin, damit den Gebrauch des Terminus Gesetz rechtfertigend:

„Und deswegen hat eben der Plan der Regierung aller Dinge, der in Gott als dem Herrscher des Weltalls besteht, die Bewandtnis eines Gesetzes. Weil aber die göttliche Vernunft nichts nach Art der Zeit, sondern in ewigem Begreifen erfaßt (Spr 8, 23), muß man dieses Gesetz ein ewiges nennen."[26]

„Aus dem Gesagten ergibt sich aber, daß alle Dinge, die der göttlichen Vorsehung unterliegen, vom ewigen Gesetz geregelt und bemessen werden. Somit nehmen offensichtlich alle Dinge in irgendeiner Weise am ewigen Gesetz teil, insofern sie nämlich aus seiner Einprägung die Neigung zu den ihnen eigenen Handlungen und Zielen besitzen."[27]

Die moderne Naturwissenschaft hat gewiß vom Gesetzgeber abstrahiert, doch den Begriff des ewigen Naturgesetzes hat sie aus der Zeit ererbt, die manche Leute für ein dunkles Zeitalter halten. Wenn die *Theory of Every-thing*, die alles erklärende Theorie, nicht nur ein Traum wäre, sondern uns den Zugang zum Verständnis aller natürlichen Prozesse eröffnete, würde das nach Meinung des Thomas von Aquin wirklich bedeuten, den Geist Gottes zu lesen. Stephen Hawking mit seinem Anspruch, mit dem Wissen der *Theory of Everything* „würden wir Gottes Plan kennen",[28] hatte wahrscheinlich keine Ahnung, daß er wie ein Thomist argumentierte. Auf jeden Fall sind wir unfähig, den Ursprung der Naturge-

25 Steven Weinberg, Der Traum von der Einheit des Universums, München 1993, 18.

26 Sth I–II, q 91 a 1c.

27 Sth I–II, q 91 a 2c.

28 Stephen W. Hawking, Eine kurze Geschichte der Zeit. Die Suche nach der Urkraft des Universums, Hamburg 1988, 218.

setze zu erklären oder zu verstehen. Wir mögen sie entdecken, ihre Verwobenheit verstehen, doch haben wir sie als eine Information hinzunehmen, die alle Wirklichkeit instruiert.

Das Naturgesetz als einfaches allumfassendes Gesetz ist sehr wahrscheinlich ein Traum. Die Gesetze der Physik, obwohl sie für alle Materie und alle Energie gelten, sofern ihre physikalischen Aspekte in Frage stehen, sind bisher nicht in der Lage gewesen, die Gesetze des Lebens zu erklären. Die Gesetze der Physik sind selbstverständlich in Lebewesen wirksam, doch erklären sie nicht die lebendige Wirklichkeit und die Gesetze des Lebens. Wir wissen nicht, wie die Gesetze der Physik zustande gekommen sind, und ebensowenig wissen wir, wie die Gesetze des Lebens entstanden. Die Materie gehorcht den Gesetzen der Physik, und wir wissen nicht, woher diese Gesetze kommen. Wie Einstein feststellte, ist die Basis der Wissenschaft der Glaube an die Möglichkeit, daß die für die existierende Welt gültigen Regeln rational, das heißt für die Vernunft begreiflich sind. „Ich kann", fährt Einstein fort, „mir keinen genuinen Wissenschaftler ohne diesen tiefen Glauben vorstellen"[29]. Er hat dies oft wiederholt, daß „eine mit religiösem Gefühl verwandte Überzeugung von der Vernunft bzw. Begreiflichkeit der Welt aller feineren wissenschaftlichen Arbeit zugrunde liegt"[30]. Die grundlegendste im Universum als Gesetze der Physik vorgefundene Information entzieht sich so der rationalen Begründung. Wir haben zu akzeptieren, daß dieses Universum durch immaterielle Gesetze informiert ist, wir wissen nicht, wie sie zustande gekommen sind.

Einstein beantwortet die Frage: „Warum ist die Welt begreiflich?" mit der Feststellung: „Die Tatsache, daß sie begreiflich ist, ist ein Wunder."[31] Einstein ist durchaus nicht die große Ausnahme, wenn er diese Gegebenheiten anerkennt. Eugene Wigner spricht von dem „Wunder der Eignung der Sprache der Mathematik zur Formulierung der Gesetze der Physik" als „einem wunderbaren Geschenk, das wir weder verstehen noch verdienen"[32]. Steven Weinberg findet: „Daß Mathematiker imstande sind, die in den Theorien der Physiker benötigten Formalismen zu antizipieren, ist für die meisten Physiker etwas Unheimliches. Es ist so, als hätte

[29] A. Einstein, in: Science, Philosophy and Religion. A Symposium, New York, 1941, 211.

[30] Albert Einstein, Mein Weltbild. Neue, vom Verfasser durchgesehene und wesentlich erweiterte Auflage, Zürich 1953, 171.

[31] A. Einstein, Out of My Later Years, Westport, 1970, 61.

[32] Eugene Wigner, The Unreasonable Effectiveness of Mathematics in the Natural Sciences, in: Communications in Pure and Applied Mathematics 13, 1960, 1–12, hier 1.

Neil Armstrong, als er 1969 als erster seinen Fuß auf den Mond setzte, im Staub der Mondoberfläche die Spuren von Jules Verne vorgefunden."[33] Physiker nehmen offensichtlich das Universum als durch Gesetze informiert an, wenn sie auch keine den Ursprung dieser Gesetze erklärende Theorie vorweisen können. Man darf bezweifeln, ob ohne die tiefe, in den oben zitierten Stellen des Aquinaten zum Ausdruck kommende Überzeugung von der Existenz eines ewigen Naturgesetzes die moderne Naturwissenschaft jemals entstanden wäre. Einstein fragt in diesem Sinne: „Welch ein tiefer Glaube an die Vernunft des Weltenbaues und welche Sehnsucht nach dem Begreifen wenn auch nur eines geringen Abglanzes der in dieser Welt geoffenbarten Vernunft mußten in Kepler und Newton lebendig sein, daß sie den Mechanismus der Himmelsmechanik in der einsamen Arbeit vieler Jahre entwirren konnten!"[34]

Im Bereich der biologischen Information ist der Ursprung der Information ebensowenig verstanden. Der Ursprung jeglicher Information ist entsprechend der neodarwinistischen oder synthetischen Theorie zufallsbedingt. Unter den darwinistischen Dogmatikern gibt es ein hartnäckiges Sich-Weigern, die Defizienz dieser Theorie ins Auge zu fassen.[35] Wie jeder Student der Statistik im zweiten Semester weiß, wird Zufall als die unerklärte Varianz in einer Verteilung definiert. Es ist kaum verständlich, wie das Unerklärte als Erklärung dienen soll. Die Statistik der Wahrscheinlichkeit von Zufallsmutationen, die die konkrete historische Evolution möglich machten, ist nie als mit der evolutiven Wirklichkeit vereinbar aufgewiesen worden. Einige der Dogmen des Neodarwinismus sind in jüngster Zeit erschüttert worden. Die Verteidigungspositionen der neodarwinistischen Dogmen werden heute immer weiter aufgeweicht.[36] In der Biologie wissen wir ebensowenig wie in der Physik, wie die Regeln des Lebens zustande kamen und weshalb sie so sind, wie sie

[33] Steven Weinberg, Der Traum von der Einheit des Universums, München 1993, 163.

[34] Albert Einstein, Mein Weltbild. Neue, vom Verfasser durchgesehene und wesentlich erweiterte Auflage, Zürich 1953, 17.

[35] Hier scheint vorzuliegen, was Bernard Lonergan als Skotisis, die Verhinderung unerwünschter neuer Einsichten, beschrieben hat. Vgl. Bernard J.F. Lonergan, Die Einsicht. Eine Untersuchung über den menschlichen Verstand, Bd. 1, Cuxhaven 1995, 232f.

[36] Wenn es auch nachgewiesen ist, daß z.B. erworbene Immunität durch Chromosomen vererbt wird (Vgl. J.W. Pollard, Is Weismann's barrier absolute?, in: M.W. Ho/P.T. Saunders [Hg.], Beyond Neo-Darwinism. An Introduction to the New Evolutionary Paradigm, London 1984, 291–314), wird mit unerschütterlicher Sturheit von den darwinistischen Dogmatikern immer weiter wiederholt, daß jeder evolutive Schritt durch „ungerichtete Mutationen und leitende Selektion" erklärbar sei. Mutation oder Veränderung – beide Worte sagen dasselbe – ohne Richtung soll rein zufällig erfolgen. Doch

bisher ist kein Neodarwinist in der Lage gewesen zu zeigen, wie Evolution stattfinden könnte, wenn alle Veränderungen rein zufällig sind. Um dies zu zeigen, müßte zumindest die Wahrscheinlichkeit angegeben werden, mit der Zufallsveränderungen in der DNA-Sequenz unter den konkreten Rahmenbedingungen der Erde Evolution möglich machen.
Es müßte zum Beispiel eine wahrscheinliche Möglichkeit für den folgenden Fall aufgezeigt werden, in dem genügend Daten bekannt sind, um die Wahrscheinlichkeiten zu berechnen.
Daten:
Die Vorfahren der Schimpansen und der Menschen divertierten vor acht Millionen Jahren. (Vgl. Yves Coppens, Eastside Story: the Origin of Humankind, in: Scientific American, Mai 1994, 88–95, 94).
Die menschliche DNA unterscheidet sich von der des Schimpansen um etwa 1 %. Um großzügig zu sein, nehmen wir nur 0,1 % an.
Die Länge der menschlichen DNA umfaßt 3×10^9 Nukleotide.
Der Unterschied von 0,1 % erfordert also 3×10^6 Mutationen oder Veränderung bei den Nukleotiden. Da die Veränderungen rein zufallsmäßig auftreten sollen, ergibt sich für jede auf der Skala der drei Milliarden Nukleotide richige, d.h. eine sinnvolle Sequenz aufbauende und weiterführende Veränderung eine Wahrscheinlichkeit von
P = 1/3 000 000 000 für den ersten korrekten Treffer.
Für den zweiten Treffer gilt ebenfalls (Die Zahl nimmt nicht ab, wie bei der Auswahl einer Zahl von einander ausschließenden Möglichkeiten, wie zum Beispiel bei der Berechnung der Gewinnchancen beim Lotto):
P = 1/3 000 000 000
Für beide Treffer kombiniert gilt
P = 1/3 000 000 000 x 1/3 000 000 000
Die Wahrscheinlichkeit von drei Millionen richtigen Treffern ist dann drei Milliarden zur Potenz von drei Millionen:
$P = 3\,000\,000\,000^{-3\,000\,000}$.
Für eine solche Zahl, eine Zehn mit Milliarden von Nullen, haben wir keinen Namen mehr. Damit eine Wahrscheinlichkeit für die Evolution vom gemeinsamen Vorfahren der Schimpansen zum Menschen gleich eins, also als gewiß gesetzt werden könnte, müßten alle diese Veränderungen ausprobiert werden. Das müßte, um die Evolution mit Sicherheit voranschreiten zu lassen, bei zwanzig Jahren von einer Generation zur nächsten, innerhalb von vierhunderttausend Generationen verwirklicht werden. Auf jede Generation – was eine stark idealisierende Rechnung wäre, in der Wirklichkeit war die Verteilung mit Sicherheit nicht so gleichmäßig – entfielen 7,5 korrekte Veränderungen, deren Wahrscheinlichkeit ist
$P = 3\,000\,000\,000^{-7,5}$
Bei einer Gesamtpopulation von vielleicht einer Million Individuen ergibt das eine Wahrscheinlichkeit für die erfolgreiche Evolution einer Generation – Verwirklichung von 7 bis 8 Treffer-Mutationen – von
P = 1/3 000 000 000 000 000 000.
Daß ein solches Ereignis als wissenschaftlich verstanden vorgestellt wird, ist ebenso absurd wie anzunehmen, ich könne eine Münze in der Erwartung, immer Kopf als Ergebnis zu erhalten, fünfunddreißig Mal nacheinander flippen, ohne Zweifel an der Normalität der Münze zu wecken, oder zwanzig Mal nacheinander eine Eins würfeln, ohne daß gegen die Benutzung dieses Würfels protestiert würde. Es müßte in jeder Generation zumindest einige Milliarden ungerichteter Mutationen geben, wenn auch nur die geringste Wahrscheinlichkeit bestehen soll, daß der Mensch aus dem mit dem Schimpansen gemeinsamen Vorfahren evolviert. Dies ist offensichtlich mit der Wirklichkeit nicht vereinbar, weder im Hinblick auf die objektive Zeitskala noch im Hin-

sind. Und wir wissen auch nicht, wie der genetische Code fixiert wurde. Bis heute wissen wir nicht, wie der DNA-Code ausgeschrieben worden ist. Wir sprechen von Veränderung und Selektion, doch wir verstehen nicht, wie diese progressiven Veränderungen von den Archaea bis zum Menschen zu erklären sind. In Darwins Zeit war es ein mutiger Schritt, Mutationen zu postulieren: Die Mehrheit der Biologen glaubte noch an die Unveränderlichkeit der Arten. Karl von Linné (1707–1778) veröffentlichte zwischen 1735 und 1776 die erste umfassende Klassifikation der Flora und Fauna seit Aristoteles,[37] er führte die binominale Klassifikation ein, die erlaubte, jedes Lebewesen entsprechend seinem Genus und seiner Spezies einzuordnen – praktisch das noch heute benutzte Klassifikationssystem, wenn es auch etwas verfeinert wurde. Der Mensch wurde von Linné unter den Primaten als *homo sapiens* eingeordnet – eine Klassifikation, die noch heute in Gebrauch ist, wenn auch etwas genauer differenziert wird in *homo sapiens sapiens*, um die heutigen Menschen von frühmenschlichen Formen zu unterscheiden. Linnés Klassifikation wurde im 19. Jahrhundert übernommen und ist heute noch eines der Hauptargumente zugunsten der Evolution. Linné war eine solche Idee absolut fremd: Er war überzeugt davon, die Arten so zu beschreiben, wie sie in den ersten sechs Tagen der Schöpfung aus Gottes Hand hervorgegangen waren. Als am 30. Juni 1860 Bischof Samuel Wilberforce Dar-

blick auf die Notwendigkeit großer genetischer Stabilität. Es scheint, wir müssen nach anderen Faktoren Ausschau halten als jenen, die rein zufällig wirken.

Es ist eine recht breite Diskussion in Gang gekommen (Vgl. Michael Schmitt, Evolutionstheorie zwischen Krise und Patentrezept, in: Michael Schmitt [Hg.], Lexikon der Biologie, Bd. 10, Freiburg 1992, 505–510), und sogar die renommierte Zeitschrift Science hat sich der Diskussion geöffnet (Vgl. Elizabeth Culotta, Evolutionary Biology. A Boost for Adaptive Mutation, Science, vol. 265, 15. Juli 1994, 318–319. Vgl. in derselben Nummer von Science die Artikel von S.M. Rosenbert u.a. (405–407), P.L. Foster und Jeffrea M. Trimarchi (407–409).

Auf die Frage, was er zu den Aussagen Ernst Mayrs, des Altvaters der Neodarwinisten, zu sagen habe, antwortete Giuseppe Sermonti, Professor für Genetik an der Universität Perugia (Figaro Magazine, Paris, 26. 10. 1982): Ernst Mayr „ist ein Papst, ein Hoher Priester der Theorie. Er muß zeigen, daß er daran glaubt. Ich glaube nicht, daß er, ist er erst einmal in seinem Schlafzimmer allein nur sich selbst gegenüber, wirklich glaubt, daß kleine Zufallsmutationen und die natürliche Selektion genügen könnten, um einen Dinosaurier im Ausgang von einer Amöbe hervorzubringen – es ist unmöglich, daß er das glaubt!"

Es sollte klar sein, daß all dies kein Argument gegen das Faktum der Evolution ist, sondern nur eine spezifische Theorie trifft.

[37] Wir lassen hier das Mittelalter unberücksichtigt. Es ist zu wenig analysiert worden, welche Stellung in dieser Geschichte etwa die einundzwanzig Bücher *De animalibus* von Albertus Magnus einnehmen.

wins Ideen in Oxford diskutierte, konnte er sich auf die bekanntesten Wissenschaftler seiner Zeit berufen. Trotz des Wissenschaftsmythos, nach dem Thomas Huxley den Bischof überwand, war der Bischof in den Augen des wirklichen Publikums von 1860 der überzeugendere, der die Schwäche der Argumente Darwins aufzeigte.[38] Verständlicherweise wurde *Mutation* zu einer Art Kriegsgeschrei der Verteidiger der Evolution. Nachdem heute klar ist, daß die Evolution wirklich ist, ist es nunmehr an der Zeit, innerhalb des statistischen Rahmens der DNA-Struktur herauszuarbeiten, welche Spezifikationen die Theorie der Zufallsmutation braucht, um eine Evolution erklären zu können, die von den primitiven Formen des Lebens zu immer komplexeren und bewußteren führt. Die in diesem Prozeß – in dem zweifellos die DNA und die lebenden Organismen mutierten, sich änderten und selektiert wurden; doch das zu sagen, ist heute eine Banalität – erarbeitete hochkomplexe Information muß erklärt werden. Wir kennen die Geschichte, wie in der Physik, doch vermögen wir nicht die Gesetze zu erklären, ja nicht einmal korrekt zu beschreiben, die in dieser Geschichte kreativ am Werk sind.

Wenn wir die rein biologische Ebene verlassen und in die Welt der Menschen eintreten, scheint es, wir hätten verhältnismäßig klare Erfahrung davon, wie neue Informationen zustande kommen,[39] und wir scheinen recht gut die die menschliche Existenz regelnden Gesetzmäßigkeiten zu verstehen. Doch sobald wir näher hinsehen, sind wir wieder in Schwierigkeiten. Wir können Mathematik lernen – doch weshalb sind die Menschen die einzigen uns bekannten Wesen, die fähig sind, Gesetze der Geometrie und Arithmetik zu entdecken? Weshalb können Menschen logisch argumentieren? Weshalb haben manche Leute neue Einsichten, neue Ideen in der Physik, der Mathematik, der Biologie, der Politik, der Kunst, der Architektur, der Musik? Wer hat das Rad, den Ackerbau, Schulen, Schreiben erfunden? Wer hat zuerst daran gedacht, die Toten zu bestatten, zu Gott zu beten? Wir sind mehr oder weniger in der Lage, die Geschichte zu erzählen, diese Ereignisse zu datieren. Doch werden sie nicht erklärt. Die Information, die in die Schaffung menschlicher Fä-

[38] Vgl. J.R. Lucas, Wilberforce and Huxley: A Legendary Encounter, in: The Hibbert Journal 22 (1979) 2, 313–330, Huxley wurde zum Helden der Wissenschaft mehr als dreißig Jahre nach der Diskussion, und zwar in: Mrs. Isabella Sidwick, A Grandmother's Tales, Macmillian's Magazine, in: LXXVIII, no. 468, Okt. 1898, 433–434.

[39] Bei näherem Zusehen erweist sich die genaue Analyse dieser Erfahrungen als sehr viel komplexer. Eine gute Analyse findet sich bei Bernard J.F. Lonergan, Die Einsicht. Eine Untersuchung über den menschlichen Verstand, 2 Bde., Cuxhaven 1995.

higkeiten eingeht, hat bisher keine Erklärung gefunden. Wir kennen die Geschichte und wir können im Rückblick erkennen, wie nützlich viele dieser Erfindungen und Neuerungen waren, doch der eigentlich kreative Aspekt transzendiert unser Verstehen. Wir können sagen: „Es hat sich halt so ereignet",[40] doch dies ist kaum eine gute Theorie, um zu erklären, weshalb das 13. Jahrhundert fähig war, gotische Kathedralen zu bauen, weshalb das Mittelalter begann, beim Webstuhl Pedale zu benutzen etc. Erfindungen entziehen sich der rationalen Erklärung. Hinterher könnte jeder die Idee gehabt haben. Das Ei des Kolumbus ist im Rückblick eine einfache Lösung. Doch wie wir zu neuen Ideen gelangen, wissen wir nicht. Alles, was bekannt ist, ist, daß man zunächst einmal die Einsicht haben muß, bevor man in der Wissenschaft anfangen kann, etwas zu beweisen. Eine neue Hypothese wird nicht abgeleitet, sondern intuitiv erfaßt und im Nachhinein bewiesen oder widerlegt. So entsteht auch auf der Stufe des Menschen neue Information in unvorhersehbarer Weise; wir haben keine Theorie der schöpferischen Einsicht, die wir anwenden könnten. Der kreative Prozeß des Universums scheint so noch wenig verstanden zu sein. Doch sollten wir uns hüten, nach Gott zu rufen, um unsere Wissenslücken zu füllen. Wenn wir sie auch nicht verstehen, so können wir doch die Geschichte der Schaffung von Information lesen, beginnend mit den Gesetzen der Physik, durch das sich entwickelnde Leben hindurch bis hin zur Einsicht der Menschen. Wenn wir die Geschichte ohne Vorurteil betrachten, können wir drei deutliche Stufen ausmachen – die ihrerseits in eine ganze Reihe von Unterstufen wie der präkarzotischen und der eukaryotischen, der protozoischen und der metazoischen etc. unterteilt werden können –, nämlich: Materie, Leben, Geist. Wie offensichtlich ist, baut das Spätere immer auf dem Früheren auf. Doch kann es keinen ernsthaften Zweifel geben: In der Geschichte der Evolution der Information sind qualitativ (nicht quantitativ) diese drei Stufen deutlich erkennbar.

Der Prozeß des Werdens, der Schaffung von neuer Information, läßt so zwar qualitative Stufen in der Evolution der Information erkennen, ohne daß uns der Prozeß selbst einsichtig wäre, doch kann die Stufung des Prozesses an spezifischen Eigenheiten dieser Stufen noch weiter erhärtet werden.

[40] Dies ist die Erklärung, die S.J. Gould gab („It just happened"), als sein Gesprächspartner in einer Fernsehsendung auf eine Erklärung drängte. Er hättte hinzufügen sollen, daß wir keine wirkliche Erklärung haben. Seine Erklärung ist ein Eingeständnis der Unwissenheit.

3.4.2 *Die Speicherung von Information*

Die Geschichte der Schaffung von Information läßt sich auch unter dem Aspekt der Speicherung schreiben. Dies ist weder eine Frage von Megabyte-Festplatten noch eine Frage der Zahl der benötigten Bits. Es geht vielmehr um die Frage, wie informatorischer Inhalt gespeichert wird. Auf der niedrigsten Stufe, der Materie, ist nicht klar erkennbar, wo die Naturgesetze lokalisiert sind. Die Atome gehorchen den Gesetzen, doch speichern sie sie nicht für späteres Lesen. Auf der Ebene der Materie wird, vielleicht mit Ausnahme der Autokatalyse und der Kristallbildung, nach außen hin keine gespeicherte Information erkennbar, und von außen hereinkommende Information wird nicht aktiv genutzt. Man kann vielleicht sagen, die Materie habe ihre Information in ihrer Struktur, doch wird die Information nicht nach außen aktiv weitergegeben. Wasserstoffatome suchen nicht aktiv nach Sauerstoffatomen, um mit ihnen Wasser zu bilden, wenn auch ihre Struktur so informiert ist, daß sie Wasser bilden, wenn die Rahmenbedingungen stimmen. Information wird hier in Zufallsbegegnungen genutzt. Nur Organismen und Chemiker bringen die richtigen Elemente unter den richtigen Bedingungen zusammen, um die in der Atomstruktur enthaltene Information zu nutzen. Im Universum sind diese Begegnungen Zufallsereignisse. Die im Vergleich zu unserem lebenden Planeten Erde gewaltige Masse des Universums macht unter Einwirkung der Schwerkraft die Wahrscheinlichkeit der Evolution der Materie nicht restlos gleich Null, wenn auch mehr als 99 % der Materie nicht über die Wasserstoff-Helium-Stufe hinausgelangt sind. So mag die den Gesetzen der Physik folgende Transformation der Materie in Strukturen als ein Weg angesehen werden, Informationen zu fixieren und im Universum eine Reihe von etwa 92[41] informierten Elementen zu bilden, von denen viele fähig sind, Moleküle zu bilden, wenn es der Zufall erlaubt oder wenn ein Organismus oder ein Chemiker sie benutzt. Die Informationsspeicherung gewinnt eine ganz andere Qualität auf der Stufe des Lebens. DNA erhält die Information, sie ist nicht die Information. Die Struktur der DNA hat wenig mit der informierten Struktur gemeinsam, die die Verwirklichung der in der DNA gespeicherten Infor-

[41] Dies ist die Zahl auf der Periodentafel der chemischen Elemente. Es gibt heute die Transurane, vom Menschen erzeugte Elemente, meist von kurzer Lebensdauer. Daneben wären noch die Isotopen zu nennen, etwa die des Kohlenstoffs: Sie haben dieselben chemischen Eigenschaften bei abweichendem Atomgewicht aufgrund einer vom Norm-Element abweichenden Zahl der Neutronen.

mation ist. Wir können deutlich zwischen der molekularen Struktur des Stoffs der Gene und ihrer Bedeutung unterscheiden. Die Erarbeitung des menschlichen Genoms wird schließlich eine Art von Kryptogramm produzieren, das schwieriger zu entziffern zu sein scheint als vom Menschen geschaffene Kryptogramme: Es gibt offensichtlich bisher keine Methode, den Code insgesamt zu brechen: Die Bedeutung jedes einzelnen Bits wird identifiziert werden müssen. Die Fortschritte, zum Beispiel die Kenntnis der Start- und Stop-Sequenzen, sind sicherlich hilfreich; doch da die meiste genetische Information gespleißt werden muß, nachdem sie in RNA übertragen wurde, baut sich schon zu Beginn des Versuchs, die DNA-Information in ihrer Bedeutung jenseits der Nukleotidsequenzen zu erfassen, eine recht hohe Barriere auf.[42] Unser Wissen darüber, wie diese kryptische Information benutzt wird, um blaue Augen oder einen hoch begabten Mathematiker hervorzubringen, ist derzeit noch sehr begrenzt, wenn dies auch Gegenstand sehr intensiver Forschung ist. Wenn wir die genauen DNA-Sequenzen eines neugeborenen Babys kennen würden, wären wir nicht in der Lage, Voraussagen über seine Intelligenz als Erwachsener zu machen. Die Kenntnis der Eltern würde eine bessere Prognose erlauben.

DNA ist eindeutig ein Träger kodifizierter Information. Ihre Funktion in der Zelle ist die eines Informationsarchivs, das angezapft wird, wenn die Information gebraucht wird. In der nicht lebenden Materie ist die molekulare Struktur die einzige vorgefundene Information, doch im lebenden Organismus wird das Molekül benutzt, um Informationen zu speichern, die mit der DNA selbst nichts gemein haben. Das heißt nicht, es gebe keinen natürlichen Prozeß, der unter Nutzung der in der DNA gespeicherten Information vom befruchteten Ei zum voll entwickelten reifen Organismus führt. Dieses Phänomen der Informationsspeicherung ist in der Geschichte des Universums, der Evolution, etwas absolut Neues: Außerhalb des Lebens ist keine Materie bekannt, die Information speichern würde, deren Inhalt nicht dieser Materie als solcher wesentlich wäre. Diese Information erweist sich in gewisser Weise als immateriell: Obgleich Materie benutzt wird, um die Information zu speichern, ist es die Anordnung, etwas der Materie aufgeprägtes Nicht-Materielles, welches die Information enthält.

Das Leben ist also nicht nur lebende Materie, vielmehr zeigt es auch Eigenheiten der Informationsspeicherung, die in der nicht-lebenden

[42] Vgl. James E. Darnell Jr., RNA, in: Scientific American, Oktober 1985, 68–87.

Materie unbekannt sind. In dieser Sicht transzendiert die genetische Information die Qualitäten der nicht-lebenden Materie. Um Informationsträger zu sein, muß die DNA in einer lebenden Zelle enthalten sein. Sich selbst überlassen, bringt sie keinen Organismus hervor. Die Information muß von einer geeigneten lebenden Zelle gelesen werden.

Die in der DNA enthaltene Information ist zweifellos für das Leben von zentraler Bedeutung. Doch ist die DNA nicht Träger aller Information, die wir im Tierreich finden: Tiere haben ein genetisch fixiertes instinktives Wissen und die Fähigkeit, aus Erfahrung zu lernen. So wird ein Eichelhäher, der einmal einen sich von giftigen Wolfsmilchpflanzen ernährenden Schmetterling gefressen und dann wieder erbrochen hat, in Zukunft solche Schmetterlinge meiden.[43] Wir haben bereits die Sprache der Honigbienen erwähnt, die in der Lage sind, Informationen über den Ort zu speichern, an dem sie Nahrung gefunden haben. Vögel lernen neue Melodien durch Nachahmung. Schimpansen lernen vom Zusehen ihr Bemutterungsverhalten. Vergangene Erfahrungen werden im Gedächtnis gespeichert. Wir wissen trotz vieler Untersuchungen immer noch nicht, wie Brieftauben lernen, ihren heimatlichen Taubenschlag zu identifizieren, und wie sie über mehr als tausend Kilometer nach Hause finden. Eichhörnchen lernen, sich an die gefährliche Umgebung anzupassen, indem sie Telefon- und andere Kabel benutzen, um viel befahrene Straßen zu überqueren. Schimpansen lernen, einfache Werkzeuge wie Stöckchen zum Termitenfang zu machen, und sie lernen, abgerissene Äste als Waffen zu benutzen, um sich zum Beispiel gegen Jaguare zur Wehr zu setzen. Zumindest bei den Vertebraten verfügen wir über eindeutige Evidenz dafür, daß Information nicht nur in der DNA, sondern auch im Gehirn gespeichert wird. Das Gedächtnis, in dem die Information gespeichert wird, wird offensichtlich durch die Struktur des Gehirns ermöglicht. Doch der Inhalt der gespeicherten Information kann nicht durch eine Untersuchung des Gehirns studiert werden. Die physische Struktur sagt uns nichts über die Erfahrungen des Tieres, wenn auch irgendwie diese Information dort gespeichert ist. Die Speicherung weist in ihrer Qualität Unterschiede auf; so können Nematoden[44] sich ein oder zwei Tage erinnern, während Elefanten nachgesagt wird, sie würden niemals vergessen. Das Spektrum des Gedächtnisses weitet sich aus, je hö-

[43] Vgl. Lincoln Pierson Brower, Ecological Chemistry, in: Scientific American, Februar 1969, 22–9.

[44] Vgl. James H. Thomas, The Mind of a Worm, in: Science, 264, 17. Juni 1994, 1698–1699.

her die Lebewesen evolvieren. In dem Maße, wie das Gehirn komplexer wird, wird es das Organ der zentralen Organisation, das das Funktionieren der Teile des Organismus koordiniert, und es wird ein immer effizienteres Organ der Informationsspeicherung. Dieses Organ befähigt die Tiere, entsprechend ihrem evolutiven Status eine immer komplexere Repräsentation der sie umgebenden Welt in ihrem Gehirn zu speichern. Wir können so zwei Systeme der Informationsspeicherung bei den lebenden Geschöpfen unterscheiden, die in der Welt der reinen Materie unbekannt sind. Das eine benutzt die DNA, die für das Leben grundlegend ist und seine Kontinuität gewährleistet und die die Information für die Ausbildung des zweiten Speichersystems enthält. Bei einigen Tieren, insbesondere bei Insekten, enthält die DNA auch die Information für spezifisch informierte Neuronen, die sich in den fixierten Instinkten äußern, die immer der gleichen Routine folgen. Eine Art von genetischer Übertragung von Verhaltensweisen kann sogar bei höheren Tieren nachgewiesen werden, etwa bei den Galapagos-Finken, die nach mehr als einer Million Jahren immer noch instinktiv die Gestalt von Raubvögeln erkennen, die es auf den Galapagos-Inseln nicht gibt. Die menschliche Angst vor Schlangen mag ebenso auf diese Weise ererbt sein. Im allgemeinen aber sind das Gehirn und seine Speicherkapazität zu komplex für eine genetische Informationsübertragung von Wissensinhalten.[45] Die DNA enthält gewissermaßen Leitideen für den Bau eines Gehirns, doch das Gehirn wird nur funktionell durch den Gebrauch. In erheblichem Maße bewirkt diese Nutzung eine selektive Elimination einer großen Zahl von Neuronen, die sich beim Menschen in erster Linie während der ersten zehn Lebensjahre vollzieht. Dieser Prozeß der selektiven Eliminierung von Neuronen über einen längeren Zeitraum ist bei allen höheren Säugetieren beobachtet worden.[46]

Das zweite Informationsspeicherungssystem im Gehirn unterscheidet sich von der Speicherung in der DNA durch eine Reihe von Merkmalen. DNA-Information ist relativ stabil, während die im Gehirn gespeicherte Information verhältnismäßig flexibel ist. Die Bandbreite der eingebrachten und verarbeiteten Information ist sehr groß. Höhere Säugetiere kön-

[45] Hierauf wurde ich von Manfred Eigen in einem Gespräch hingewiesen. Die Kapazität ist nicht ausreichend, um jede einzelne Gehirnzelle, nicht zu sprechen von den gespeicherten Inhalten, für sich zu definieren. Vgl. Ronald E. Kalil, Synapse Formation in the Developing Brain, in: Scientific American, Dezember 1989, 76–87.

[46] Bei Vögeln wachsen in jedem Jahr während der Paarungszeit neue Neuronen, wenn sie mit ihrem Gesang um die Weibchen wetteifern. Vgl. Fernando Nottebohm, From Bird Song to Neurogenesis, in: Scientific American, Februar 1989, 74–79.

nen visuelle Eindrücke erinnern und sie mit ihrer jetzigen Wahrnehmung in Beziehung bringen.[47] Und sie lernen aus der Erfahrung: Information kann berichtigt, ergänzt oder ersetzt werden. So evolviert das mit dem Gehirn verbundene Informationssystem schneller, als es die DNA je erlauben würde. Stereotypes Verhalten, wie bei den Insekten, ist bei höheren Säugetieren selten. Konditionierte Reflexe wie die des Pawlowschen Hundes funktionieren am besten, wenn ein großer Teil des Großhirns delaviert wurde; bei einem unversehrten Gehirn verblassen die Reflexe verhältnismäßig rasch. Obwohl es eine Möglichkeit gibt, während einer kurzen Zeitspanne vor der Methylisierung des neu gebildeten DNA-Moleküls Irrtümer bei der Transkription zu korrigieren, ist der einzige andere Weg, die irrigen DNA-Stränge nicht wirksam werden zu lassen, sie auszuscheiden. Mit ihnen zu leben, kann Krankheiten wie Krebs oder enzymatische Defekte verursachen.[48] Dagegen ist die Informationsspeicherung des Gehirns im Prinzip immer einer Berichtigung zugänglich. Diese informationelle Flexibilität, die für neue Erfahrungen offen ist und ältere beiseite lassen kann, ist natürlich nicht kostenlos, vielmehr erfordert es Anstrengungen, wenn das Individuum sich an andere als die gewohnten Umstände und Bedingungen anpassen soll. Es ist deshalb nicht weiter erstaunlich, daß es selbst auf der menschlichen Ebene Individuen mit festen Gewohnheiten und fixen Ideen gibt: Dogmatiker in der Wissenschaft und in der Religion, in Politik und Wirtschaft. Dies ist verständlich, denn die Berichtigung von Information ist nicht einfach die Frage des Austauschs einiger Bits, es bedeutet vielmehr, die Konsequenzen dieser Veränderungen auf sich zu nehmen. Es ist immer leichter, einer Routine zu folgen, als neue Wege zu gehen.

Auf der menschlichen Ebene erreicht die Informationsspeicherung eine neue Dimension. Tiere speichern Information in ihrem Gehirn und in der DNA, während Menschen nicht nur ein gewaltiges Speicherreservoir in ihrem Gehirn haben, dessen theoretische Kapazität wahrscheinlich größer ist als das heute verfügbare Wissen; darüber hinaus aber haben die Menschen auch begonnen, ihre Informationen außerhalb ihres somatischen Systems zu speichern. Die einzige Annäherung an diese extra-

[47] Vgl. E.H. Gombrich, The Visual Image, in: Scientific American, September 1972, 82–97.

[48] Gewiß sind „Irrtümer" in der Übertragung, Mutationen, für die Evolution wichtig. Doch ist es selten, daß ein positiver Irrtum beobachtet wird. Die Analyse von einer Million Mutationen bei der Fruchtfliege in Dobzhanskis Labor ergab keinen positiven Irrtum. (Mündliche Mitteilung von Jeffrey Wicken).

somatische Informationsspeicherung in der Tierwelt mag die Markierung des Territoriums sein, wie wir sie bei Kaninchen, Hunden, Katzen etc. beobachten können. Wir haben hier Signale an die Außenwelt, ähnlich den noch in der Menschenwelt benutzten Warntafeln: „Betreten verboten“, oder dem Aufstellen von Grenzpfosten. Aber selbst bei dieser Ähnlichkeit ist noch ein wesentlicher Unterschied gegeben: Tiere benutzen körpereigene Duftstoffe, Pheromone, während Menschen eine vom Körper unabhängige Zeichensprache benutzen.

Abgesehen von diesem Grenzfall, scheint es keine extrasomatische Speicherung von Information gegeben zu haben, bevor der Mensch im Laufe der Evolution auftrat. Die frühesten Formen extrasomatisch gespeicherter Information können in den Höhlenmalereien der Altsteinzeit bewundert werden; der nächste Schritt war die Erfindung der Schrift, deren Bedeutung für die Speicherung von Information kaum zu überschätzen ist. Tatsächlich war die Erfindung der Schrift ein evolutiver Schritt, der der Erfindung der DNA für die Speicherung genetischer Information vergleichbar ist. Die Erfindung der Schrift befreite den evolutiven Prozeß von den Begrenzungen des Generationsprozesses: Plötzlich konnten Ideen über die Jahrhunderte hin ohne die Intervention eines biologischen Vorfahren weitergereicht werden. Solange die mündliche Tradition der einzige Weg war, Information von einer Generation zur nächsten weiterzugeben, scheint biologische Verwandtschaft von vorrangiger Bedeutung zu sein. Mit geschriebenen Texten hat sich dies grundlegend gewandelt: Wir können Aristoteles und Konfuzius, die Briefe des heiligen Paulus und den Pentateuch ohne jede verwandtschaftliche Beziehung mit diesen Männern lesen. Die Informationsspeicherung und ihre Weitergabe wurden von ihren biologischen Fesseln befreit. Die Erfindung des Buchdrucks machte die Informationsspeicherung zuverlässiger. Unfälle wie der Brand der großen Bibliothek von Alexandrien, die zum unwiederbringlichen Verlust von vielen handgeschriebenen Büchern führte, würden heute weniger wahrscheinlich zu einem solchen Verlust führen: Die angesammelte Information wird in Exemplaren der Bücher in anderen Bibliotheken erhalten bleiben.

In jüngster Zeit ist die elektronische Speicherung dem Buchdruck hinzugefügt worden. Der Vorteil dieses neuen Speicherungssystems ist am deutlichsten sichtbar in seiner platzsparenden Dichte und in seiner großen Zugriffsgeschwindigkeit, zu der noch die Fähigkeit der Sprach- und Bildspeicherung kommt. Vergangene Ereignisse können gespeichert werden, wie sie von den Menschen im Augenblick des Ereignisses gesehen

wurden: Filme, Videos, oder einfach Photos. Historische Information über vergangene Ereignisse, und nicht nur unterzeichnete Verträge, können in einer in der Vergangenheit unerreichten Dichte gespeichert werden. Alle drei Systeme der Informationsspeicherung: Schreiben (einschließlich Malen), Drucken (einschließlich Photographie) und elektronische Speicherung haben eines gemeinsam: Die gespeicherte Information kann in keiner Weise von dem für die Speicherung benutzten Material abgeleitet werden. Die Information ändert sich nicht mit dem Medium, weder mit der vom Schreiber oder Drucker benutzten Tinte, noch mit dem verwendeten Schriftsatz. Die Wahl der Schrift, ob Sütterlin oder Normalschrift, beeinflußt nicht den Inhalt der Information. Wenn die extrasomatische Information auch irgendein Medium braucht, um zugänglich zu sein, ist sie ihrem Inhalt nach doch wesentlich vom Medium unabhängig. Die Menschen können Informationen nutzen, gleichgültig ob sie im Buchdruck oder auf einer Festplatte gespeichert sind. In sehr eindeutiger Weise wird hier die Information als ein immaterieller, kausal effektiver Faktor erkennbar.
Wir haben so deutlich voneinander unterscheidbare Wege der Informationsspeicherung gefunden, die im großen und ganzen den Stufen der evolvierenden Wirklichkeit: Materie – Leben – Geist entsprechen. Doch Information wird nicht nur gespeichert, sondern auch mitgeteilt. Dies führt uns zum dritten Aspekt der Information, der die evolutiven Stufen des Werdens von Information noch deutlicher hervortreten läßt.

3.4.3 Kommunikation von Information

Information wird über mannigfaltige Wege weitergegeben. Doch wenn wir versuchen, diese Wege zu differenzieren, finden wir ein Muster, das dem der verschiedenen Wege der Informationsspeicherung gleicht.
Auf der niedrigsten Stufe der rein materiellen Strukturen ist ein wirklicher Austausch von Information unbekannt. Atome und Moleküle mögen, werden sie energetisch angeregt, Photonen einer spezifischen Wellenlänge emittieren, die die Anwesenheit spezifischer Atome und Moleküle signalisieren. Diese Signale sind, auch wenn sie mit Spektrometern gemessen werden und Wissenschaftlern wertvolle Informationen liefern können, an niemanden besonders gerichtet. Die emittierenden oder absorbierenden Atome oder Moleküle kommunizieren weder mit dem Wis-

senschaftler noch untereinander; die Spektrallinien, die ihre Anwesenheit identifizieren, sind Indikatoren ihrer strukturellen Eigenschaften. Die Spektren sind keine kodierte Information. Sie sind an niemanden und nichts gerichtet.

Auf der Stufe des Lebens ist die Situation anders. Wie bei der Speicherung von Information unterscheiden wir zwei Stufen: die nur durch molekulare Kommunikation übermittelte genetische Information und die durch Symbole wie Laute und Zeichen übermittelte Information.

Die genetische Information wird von Generation zu Generation durch die DNA übermittelt, die die Stabilität einer Art und eine begrenzte evolutive Flexibilität gewährleistet. Die Transkription der DNA in ein ausgewachsenes Lebewesen folgt einer langen Kaskade molekularer Transkriptionen und Einflüsse. Von der DNA wird mit Hilfe verschiedener Enzyme die spezifische jeweils benötigte Information in ein RNA-Molekül überschrieben, das, nachdem sie in eine endgültige brauchbare Sequenz gespleißt wurde, als Matrix für eine Aminosäurenkette, das heißt für das erwünschte Polypeptid oder Protein dient. Diese müssen eventuell mit anderen Polypeptiden gespleißt werden, um ein aktives Enzym zu bilden. Dies gilt zum Beispiel für das Insulin. Oder das Protein muß mit Hilfe von Matrixmolekülen in eine spezifische Konfiguration gefaltet werden, um aktiv sein zu können: Das heißt, die Zelle muß dem Protein noch weitere Informationen hinzufügen, die nicht direkt von der DNA transkribiert werden können. Die Anwesenheit dieses Proteins in der Zelle mag zusammen mit anderen Proteinen anzeigen, daß diese Zelle eine bestimmte Funktion hat, wie etwa die einer Nerven- oder einer Leberzelle.[49] Einige Moleküle dienen als Führer für Zellen, damit sie ihren Platz finden, zum Beispiel innerhalb des Nervensystems oder in der Leber. Die molekularen Signale werden wahrscheinlich durch elektrische Signale ergänzt. Die Plastizität der embryonalen Zellen verändert sich im Laufe der Zeit; die Zellen verlieren die Fähigkeit, irgendein Körperteil werden zu können. Wie sich die ursprüngliche Eizelle zu Augen, Fingern, Lungen, Gehirn etc. entwickelt, ist noch sehr wenig verstanden, obwohl es sich zweifellos bei jeder Entstehung eines Lebewesens aus dem Ei ereignet. Es muß nicht nur die ursprünglich in der DNA enthaltene Information von einer Zelle zu den nächsten zwei in der Zellteilung wei-

[49] Vgl. Gerald M. Edelmann, Cell-adhesion Molecules: a Molecular Basis for Animal Form, in: Scientific American, April 1984, 118–29; Mark S. Bretscher, How Animal Cells Move, in: Scientific American, Dezember 1987, 72–93; Richard O. Hynes, Fibronectins, in: Scientific American, Juni 1986, 42–51.

tergegeben werden, vielmehr müssen die Zellen auch untereinander in Kommunikation stehen, um einen ganzen Organismus zu schaffen.[50]
Die für die Entwicklung eines Organismus notwendige Kommunikation mit der Eizelle ist wenn nicht dominiert, so doch zumindest weitgehend abhängig von molekularen Signalen. Andererseits ist der – etwa für die Entwicklung des Auges bei vielen Arten notwendige – sensorische Input und motorische Output von elektrischen Signalen in Verbindung mit Transmitter-Substanzen an den Synapsen beherrscht, die die Neuronen miteinander verbinden; dabei erhält eine Nervenzelle Signale über mehr als zehntausend Synapsen. Dieses System, das im Laufe der Evolution immer mehr zentralisiert wird, ist nicht nur in der Lage, die innere Kommunikation – die durch hormonale Signale ergänzt wird – zu leisten, durch die das Tier ebenso wie der Mensch weiß, welche Position sein Fuß einnimmt, welche Lage sein Körper im Schwerkraftfeld einnimmt etc. Es bearbeitet auch Signale, die von der Außenwelt kommen: Bilder, Geräusche, Gerüche, Geschmäcker und taktile Eindrücke. Als Welle, als Molekül oder als sensorischer Druck empfangene Information wird zu einem Wissen um die Außenwelt verarbeitet, das den Organismus vermittels einer symbolischen Repräsentation zu dieser Welt da draußen in Beziehung setzt.
Doch die Lebewesen empfangen nicht nur Signale von strahlenden oder vibrierenden oder harten oder weichen Körpern, sie kommunizieren vielmehr auch miteinander mit Hilfe von chemischen Stoffen, Bewegungen oder Lauten.[51] Das komplexe Paarungsverhalten von Vögeln und Säugetieren kann in diesem Zusammenhang erwähnt werden, wie auch die mannigfaltigen Warnschreie vieler Vogelarten und kleiner Säugetiere. Diese Schreie sind keineswegs genetisch fixiert, sie können sich vielmehr

[50] Vgl. Werner R. Loewenstein, Intercellular Communication, in: Scientific American, Mai 1970, 78–91; Gunther S. Stent, Cellular Communication, in: Scientific American, September 1972, 42–51; Lewis Wolpert, Pattern Formation in Biological Development, in: Scientifc American, Oktober 1978, 164–165; Corey S. Goodmann/Michael J. Bastiani, How Embryonic Nerve Cells Recognize One Another, in: Scientific American, Dezember 1984, 58–77; Mark S. Bretscher, The Molecules of the Cell Membrane, in: Scientific American, Oktober 1985, 100–109; Solomon G. Snyder, The Molecular Basis of Communication Between Cells, in: Scientific American, Oktober 1985, 132–141; Michael J. Berridge, The Molecular Basis of Communication Within the Cell, in: Scientific American, Oktober 1985, 142–52; Erwin Neher/Bert Sakman, The Patch Clamp Technique, in: Scientific American 1992, 44–51.

[51] Edward O. Wilson, Animal Communication, in: Scientific American, September 1972, 52–71.

– zum Beispiel bei Krähen – von einer Population zur anderen unterscheiden.

Auf der Stufe des Menschen ist die Kommunikation vieldimensional geworden und in der Wahl der verwendeten Mittel flexibel. Information kann den Adressaten heute über das Telephon, mit einem Brief, durch E-mail, durch einen Boten – Tiere schicken anderen Tieren keine Botschaft über ein drittes Tier – in allen möglichen Sprachen übermittelt werden. Wir leben in einer Zeit, in der das Kommunikationsnetz eine immer bedeutsamere Rolle spielt. Das zur Kommunikation benutzte Medium ist für den Inhalt der Botschaft, für die Bedeutung der Information irrelevant. Information kann durch das geschriebene oder gesprochene Wort, durch Filme oder Bilder übermittelt werden. Sogar Musik kann entweder als Tonaufnahme oder als Notenschrift weitergegeben werden. Auch hier wird die Bedeutung nicht durch den Träger der Botschaft verändert, wenn auch die Qualität der Übertragung vom Träger abhängen mag.

Auf der Stufe des Menschseins ist die Kommunikation von Information so virtuell von spezifischen materiellen Trägern unabhängig geworden, wenn auch irgendein Träger vorhanden sein muß. Doch wird die Information durch den Wechsel des Trägers nicht verändert. Wir haben keine Schwierigkeit, die Botschaft vom Träger zu unterscheiden. Weder Tinte auf dem Papier ist die Botschaft, noch der Laut der Worte: Ob man nun *Baum, arbre, arbor* oder *tree* sagt, die Bedeutung ist dieselbe.

Die Kommunikation der Information stellt so ebenso wie ihre Speicherung einen kontinuierlichen evolutiven Prozeß dar, der einen immer wichtigeren kausalen Faktor erkennen läßt, der nicht materiell fixiert ist. Die Information, die gewiß einen Träger und damit im Rahmen unseres Universums einen minimalen Betrag an Energie benötigt, zeigt gewaltige Konsequenzen, die in keiner erkennbaren Beziehung zum Einsatz an Energie stehen.[52] Information kann ebensowenig wie die Welt der Mathematik und die Gesetze der Physik mit irgendeinem materiellen Substrat identifiziert werden. Je weiter der evolutive Prozeß voranschreitet, um so unabhängiger von der Materie wird die Information.

Diese kurze Analyse der Schaffung, des Speicherns und der Kommunikation von Information läßt klar unterscheidbare Stufen der Evolution erkennen: die Stufe der Atome und Moleküle, des Lebens und des Gei-

52 Vgl. Myron Tribus/Edward D. McIrvine, Energy and Information, in: Scientific American, September 1971, 179–190.

stes. Die Richtung des evolutiven Prozesses geht, wenn auch unerklärt, offensichtlich in Richtung einer Wirklichkeit, die durch immer mehr Information geprägt ist. Die Evolution vollzieht sich immer mehr auf einer Ebene, die die Materialität der Welt transzendiert. Die als Parameter benutzte Information der Evolution bestätigt also die Richtung des Prozesses, die wir bereits mit dem Parameter des Bewußtseins gefunden hatten. Doch unsere Aufgabe ist nicht, die Evolution um ihrer selbst willen zu diskutieren; die Konsequenzen der aufgewiesenen Richtung für eine Theorie der Evolution müssen von der Naturwissenschaft erarbeitet werden. Unsere Aufgabe ist es, evolvierende Wirklichkeit als Gottes Schöpfung zu verstehen. Hilft die Evolution der Information uns, das Werk des Schöpfers zu verstehen?

3.5 Information, ein Aspekt der Schöpfung

Bisher haben wir versucht, die Wirklichkeit der Information innerhalb des evolutiven Universums in den Blick zu nehmen. Dies ist unser Universum, das wir als die Schöpfung Gottes glauben. Die sich auf naturwissenschaftliche Erkenntnisse stützende Beschreibung der Stufen der Information, ihrer Speicherung und ihrer Kommunikation enthält keinen unmittelbaren Verweis auf den Schöpfer. Doch wenn wir den Grundbezug der Seinsanalogie, der *analogia entis*, akzeptieren, können wir einen zweiten Blick auf die Evolution der Information werfen, wie sie einerseits immer weniger Materie-gebunden und andererseits immer einflußreicher und kausal effektiver wird. Das als Gottes Schöpfung begriffene Universum bringt also immer wirksamere und zur Immaterialität tendierende Information hervor. In dieser Sicht zeigt die evolvierende Information eine graduell größer werdende gewisse Ähnlichkeit mit dem Schöpfer, von dem wir glauben, daß er alle Materialität[53] transzendiert. Indem es zu einer höheren informatiellen Stufe evolviert, erreicht das Universum eine größere Gott-Ähnlichkeit. In unserem alltagssprachli-

[53] Der Begriff der Materialität meint hier nicht nur die Potentialität im Sinne des klassischen Materiebegriffs, sondern zugleich auch das heute wohl weiter verbreitete materialistische Verständnis, das auf einem Materie-Geist-Dualismus oder einem Materie-Monismus beruht: In all diesen Fällen ist die Materialität mit dem Gottesbegriff nicht vereinbar. Anders stellt sich die Frage im Kontext der Seinsanalogie: Hier ist Materie, sofern sie geschaffene konkrete Wirklichkeit ist, nur existent aufgrund einer noch so minimalen Gottähnlichkeit.

chen Umgang steht für uns die Immaterialität auf der Seite des Geistes, dem die Materie entgegengesetzt wird. Dieser metaphysisch sicher nicht akzeptable Sprachgebrauch verweist uns trotzdem auf die Grunderfahrung der Immaterialität des Geistes, dem die Information sicher näher steht als der Materie. Die Geschichte der evolvierenden Information verläuft parallel zum Weg von der Materie zum Geist. Man mag hier ein dualistisches Verständnis wittern. Doch schließt gerade die Geschichte der Evolution des Universums ein solches Verständnis aus. Es gibt keine völlig ungeistige, uninformierte Wirklichkeit. Reine Materie ohne Information existiert nicht.[54] Materie ist in unserem Sprachgebrauch ein abstrakter Grenzbegriff, der eine minimale Präsenz von Information, von Geist meint. Es ist vielleicht richtiger zu sagen, die Evolution der Information vollzieht sich auf dem Wege von der Materialität zur Spiritualität.

Im Menschen hat die Evolution eine Stufe erreicht, auf der die Evolution der Information wißbar wird und bewußt in der Suche nach und der Schaffung von neuer Information vorangetrieben wird. Wir erfahren dieses Tun als geistige Aktivität, die wesentlich nicht Materie-gebunden ist. Wir erfahren unser Bewußtsein als die Hirnstrukturen, die es zu seiner Funktion braucht, transzendierend. Dabei gilt, daß die Materialität des menschlichen Gehirns nicht geleugnet werden darf, doch ist diese Anerkennung der materiellen Infrastruktur kein Grund, den spirituellen Aspekt des menschlichen Geistes zu leugnen. Diese transzendierende Wirklichkeit wird in jedem von uns gesprochenen Satz, in jedem Gebet erfahren. Die Ein-Ganzheit des Menschen erlaubt es nicht, diese beiden Aspekte dualistisch zu trennen; wir sind zugleich materiell und geistig. Doch kann es keinen Zweifel daran geben, daß der Geist Information schafft, die in ihrer Wirkweise wesentlich immateriell ist. Die in der Übermittlung oder Speicherung der Information benutzte Materie ist für den Inhalt irrelevant. Der Mensch, der deutlich erkennbar nicht nur Leib, sondern auch Geist ist, hat eine neue Ähnlichkeit mit dem Schöpfer erreicht, dessen Schöpfung sich unter einem wesentlichen Aspekt als Evolution neuer Information erweist.

Die Menschen sind an diesem Information schaffenden Prozeß bewußt beteiligt und sind immer stärker auf diesem Gebiet engagiert; sie werden

[54] Für Thomas von Aquin ist die *materia prima* ein Seinsprinzip, reine Potentialität ohne Wirklichkeit in sich selbst. Sie wird ähnlich verstanden wie Whiteheads *eternal nature of God*, die reine Potentialität alles dessen, was möglich ist, im Geist des Schöpfergottes.

so, was Philip Hefner, wenn auch in erster Linie unter gesellschaftlichen Gesichtspunkten, den *Co-Creator*, den Mitschöpfer Gottes, genannt hat.[55] Durch Schaffung neuer Information ändert die Menschheit das Antlitz der Erde und sich selbst: Die Menschen evolvieren nicht mehr, indem sie Informationen in Genen speichern, sondern durch Schaffung neuer Information, die auf verschiedenen Wegen in und außerhalb des Leibes gespeichert wird.

Die Menschen verfügen so über ein wachsendes Corpus immaterieller, aber sehr effektiver neu geschaffener Wirklichkeit. Die Menschheit umgibt sich selbst mit einer geistigen körperlosen Aura effektiver Information, die durch materielle Mittel weitergegeben wird. Die Menschen können auch Informationen rein geistiger Art empfangen, wenn sie auch normalerweise mittels materieller Träger von einer Person zur anderen übertragen werden müssen. Die dieser rein geistigen Weise der Informationsvermittlung am nächsten kommende menschliche Kommunikation ist vielleicht in der Kunst zu finden: Musik und Poesie, Malerei und Architektur vermitteln etwas, was der materiellen Analyse kaum zugänglich ist; man denke zum Beispiel an die Ehrfurcht gebietende Atmosphäre gotischer Kathedralen. Und wenn es dafür auch keine wissenschaftliche Überprüfbarkeit gibt, so macht das Wissen um diese Immaterialität doch mystische Erfahrungen des Göttlichen mit der evolvierenden Schöpfung kompatibel. In einem von der Information dominierten Universum sollte ein evolvierter Geist mit der Fähigkeit, neue immaterielle Information zu schaffen, in der Lage sein, in eine Art von Kommunikation mit dem reinen Geist zu treten,[56] den unsere Vernunft als den Schöpfer anerkennt, der alle mögliche Information in sich enthält. Wie Whiteheads ewige Natur Gottes alle Potentialitäten in sich enthält, wie der Gott Platons[57] und der Scholastik alles erkennt und dadurch allem Erkennbarkeit gibt, so können wir vom Schöpfer des evolvierenden Universums, das auf dem Wege zu wachsender Ähnlichkeit mit dem Schöpfer ist, sagen, daß er alle mögliche Information in sich enthält. Wir können sogar noch weiter gehen. Wenn der Schöpfer die Fülle des Seins ist, dann existieren alle Seienden, weil sie in einer gewissen Weise dem Schöpfer ähnlich sind.

[55] Philip Hefner, The Human Factor: Evolution, Culture, and Religion, Theology and the Sciences, Minneapolis 1993.

[56] Dabei wird hier vorausgesetzt, daß die Initiative hierzu von Gott ausgeht, die aber die Fähigkeit und Bereitschaft des Menschen zur Voraussetzung hat.

[57] Karl Schmitz-Moormann, Die Ideenlehre Platons im Lichte des Sonnengleichnisses des sechsten Buches des Staates, Münster 1959.

Das von Information dominierte Universum weist also auf einen Gott, in dem alle Information vereint ist. Man darf dann sagen, daß alle evolvierte Wirklichkeit insofern existiert, als sie durch eine Ähnlichkeit mit Gott informiert ist.

Die biblische Lehre, daß der Mensch nach dem Bilde Gottes geschaffen sei, bedarf so einer neuen Interpretation: Die Menschen sind unter allen uns bekannten Geschöpfen im Universum die Art, die am fähigsten ist, immaterielle Information zu handhaben, zu schaffen und durch willkürliche Codes mitzuteilen, ohne Code und Träger zu vermischen. Mit dieser Fähigkeit, zwischen Code und Bedeutung klar zu unterscheiden, ist die Menschheit zumindest im Prinzip fähig, göttliche Offenbarung zu empfangen, ohne die Zeichen mit der Information zu verwechseln. Mehr noch, da sie die Schöpfung selbst als Offenbarung zu verstehen lernt, erweist die Menschheit sich als fähig, Gottes Hand im evolvierenden Universum zu erkennen. Offensichtlich reden wir hier nicht von wissenschaftlichem Beweis. Die Wissenschaft kann die Existenz des transzendenten Gottes weder beweisen noch widerlegen. Sie mag die Kontingenz des Universums aufzeigen. Doch dies ist kein Beweis dafür, daß Gott existiert und schafft; es ist nur eine Demonstration der Begrenztheit unseres Wissens. Gott wird in der Schöpfung sichtbar, wenn man auf die Welt mit den Augen des Glaubens sieht. Wer nach wissenschaftlicher Evidenz sucht, sieht keine Schönheit. Wer immer behauptet, die Wissenschaft sei der einzige gültig Weg, sich der Wirklichkeit zu nähern, schließt sich selbst vom Göttlichen aus. Der Glaube transzendiert die Wissenschaft, ohne sie zu negieren; im Gegenteil, er integriert sich positiv. Wer nicht gewillt ist, Gott zu verehren und zu beten, muß zuvor bekehrt werden, um fähig zu sein, Gott in der Welt am Werk zu sehen. Man braucht die Augen des Glaubens.[58] Zumindest für den Christen sollte es nicht schwierig sein, in dieser Informations-orientierten und Informations-dominierten Evolution das Werk des Schöpfers zu erkennen, der seine Geschöpfe ihm immer ähnlicher werden und sie so an einer geistigen Fülle immer mehr teilhaben läßt.

[58] Pierre Rousselot, Die Augen des Glaubens, Freiburg i. Br. 1963.

Kapitel 4
Die Evolution der Freiheit in Gottes Schöpfung[1]

4.1 Freiheit, eine menschliche Grunderfahrung

Während der letzten zwei Jahrhunderte und insbesondere in diesem Jahrhundert haben Natur- und Humanwissenschaftler immer wieder versucht, uns zu überzeugen, daß es nur Determinismus und keinen Raum für menschliche Freiheit gibt. Sie sind in dieser Hinsicht weitgehend Opfer ihrer ererbten Vorstellung von dem allumfassenden ewigen Gesetz, wie es die mittelalterlichen Scholastiker lehrten. Bereits zu ihrer Zeit führte diese Vorstellung eines streng gesetzmäßigen Verlaufs der natürlichen Ereignisse zu endlosen Kontroversen zwischen den Verteidigern der alles determinierenden göttlichen Vorsehung und den Verteidigern der menschlichen Freiheit und sittlichen Verantwortlichkeit. Das Mittelalter hatte keine Lösung für dieses Dilemma, denn auf der einen Seite die Vorstellung von einem unwandelbaren ewigen Gott, der die alles regierenden ewigen Gesetze garantierte, und auf der anderen Seite die menschliche Freiheit schienen einen unauflösbaren Widerspruch zu bilden. Natürlich verteidigten die Moraltheologen die menschliche Freiheit, Prediger wie Berthold von Regensburg betonten nachdrücklich diese Freiheit. Doch sie vermochten sie nicht zu beweisen, sondern nur zu proklamieren aufgrund von Gottes freier Entscheidung. Weil Gott keine Gewalt über den Willen des Menschen ausüben will, gibt es die menschliche Freiheit, die keiner anderen Macht und niemandem unterworfen ist.[2] Naturwissenschaftler haben aufgrund ihrer methodologischen Beschränktheit nicht die Möglichkeit, sich auf Gott zu berufen, um die menschliche Freiheit zu erklären. Solange sie sich nicht von der Vorstellung ewiger unwandelbarer Gesetze, die alles im Universum lenken, zu lösen vermögen, insbesondere wenn diese Vorstellung nicht durch den Glauben abgeschwächt wird, daß Gott der Herr all dieser Gesetze ist,

[1] Vgl. Karl Schmitz-Moormann, On the Evolution of Human Freedom, in: Zygon, vol. 22. Nr. 4 (Dezember 1987) 443–458.

[2] Vgl. Berthold von Regensburg, Vollständige Ausgabe seiner Predigten mit Anmerkungen von Franz Pfeiffer, mit einem Vorwort von Kurth Ruth, Berlin, o.J., Bd. 1, 48–64, Bd. 2, 233–237.

haben die Wissenschaftler eher eine Tendenz, an einen strikten Determinismus zu glauben.[3]

Glücklicherweise sind diese auf einen Determinismus fixierten Wissenschaftler nicht die einzigen, und sie stellen in der Menschheit keine Mehrheit dar. Wenn sie recht hätten, wären jegliche Erziehung und insbesondere jede sittliche Erziehung sinnlos, da alle Menschen so handeln würden, wie sie determiniert wären. Sittliche Verantwortlichkeit wäre nicht möglich. Jede Art von Verbrechen würde verurteilt oder nicht verurteilt, je nachdem, wie die Juroren und Richter determiniert sind. Rechtsanwälte würden einen Scheindisput führen, Beweise wären bedeutungslos. In einer restlos determinierten Welt würde niemand für das verantwortlich sein, was er tut oder läßt. Die Wirklichkeit unserer Gerichte hat offensichtlich ihre Grundlage nicht in der Annahme einer solchen deterministisch bestimmten Welt. Juroren wie Richter sind davon überzeugt, daß Straftäter verantwortlich sind für das, was sie tun, wie diejenigen, die sie richten, sich darüber im klaren sind, daß ihre eigene Verantwortlichkeit ins Spiel kommt. Obgleich wir alle wissen, daß es mehr oder weniger deterministische Notwendigkeiten gibt, denen wir uns beugen müssen – wie die Notwendigkeit zu essen und zu trinken, zu atmen und zu schlafen –, wissen wir doch zugleich auch, daß wir uns diesen Notwendigkeiten verweigern können, wie bei einem Hungerstreik, der mit dem eigenen Tod enden kann. Ganz allgemein wissen wir alle aufgrund unserer inneren Erfahrung, daß wir verantwortlich sind für das, was wir tun, daß wir über unser Tun entscheiden, und daß nichts uns zwingen kann, einer Sache zuzustimmen, der wir uns verweigern wollen. Gewiß mögen wir unter der Folter Dinge tun, denen wir nicht frei zustimmen, die wir gegen unseren Willen tun, da wir gezwungen sind, es zu tun. Doch wird die eigentliche Freiheit damit nicht tangiert. Und niemand würde in diesem Falle die Folterer entschuldigen, die verantwortlich für das sind, was sie tun. Menschliche Freiheit, obwohl sie nicht in dem wissenschaftlichen Verstehenshorizont allumfassender ewiger Gesetze – die ein Freiheit ausschließendes Glaubenssystem darstellen – bewiesen wird,

[3] Ein interessantes Beispiel liefert Albert Einstein mit seiner Aussage: „An Freiheit des Menschen im philosophischen Sinne glaube ich keineswegs. Jeder Mensch handelt nicht nur unter äußerem Zwang, sondern auch gemäß innerer Notwendigkeit." (Mein Weltbild, Zürich 1953, 7). Dieser philosophischen Aussage steht die konkrete Aussage über sein jüdisches Volk entgegen: „Diejenigen, die heute gegen die Ideale der Vernunft und der individuellen Freiheit wüten und mit den Mitteln brutaler Gewalt die geistlose Staatssklaverei durchsetzen wollen, sehen mit Recht in uns ihren unversöhnlichen Gegner." (aaO. 89)

erhebt durch eine Vielzahl von Freiheitsbewegungen, durch Organisationen wie Amnesty International den Anspruch, wirklich zu sein. Solche Organisationen würden in einer restlos determinierten Welt keinen Sinn machen. Wohl oder übel können wir nicht an der individuellen Erfahrung, die durch die moralischen Ansprüche anderer an uns bestätigt wird, vorbeigehen, daß wir in Freiheit über das entscheiden, was wir tun und lassen.

Das soll nicht heißen, daß wir immer wissen, was wir tun. Wir können uns durchaus über den Wert dessen irren, was wir zu tun entscheiden, selbst wenn wir unserem Gewissen – diesem unser Tun überwachenden Supervisor, der nur als Kontrolle eines freien Willens Sinn macht – folgen, können wir im Irrtum sein. So sind wir vielleicht aufgrund unserer Ignoranz nicht frei, das Richtige zu tun. Wie Thomas von Aquin sagt, ist Böses tun immer mit einer Art Unwissenheit verbunden.[4]

Niemand tut das Böse, weil es böse ist, vielmehr indem er ein Gut in ungeordneter Weise anstrebt. Doch die Entscheidung, es zu tun, ist immer die seine.

Alle Versuche der verschiedenen psychologischen Schulen zu zeigen, daß menschliches Tun durch die Gene, durch vergangene Erfahrungen etc. determiniert sei – obwohl in manchen Fällen eine gewisse Hinneigung zu gewissen Verhaltensweisen aufgezeigt werden konnte –, sind nie fähig gewesen zu zeigen, daß Menschen solchen Neigungen zwanghaft folgen müssen. Kleptomanie ist immer als ein Fall für den Psychiater, als Krankheit, und nicht als ein normaler Fall deterministischen menschlichen Verhaltens angesehen worden. Niemand ist bisher auf die Idee gekommen, Kleptomanen auf dieselbe Linie mit anderen Menschen zu stellen, bei denen wir ihr Tun als in ihrer Verantwortlichkeit liegend betrachten, weil sie frei entscheiden können, so zu handeln. Die Tatsache allein, daß wir bei einigen Menschen – zum Beispiel bei Alkoholikern – eine verminderte Fähigkeit annehmen, frei über ihr Verhalten zu entscheiden, daß wir sie für krank und ärztlicher Betreuung bedürfend ansehen, zeigt, daß es eine allgemeine Entscheidung des gesunden Menschenverstandes ist, daß wir normalerweise fähig sind, frei darüber zu entscheiden, was wir tun wollen und was wir zu tun uns weigern wollen.

Die Existenz der Freiheit zu beweisen, ist im Horizont einer Wissenschaft nicht möglich, die nach deterministischen Ursachen sucht, die

[4] Sth I–II, q 1 ad 1. Thomas verweist auf Aristoteles, Ethik III, I (III Ob 28) wo es heißt: „Jeder böse Mensch ist unwissend."

die Freiheit ausschließen. Da die Freiheit ihrer Definition nach keine Frage eines deterministischen Naturgesetzes ist, sondern undeterminiertes Verhalten, entzieht sie sich dem wissenschaftlichen Zugriff. Obwohl die menschliche Erfahrung der Freiheit in der Beurteilung des alltäglichen Verhaltens von allen Gesellschaften eindeutig vorausgesetzt wird, kann sie nicht in stringenter Weise vermittelt werden – doch sie ist da.

Die Last des Beweises, daß die Existenz der menschlichen Freiheit eine Illusion ist, liegt so bei denen, die sie leugnen. Solange die menschliche Verantwortung als eine gegebene Wirklichkeit akzeptiert und die Erziehung zum guten Menschen nicht als ein eitles Unternehmen angesehen wird, wissen wir, daß menschliche Freiheit eine allgemein als wirklich angenommene Realität ist – eine Realität, für deren Verteidigung Menschen und Völker bereit sind zu kämpfen und zu sterben.

Wir können sicher sein, daß Freiheit dem Menschen wesentlich ist und daß sie ihm nie genommen werden kann. Äußerlich mag der Mensch versklavt, zum Gefangenen werden, doch kann er sich weigern je zuzustimmen, jemals sein Werturteil zu ändern[5] in der Bereitschaft, für seine Überzeugung zu sterben. Die Geschichte der Kirche hat viele Märtyrer gekannt, nicht nur in den frühen Zeiten der Kirche, sondern auch in unseren Tagen, zum Beispiel in El Salvador und in den Konzentrationslagern, um nur die offensichtlichsten zu nennen.

Doch obwohl wir der Freiheit als etwas dem Menschen Wesentliches begegnen, ist wenig darüber nachgedacht worden, wie menschliche Freiheit in die Wirklichkeit trat. Das ist nicht besonders erstaunlich. Philosophen und Theologen waren immer mehr damit beschäftigt zu zeigen, daß der Mensch sich vom Rest des Universums unterscheidet, statt zu verstehen, wie der Mensch in Kontinuität zum Rest des Universums steht. Die Wissenschaft hat an der menschlichen Freiheit kein ernsthaftes Interesse gezeigt: Die Freiheit stört die wissenschaftliche Suche nach einem allumfassenden universellen Naturgesetz. Freiheit entzieht sich dem wissenschaftlichen Zugriff gerade dadurch, daß sie ihrem eigentlichen Wesen nach sich jeder Voraussage entzieht. Selbst die Psychologie – obwohl sie beansprucht, die Wissenschaft der Seele zu sein, wenn Worte eine Bedeutung haben – hat in ihrem Versuch, eine echte Wissenschaft

[5] Vgl. die Schriften von Viktor Frankl, der in einem Konzentrationslager dadurch seine innere Freiheit wahrte, daß er Sinn in seinem Leben suchte, indem er etwas Sinnvolles tat.

zu werden, die künftige Ereignisse voraussagen kann, meines Wissens wenig Interesse an der Realität der menschlichen Freiheit gezeigt. Soweit ich das zu sehen vermag, hat die Freiheit eine vorrangige Rolle in der Politik, in den Ideologien gespielt, aber wenig wissenschaftliche Aufmerksamkeit gefunden. Dies ist einigermaßen erstaunlich, weil die Wissenschaftler für sich selbst häufig die Freiheit von Forschung und Lehre[6] reklamieren. So haben wir nur wenige Hinweise, weder von naturwissenschaftlicher noch von philosophischer Seite, wenn wir der Frage nachgehen wollen, wie Freiheit entstanden ist und in der Menschheit möglich wurde.

4.2 Das Werden der Freiheit: Menschen und Tiere

Traditionell haben uns Philosophen und Naturwissenschaftler gelehrt, daß Tiere strikt von ihren Instinkten gesteuert werden. In der Blütezeit des Mechanismus im 17. Jahrhundert konnte Descartes sich die Tiere als mechanistisch funktionierende Maschinen vorstellen. In gewisser Weise war dies nur eine besondere Weise, die vom Mittelalter überkommenen Vorstellungen zum Ausdruck zu bringen. Dort galt, daß alles mit Ausnahme des menschlichen freien Willens durch die über die Planeten vermittelten universellen ewigen Gesetze gesteuert würde, die alles mit Notwendigkeit geschehen ließen. Eine mechanistisch vorgestellte Motivation wird eindeutig von Buridans Esel beschrieben: Buridan argumentierte, daß ein hungriger Esel, stellte man ihn präzis in die Mitte zwischen zwei genau gleiche Heuhaufen, unfähig sei, sich für den einen oder anderen Heuhaufen zu entscheiden, und verhungern würde, weil die Motivation von beiden Seiten dieselbe sei. Moderne Psychologen mögen erwarten, daß der Esel neurotisch wird. Doch in Wirklichkeit gibt es keinen Zweifel, der Esel denkt nicht mechanistisch: Er wird zu dem einen oder anderen Heuhaufen gehen und fressen und sich keinen Deut um die Theorien kümmern, die seine Unfähigkeit zu einer Entscheidung voraussagen.[7]

[6] Die deutsche Verfassung garantiert diese Freiheit von Forschung und Lehre als ein unaufhebbares Recht; in der Praxis hat das Bundesverfassungsgericht diese Freiheit von Forschung und Lehre auf die Hochschulebene eingegrenzt.

[7] Natürlich werden die mechanistisch fixierten Philosophen und Wissenschaftler weiterhin argumentieren, daß es einen infinitesimalen Reiz gab, der den Esel zu diesem oder jenem Heuhaufen gehen ließ. Leider sind sie nicht fähig, diesen Unterschied nachzuweisen und zu messen.

Die Vorstellung, daß alle Tiere strikt ihren fixen Instinkten folgen, ist gewiß ebenso alt wie die scholastische Schule. Grundlegend glaubte sie, daß man „auch bei den übrigen Lebewesen, die sich vom Naturtrieb zu etwas antreiben lassen, nicht davon [spricht], daß sie vom Wahlvermögen bewegt werden".[8] Doch die Scholastiker wußten auch recht gut, daß Menschen und Tiere nicht total verschieden sind. Der Aquinate stellt fest: „Wenn also gesagt wird, der Mensch und die anderen Sinnenwesen hätten den gleichen Erzeugungsgrund, so ist das wahr hinsichtlich des Körpers."[9] Doch war seine Aufgabe, das Mensch-Tier-Problem zu behandeln, einfacher: Da man glaubte, die Seele werde unmittelbar „von Gott hervorgebracht",[10] war der wesentliche Unterschied zwischen Mensch und Tier abgesichert. Doch nachdem er diese Unterscheidung getroffen hatte, erkannte auch Thomas von Aquin an, daß sogar die Tiere sich in ihren Handlungsmöglichkeiten unterscheiden. Das Leben selbst wurde als „Selbst-Bewegung" definiert – eine Definition, die sich eng an die beobachtete Wirklichkeit anschließt –, und es wurde angenommen, daß das Leben niedere und höhere Stufen kennt. Einige Arten bewegen sich nur ihrer Natur entsprechend. „Solcher Art sind die Pflanzen, die sich nach der ihnen von Natur angegebenen Form bewegen gemäß [dem Wechsel von] Wachstum und Zerfall."[11] Andere Geschöpfe richten ihre Bewegungen nach dem sensorischen Input. „Jene Wesen, die nur den Tastsinn besitzen, bewegen sich nur in der Bewegung der Ausdehnung und der Zusammenziehung wie die Austern, die nur wenig über die Bewegung der Pflanzen hinausgehen."[12] Andere Tiere können weiter von ihnen entfernte Objekte sinnlich erfassen, wie etwa die jagenden Prädatoren, die deshalb zu informierteren Bewegungen fähig sind. Doch diese Bewegung einer höheren Stufe wird nach den Scholastikern nichtsdestoweniger „durch natürliche Instinkte" gelenkt, die die Tiere „zu jedem Tun durch die durch die Sinne wahrgenommene Form" steuern.[13] Dieses strikt vom Instinkt gesteuerte Verhalten hat, obwohl es die Scholastiker als durch die Sinne informiert, also als eine Art von Reflex ansahen, das wissenschaftliche Verständnis der Tiere und ihres Verhaltens bis in die Mitte des 20. Jahrhundertes beherrscht. Man hat sogar versucht,

[8] Sth I, q 19.
[9] Sth I, q 75, 6 ad 1.
[10] AaO.
[11] Sth I, q 18 a 3 c.
[12] AaO.
[13] AaO.

das Verstehen des menschlichen Verhaltens in ein solches Schema zu pressen, so zum Beispiel die Freudsche mechanistische Psychologie, die alle Ursachen und ihre Wirkungen kannte und glaubte, die schlechten Wirkungen durch Benutzung der richtigen Mechanik beseitigen zu können. Glücklicher- oder unglücklicherweise hat das nie richtig funktioniert. Freunds berühmtester Fall, der des Wolfsmann, hatte in den siebziger Jahren, als man ihn kurz vor seinem Tode in Wien ausmachte, immer noch seine Neurose.[14]

Dieses verhältnismäßig mechanistische Verständnis des Tieres (und des Menschen) änderte sich langsam in der Mitte des 20. Jahrhunderts, als die Ethologie zunächst als die Wissenschaft der Instinkte[15] begann, die als fixiertes Verhalten angesehen wurden. Mit der Zeit wurde deutlich, daß sogar die Instinkte zumindest teilweise Lernen erfordern. Der Begriff der Prägung wurde von Konrad Lorenz eingeführt, dem die kleinen Gänschen, die ihn als erstes sich bewegendes Lebewesen nach ihrem Schlüpfen gesehen hatten, überallhin folgten. Der Auslöserreiz,[16] von dem man zunächst annahm, er sei vollkommen angeboren, muß erst richtig gelernt werden, damit er die richtige Wirkung zeitigt. Mövenküken müssen lernen, den roten Punkt auf dem Schnabel ihrer Eltern zu treffen, um gefüttert zu werden.[17] Der Begriff des Instinkts als strikt fixiertes angeborenes Verhalten ist in dieser Schärfe nicht mehr haltbar. Manches Verhalten, wie die Koordination der Glieder beim Laufen und Fliegen, ist nicht von Anfang an angeboren. Vögel müssen lernen zu fliegen, Beute zu sehen. Viele Tiere brauchen eine mehr oder weniger lange Zeit, bevor sie richtig laufen können. In dieser Hinsicht ist instinktives, angeborenes Verhalten nicht grundlegend vom menschlichen Verhalten verschieden: Menschen lernen auch zu nutzen, was von den Genen her in ihnen angelegt ist: Sie müssen lernen zu laufen, Gesichter zu erkennen, zu sprechen. Es gibt sogar deutlich abgegrenzte Zeiten, innerhalb derer diese Fähigkeiten gemeistert werden müssen. So gilt von Kindern, die –

[14] Freud hatte, nachdem er den Fall einmal veröffentlicht hatte, alles Interesse an dem Mann verloren.

[15] Vgl. N. Tinbergen. The Curious Behavior of the Stickleback, in: Scientific American, Dezember 1952, 22–38: „Dieses unbedeutende Fischlein [der Stichling] hat ein zeremonielles Sexualverhalten. Um Weibchen anzulocken, baut das Männchen ein Haus, verändert seine Farbe und führt eine Art von Tanz auf, ein Ritual, das ganz besonders für das Studium des Instinkts geeignet ist."

[16] Vgl. Konrad Lorenz, The Evolution of Behavior, in: Scientific American, Dezember 1958, 67–82.

[17] Vgl. Jack P. Hailman, How an Instinct is Learned, in: Scientific American, Dezember 1969, 98–108.

zum Beispiel, weil sie taub sind – bis zum Alter von sechs Jahren nie gelernt haben zu sprechen, daß sie die Sprache nie wirklich beherrschen lernen.[18] Welche Sprache erlernt wird, ist für die Fähigkeit zu sprechen ohne Bedeutung – wenn auch mit jeder Sprache spezifische Weisen der Aussprache, des Denkens und Argumentierens erworben werden.[19] So ist auch das angeborene Verhalten – wie der Gebrauch von Sprache – sehr flexibel, nicht fixiert. Diese Art von Flexibilität findet sich praktisch bei allen Tieren. Ratten sind durchaus in der Lage, vergiftetes Futter zu vermeiden, haben sie einmal andere Ratten daran sterben sehen: Dies machte es notwendig, spät wirkende Gifte zu entwickeln, um einige Ratten loszuwerden. Das instinktive Fluchtverhalten der meisten Tiere, wenn sie dem Menschen begegnen, kann verhältnismäßig leicht ausgeräumt werden. Als wild angesehene Tiere können „gezähmt" werden. Sie können durch mehr oder weniger freundliches Sich-Nähern und Füttern an Menschen gewöhnt werden. Das ganze Spektrum der Haustiere widerlegt die Theorie eines strikt fixierten Instinkts als Beschreibung des gesamten Tierverhaltens. Ganz offensichtlich zeigen die höheren Primaten eine Fülle von Verhaltensweisen, die ganz klar nicht instinktiv sind. Bereits das Mittelalter wußte, daß der Affe menschliches Verhalten imitiert. So zögerte man nicht, den Affen in die Rangordnung der Menschen einzuschließen, die vom Papst über den Kaiser bis zum *homo silvanus*, zum Waldmenschen – Menschen, von denen angenommen wurde, sie seien von Tieren im Wald aufgezogen[20] – reichte; der Affe wurde zwischen dem Bettler und dem *homo silvanus*[21] eingeordnet. Forscher wie Jane Goodall oder Kortlandt haben uns in den letzten Jahrzehnten neue Einsichten in das komplexe Verhalten von Schimpansen vermittelt.[22] Wir wissen mit Sicherheit, daß ihr Verhalten weit davon ent-

[18] Die erste Sprache muß nicht notwendig gesprochene Sprache sein, eine Zeichensprache ist auch ein guter Anfang, der später durch eine gesprochene Sprache ergänzt werden kann. Wichtig scheint, die Fähigkeit des symbolischen verbalen Sich-Mitteilens bis zu einem bestimmten Alter zu beherrschen.

[19] Wer immer ein Buch übersetzt hat, weiß, daß dies in Wirklichkeit eine unmögliche Aufgabe ist.

[20] Sie wurden manchmal in die menschliche Gesellschaft gebracht. Doch wenn die Versuche, sie in die menschliche Gesellschaft einzugliedern, mißlangen, entließ man sie wieder in den Wald.

[21] Dieser Waldmensch neben einem Schimpansen kann heute noch in einigen Chorgestühlen gefunden werden, zum Beispiel im Kloster Steinfeld in der Eifel, oder in einigen Kirchen der Bretagne.

[22] Jane Goodall, The Chimpanzees of Gombe: Patterns of Behavior, Cambridge 1986; ders., Through a Window: my Thirty Years with the Chimpanzees of Gombe, Boston 1990; Arndt Kortlandt, Handgebrauch bei freilebenden Schimpansen, in: Bernhard

fernt ist, strikt durch Instinkte gesteuert zu werden. Sie haben eine deutliche Lernfähigkeit, sie können zum Beispiel lernen, Stöckchen fertig zu machen, mit denen sie Termiten fangen, die sie gern fressen. Sie zeigen einfaches moralisches Verhalten. So gehört es zum guten Stil unter Schimpansen, die anderen teilhaben zu lassen, wenn man etwas zu fressen entdeckt hat. Doch es gibt Mogler, die versuchen, alles für sich allein zu haben, besonders wenn sie eine Delikatesse gefunden haben. Doch wenn das herauskommt, sanktioniert der Rest der Gruppe dieses Mißverhalten: Der Mogler wird von der Teilhabe an künftigen Nahrungsfunden ausgeschlossen. Dies ist gewiß kein Instinkt. Ebensowenig das Tröstungsverhalten, das unter jungen Schimpansen beobachtet wurde, die einen kleinen Schimpansen, der vor den Kopf gestoßen wurde und allein sitzt, liebevoll in die Spielgruppe zurückholen. Ihre besonders im jungen Alter nachgewiesene Lernfähigkeit, Symbole zu handhaben, scheint in denselben Bereich jenseits des Instinktverhaltens zu gehören. Die Schimpansen zeigen ganz sicher ein breites Spektrum von gewolltem Verhalten, das nicht durch die Gene oder einen Instinkt determiniert ist. Sie können nachahmen und sie zeigen untereinander deutliche an Freundschaften erinnernde Präferenzen. Es gibt unter ihnen mehr oder weniger freundliche Individuen. Kortlandt fand sogar Achtung vor dem Alter, selbst für behinderte Tiere.

Jeder, der einen Hund hat, ist sich mehr oder weniger sicher, daß der Hund versteht, was man ihm sagt. Dies ist sicherlich wahr für einige Worte, etwa diejenigen, die ansagen, daß sein Fressen fertig ist. Doch der Hund lernt auch, was er in einem Hause tun darf und was nicht. Und wer immer einen Hund von einem Sessel springen sah, hat nur wenig Zweifel daran, daß der Hund wußte, daß er gegen die für ihn geltenden Regeln verstoßen hatte. Auf keinen Fall ist dieses Verhalten auf ritualisiertes instinktives Verhalten beschränkt, ein Hund vermag sehr wohl seine Wünsche zum Ausdruck zu bringen, und er kann uns zeigen, was ihm nicht gefällt.

Mutatis mutandis gilt das, was über Hunde gesagt wurde, von den mei-

Rensch (Hg.), Handgebrauch und Verständigung bei Affen und Frühmenschen. Symposium der Werner-Reimers-Stiftung für anthropogenetische Forschung, Bern/Stuttgart, 59–102, 1968. Vgl. auch: Michael P. Ghiglieri, The Social Ecology of Chimpanzees, in: Scientific American, Juni 1985, 102–113; Ann James Premack/David Premack, Teaching Language to an Ape, in: Scientific American, Oktober 1972, 92–99; Geza Teleki, The Omnivorous Chimpanzee, in: Scientific American, Januar 1973, 32–47; Charles B. Ferster, Arithmetic Behavior in Chimpanzees, in: Scientific American, Mai 1964, 98–107.

sten Haustieren, die ein weit größeres Spektrum von Verhaltensmöglichkeiten haben als die eines rein instinktiven Verhaltens, das einer bestimmten Sequenz von Schritten folgen und wieder von vorn anfangen muß, wenn die Sequenz gestört wird. Es kann keinen Zweifel geben: Die höheren Säuger sind sicher nicht strikt in ihrem Tun und Lassen determiniert, und sie folgen nicht nur den Reizen, die ihnen über ihre Sinne zukommen – wie das Mittelalter glaubte –, vielmehr haben sie auch ihre Launen, die sich mit der Zeit ändern.

Was hier gesehen werden muß, ist, daß es keinen abrupten Bruch gibt, auf dessen einer Seite der Mensch in voller Freiheit und auf dessen anderer Seite das in all seinem Tun und Lassen restlos determinierte Tierreich stünde. Es gibt vielmehr einen sanften Übergang von der menschlichen Freiheit zu der Art von freiem Verhalten, wie wir es bei Tieren finden. Es gibt eine Reihe instinktiver Relikte beim Menschen, und in gewisser Weise brauchen wir solche Relikte in Gestalt von Reflexen: Glücklicherweise haben wir quasi-automatisierte Reaktionen erlernt, wir brauchen sie zum Beispiel beim Schreiben und beim Autofahren. Man könnte argumentieren, dies seien erworbene Instinkte, wie etwa auch unser Gehen. Wir entscheiden normalerweise, wohin wir gehen, wie die meisten Tiere, insbesondere die Säugetiere und die Vögel. Doch wenn wir einmal zu gehen gelernt haben bzw. bei Tieren zu laufen oder zu fliegen, braucht nicht mehr darüber nachgedacht zu werden, wie man geht, läuft oder fliegt: Dies ist „instinktives" Verhalten geworden.

So ist auch menschliches Verhalten nicht völlig frei, wir sind vielmehr den Bedingungen unserer Existenz unterworfen. Wir können in sehr großer Breite über unser Tun und Lassen entscheiden, im äußersten Falle sogar über das Ende unseres Lebens, obwohl mancher Psychologe vielleicht zu Recht darauf bestehen wird, daß dies kein freies Verhalten mehr sei. Es gibt gewiß kein Tier, das über eine solche Breite von Möglichkeiten seines Tuns und Lassens zu entscheiden vermag. Doch kann es kaum einen Zweifel daran geben, daß alle Lebewesen in einem gewissen Maße Wahlmöglichkeiten haben und Wahlentscheidungen treffen. Und wenn wir weiter in das Tierreich zurückblicken, wird das Spektrum der Wahlmöglichkeiten immer schmaler, je weiter wir in der Geschichte der Evolution zurückgehen. Rhizopodea bewegen sich gewiß umher und sind in ihrer Bewegung nicht strikt voraussagbar, sie haben also einen gewissen Vektor von Freiheit, doch ist er weniger als winzig im Vergleich zur menschlichen Freiheit.

Innerhalb der biologischen Evolution beobachten wir so zumindest einen immer größer werdenden Vektor[23] von Möglichkeiten des Tuns und der Bewegung. Die Freiheit evolviert nicht entlang einer einzigen Linie – ebensowenig wie die Komplexität oder die Zentreität. Dies gilt insbesondere, wenn man die Evolution über eine kurze Distanz innerhalb einer Art und über eine verhältnismäßig kurze Zeit beobachtet. Doch auf lange Sicht zeichnet sich das Bild eines allgemeinen Trends zu immer größerer Freiheit deutlich ab. Dabei muß, wie bei aller Beurteilung der Evolution, die Faszination durch die Quantität vermieden werden. Wenn letztere der Parameter wäre, den Erfolg einer Tiergruppe zu beurteilen, wären die Ameisen eine der erfolgreichsten. Doch wie wir schon gesagt haben, können wir die Quantität nicht als entscheidenden Parameter wieder einführen, nachdem wir einmal entschieden haben, daß das Studium der kosmischen Hintergrundstrahlung nicht von zentraler Bedeutung ist, wenn wir versuchen, die Geschichte, das heißt die Evolution des Universums, zu verstehen. Und obgleich die Ameisen in ihrer Biomasse eine sehr erfolgreiche Gruppe sind, die in ihren vielen Arten einen hohen Grad der Diversifikation zeigt, gibt es kein Zeichen dafür, daß irgendeine Ameisenart einen Aktionsradius und einen Freiheitsvektor in ihrem Verhalten hat, der mit dem eines Schimpansen vergleichbar wäre, der die Ameisen frißt. Die individuelle Ameise ist in ihren Möglichkeiten eher sehr begrenzt. Und trotz ihrer großen Zahl bilden die Ameisen kein zusammenhängendes Netzwerk um die Erde, wie es die Menschheit in immer effektiverer Weise tut.

4.3 Vom deterministischen Kausalismus zum statistischen Konditionalismus

Wenn wir Tiere und Menschen ansehen, erkennen wir verschiedene Grade von Freiheit, die mit einem strikten Determinismus nicht vereinbar sind. Obwohl offensichtlich niemand über absolute Freiheit verfügt, so kann doch das Verhalten keines Lebewesens absolut vorausgesagt werden. Das Verhalten ist auf eine Zahl von Möglichkeiten begrenzt. Statistische Voraussagen werden zuverlässig möglich, wenn die Bandbreite

[23] Dieser Terminus sollte in seiner allgemeinen Bedeutung als ein offener Winkel und nicht im streng mathematischen Sinne verstanden werden, wo der Vektor eine gerichtete Linie ist. Die Vorstellung einer gewissen Gerichtetheit ist allerdings auch beim Vektor als Winkel mitgemeint, der sich in eine bestimmte Richtung öffnet und die Möglichkeiten ausschließt, die außerhalb seiner Seitenlinien liegen.

der Möglichkeiten, die Zahl der Freiheitsgrade, verhältnismäßig klein ist. Deshalb sind Voraussagen bei politischen Wahlen mit einer kleinen Zahl von Parteien möglich. Freiheit des Verhaltens ist so konkret an die Möglichkeiten gebunden, die dem handelnden Wesen offenstehen. Je mehr Möglichkeiten offenstehen, desto weniger kann das konkrete Verhalten vorausgesagt werden. Statistische Beschreibungen, die bei sehr vielen Freiheitsgraden unzuverlässig werden, sind das Beste, was die Wissenschaft zu leisten vermag. Sie können voraussagen, wie ein Tier sich unter definierten Bedingungen mehr oder weniger wahrscheinlich verhalten wird. Wenn die Bedingungen stimmen und die Zahl der Freiheitsgrade gering ist, werden die Voraussagen zuverlässig. Dies gilt auch im Bereich der Physik und der Chemie. Determinismen, wie sie die Naturwissenschaften beschreiben, sind so der statistische Effekt von zahlreichen agierenden Entitäten – sagen wir Molekülen oder Atomen – innerhalb eines eng begrenzten Bandes von Möglichkeiten.

So gilt, daß es selbst vor dem Auftreten des Lebens keinen die Evolution der Moleküle bestimmenden strikten Determinismus gibt. Ganz offensichtlich bilden sich die Aminosäuren nicht determiniert in einer einzigen der beiden möglichen Formen, linksdrehend oder rechtsdrehend (leptogyrisch oder dextrogyrisch): Die Enantiomere, spiegelbildliche Moleküle, entstehen mit derselben Bildungsrate, innerhalb der Bandbreite der Standardabweichungen, individuell zufallsmäßig. Bisher haben diese einfachen Chemikalien dem Versuch widerstanden, sie in der einen oder anderen Form zu produzieren, was bei Vorliegen eines Determinismus möglich sein sollte.[24] In ganz allgemeiner Weise wird man sagen dürfen: Obwohl die Atome keinen unmittelbaren sichtbaren Aktionsradius jenseits ihrer Feldwirkung und der von ihrer Masse ausgeübten Schwerkraft besitzen, haben sie doch aufgrund ihrer Struktur einen Vektor von Möglichkeiten, sich mit anderen Atomen zu verbinden. Dieser Vektor mag quasi Null bei solchen Elementen sein, deren Orbits mit Elektronen gefüllt sind, wie beim Neon, Argon oder Helium, während es beim Kohlenstoff quasi unendlich viele Möglichkeiten der um dieses Element herum sich bildenden Moleküle gibt.

[24] Die vor einiger Zeit erfolgte Ankündigung einer Bonner Arbeitsgruppe, es sei ihr gelungen, bevorzugt ein Enantiomer durch Anlegen eines magnetischen Feldes zu produzieren, ist inzwischen zurückgezogen worden: Ein Mitglied der Gruppe hatte die Daten manipuliert. Vgl. Daniel Clery/David Bradley, Underhanded „Breakthrough" Revealed, in: Science, vol. 265, 1. Juli 1994, 21. – Im Bereich der Lebewesen kommen im wesentlichen nur linksdrehende Aminosäuren vor.

In derselben Weise kann man sagen, daß Protonen und Neutronen Möglichkeiten haben, Teil eines der 92 in der Natur vorkommenden Elemente zu werden, zu denen noch die wenigen seltenen Möglichkeiten hinzukommen, die heute vom Menschen verwirklicht werden.[25]
Gewiß streben sie nicht aktiv die Bildung höherer Elemente an, doch wenn die Bedingungen stimmen, insbesondere während einer Supernova, können sie alle möglichen höheren Elemente bilden. Freiheit in ihrer negativen Form als nicht determiniert sein, dieses oder jenes Element zu werden (dies scheint eher ein Spiel des Zufalls zu sein), mag sogar auf dieser Stufe durchschimmern.
Auf der Basis der Quantenphysik mit der ihr wesentlichen Indeterminiertheit im Bereich der Heisenbergschen Unschärferelation ist vorgeschlagen worden, hier wäre ein Aktionsfreiraum für das Tun des Schöpfers. Dies scheint nicht gerade eine glückliche Idee zu sein, die den Lückenbüßergott wieder einführen würde, den Dobzhanski so nachdrücklich zurückgewiesen hat.[26]
Gott darf nicht eingeführt werden, um die Lücken in einem deterministischen Verständnis der physischen Welt zu füllen. Gottes Tun ist nicht das, was dem Zugriff des Physikers entrinnt, vielmehr ist das, was der Physiker sieht und beschreibt, Gottes Schöpfung. Es gibt nicht einen besonderen Ort für Gottes Tun, obwohl man das ganze Universum als ein Wunder ansehen kann, das in seinem *Daseinsgrund*, seiner *raison d'être* nicht zu begreifen ist, wenn es keinen Bezug zu Gott hat. Dies aber kann durch die Heisenbergsche Unschärferelation nicht bewiesen werden. Doch ist letztere ein Hinweis darauf, daß ein strikt determiniertes Universum nicht länger denkbar ist. Die Chaostheorie zeigt, daß ein winziger Unterschied am Anfang eines Prozesses zu unvorhersehbaren Divergenzen führen kann, selbst wenn man immer wieder denselben Algorithmus anwendet. In der Wirklichkeit haben wir keinen Algorithmus, der das Verhalten eines Atoms über längere Zeit zu beschreiben vermag. Die oft eher magisch beschworene Wellenfunktion des Universums ist ebensowenig geschrieben worden wie die Wellenfunktion einer Aminosäure. Jenseits des Protons wird sie anscheinend zu kompliziert, um anwendbar zu sein.

[25] Vgl. z.B. Plutonium und die anderen Transurane.
[26] Vgl. Theodosius Dobzhanski, The Biology of Ultimate Concern, New York 1967.

4.4 Freiheit und statistische Beschreibung

Es scheint so zu sein, daß es nur einen postulierten strikten Determinismus im Universum gibt. Weder die Heisenbergsche Unschärferelation zusammen mit der Chaostheorie noch die konkreten Möglichkeiten der Wellenfunktion erlauben konkret, aufgrund von Beweis, von einem deterministischen Universum zu sprechen.[27]

Alle bekannten Beschreibungen des Universums sind statistischer Natur. Die Wahrscheinlichkeit des Eintritts eines möglichen Ereignisses mag annähernd bekannt sein. Doch wird es immer unmöglich sein, in vorausschauender Weise die Zukunft eines individuellen Protons, Elektrons, Kohlenstoff-, Sauerstoff- oder sonstige Atoms zu beschreiben.

Allerdings ist die statistische Beschreibung[28] sehr hilfreich zur Angabe der Grundrichtung des Vektors der Möglichkeiten, die den Elementen offenstehen. Da auf der Stufe der Atome und einfachen Moleküle die Verteilung der Möglichkeiten recht schmal ist, mit einer kleinen Standardabweichung, imitiert das statistische Ergebnis etwa von einfachen chemischen Reaktionen ein deterministisches Verhalten. Die mengenmäßig geringfügigen Ereignisse am äußeren Ende der statistischen Verteilung wird normalerweise nicht berücksichtigt. Doch wie bereits aufgezeigt wurde, ereignet sich das evolutiv Interessante immer im Bereich des Unwahrscheinlichen, an den äußeren Grenzen der statistischen Verteilung. Der Mittelwert der statistischen Verteilung von Ereignissen mag auf einer bestimmten Stufe einen Determinismus imitieren, die evolutiv wichtigen Ereignisse an den Grenzen der Gaußschen Verteilung sind typischerweise in beschreibbarer Weise nicht determiniert, sie brauchen zu ihrer Erklärung andere Faktoren als die durch Mittelwert definierte Grundorientierung in der Glockenkurvenverteilung. Tatsächlich ist kein besonderer Grund erkennbar – zumindest hat die Naturwissenschaft bisher keinen identifiziert –, weshalb überhaupt etwas evolviert und nicht innerhalb des mittleren Bereichs der Verteilung bleibt. Dies wirft die Frage der Evolutionstheorie auf, die nicht unser Thema ist. Es wäre Sache der Naturwissenschaftler, befriedigende Antworten auf diese Frage zu fin-

[27] Vgl. Stephen H. Kellert, In the Wake of Chaos, Chicago/London 1993.

[28] Es mag hilfreich sein, sich zumindest an die Grundbegriffe einer statistischen Verteilung zu erinnern, die als Glockenkurve bekannt ist. Es ist die Beschreibung einer normalverteilten Streuung von Ereignissen, die nicht strikt determiniert sind, sondern sich um einen Mittelwert anordnen. Sie ist der binominalen Verteilung ähnlich, die in ihrer einfachsten Form das wahrscheinliche Ergebnis des Flippens einer Münze beschreibt.

den. Doch allein die Tatsache, daß wir es hier deutlich mit statistischen Verteilungen zu tun haben, stellt sie außerhalb des Bereichs jeglichen strikten Determinismus. Statistische Verteilungen wie die Gaußsche Glockenkurve treten nur dort auf, wo es Freiheitsgrade gibt, die eine Streuung der Daten um einen Mittelwert erlauben. Im Falle der Evolution erlauben die Freiheitsgrade die Streuung der Elemente des Universums je um den Mittelwert, der sich auf einer bestimmten Stufe der Evolution herausgebildet hat. Wenn sich keine Mittelwerte je neu herausbildeten, würde die Streuung völlig unvoraussagbar sein, die Evolution würde nicht stattfinden, keine Art würde sich stabilisieren. Die Streuung um den Mittelwert ist in unserer Alltagserfahrung recht schmal. Auf der niedrigsten Stufe der Evolution gibt es keinen erkennbaren Mittelwert und keine erkennbare Streuung, das Universum erscheint isotrop. Es gibt kein Zentrum des Universums. Die Galaxien lassen bereits einen Mittelwert erkennen, die Verteilung der Masse in der Galaxie scheint in ihrer Dichte einer Glockenkurvenverteilung vom Zentrum zu den Rändern hin zu folgen. Bei den Lebewesen erfolgt die Streuung innerhalb einer Art um einen Typus, der den Mittelwert darstellt, der sehr hohe Stabilität zeigt, was Aristoteles und die Wissenschaftler aller Zeiten bis in das späte 19. Jahrhundert zu dem Glauben veranlaßte, daß ein verhältnismäßig strenger Determinismus das Tierreich beherrsche. Daß etwas sich dieser Art von statistischem Determinismus entzieht, ist selten. In unserer Alltagserfahrung ereignet sich Evolution nicht. Zumindest nicht im biologischen Bereich. Wie schon gesagt, emergiert nur an den Extremen einer Verteilung etwas Neues, es zeigt den weitesten Abstand vom Determinismus simulierenden Mittelwert, und es zeigt die größten Freiheitsgrade im Vergleich zum Zentrum der Verteilung. Das Neue führt normalerweise einen Freiheitsgrad ein, neue Möglichkeiten der Relationen, des Tuns und der Existenz, die zuvor nicht gegeben waren.

Ist einmal eine neue Wirklichkeit an den Extremen aufgetreten, etabliert sie einen neuen Mittelwert, beginnt sie ihre eigene Verteilung. Dies wird ganz deutlich sichtbar im Bereich des Lebens, wo neue Arten genügend Stabilität in ihrer Umwelt zeigen müssen, um zu überleben und sich zu vermehren. Die hochkomplexe Struktur des Lebens verwirklicht dies durch Nutzung der DNA als Informationsträger seiner eigenen Struktur.[29] Es

[29] Wir wissen nicht, was zuerst war: die DNA oder die lebende Struktur. Zellen können für einige Zeit ohne DNA überleben, und DNA allein ist nicht lebendig. Das anthropomorphe Reden über egoistische Gene ist nicht sehr sinnvoll. Niemand hat bisher

gibt so nie eine ganze Art, die sich en bloc verändert, neue Merkmale tauchen nur innerhalb verhältnismäßig kleiner Gruppen am äußeren Rande der Verteilung auf, während die große Masse der Art für Milliarden von Jahren unverändert überleben kann; so sind einige Cyanobakterien der Frühzeit der Erde bis heute nicht ausgestorben.

4.5 Freiheit und Strukturen

Neue Freiheitsbereiche tauchen so nur in einer Umwelt auf, die durch das jeweilige statistische Mittel determiniert erscheinen. Das letztere gibt dem Umfeld Stabilität, die Umwelt muß eine gewisse Voraussagbarkeit haben, damit man in ihr leben kann. Wenn die evolutive Veränderung, sei es auf der Ebene der Chemie oder auf der des Lebens, das Verhalten der großen Masse der in Frage stehenden Elemente wäre, gäbe es keine Möglichkeit für irgendeine Form des Lebens zu evolvieren: Die Anpassung an eine sich rasch ändernde Umwelt wäre äußerst kostspielig, keine Form des Lebens vermöchte das zu leisten. Freiheit braucht, damit sie in dieser Welt lebensfähig ist, sie tragende Strukturen.

Freiheit ist in der evolvierenden Welt so keine ideale Wirklichkeit. In der Erfahrungswelt tritt sie nicht als absolute Freiheit ohne Einschränkungen auf. Solche absolute Freiheit kommt in der evolvierenden Wirklichkeit nicht vor und kann dort nicht vorkommen. Wir sehen vielmehr einen langsam größer werdenden Vektor von Möglichkeiten evolvieren. Je höher ein Element[30] dieser Welt evolviert ist, desto breiter ist das Spektrum seiner Möglichkeiten. Zur gleichen Zeit gibt es ein delikates Gleichgewicht zwischen den tragenden Strukturen und dem von diesen Strukturen getragenen Freiheitsvektor. Die Strukturen haben eine Tendenz, die Oberhand zu gewinnen und damit die Neueröffnung von Möglichkeiten einzuschränken. In der Evolution ist dies sehr oft geschehen. Die

Gene mit spezifischen Wünschen vorzeigen können, doch gibt es lebende Geschöpfe in unserer Welt, die Wünsche ohne einen erkennbaren Bezug zu ihren Genen zu erkennen geben. Die Gene sind keine in sich existierende Entität, sondern integrierter Teil des ganzen lebenden Geschöpfes einschließlich seines Potentials der Prokreation.

[30] Elemente kommen auf allen Stufen der Evolution vor: Protonen, Neutronen und Elektronen sind Elemente der Atome, Atome sind Elemente der Moleküle, Moleküle sind Elemente der Makromoleküle, Makromoleküle sind Elemente der Zellen. Zellen sind Elemente der Organe, Organe sind Elemente der Organismen, Organismen sind Elemente von Kolonien oder Gesellschaften etc. Der Terminus Element wird also hier nicht in seiner Einschränkung auf die Chemie verstanden.

Pferde, die ihre Geschichte als kleines dreizehiges Hipparion begannen, sind zu einzehigen Qualitätsläufern und Springern geworden. Sie sind mit der Zeit größer geworden, doch ihre einzige Zukunft wird die von Pferden sein. Die Bandbreite ihrer Wahlmöglichkeiten und ihres Tuns ist abgegrenzt durch ihre Struktur. Sie mögen als stabilisierte Art für sehr lange Zeit überleben, doch gibt es nur eine sehr geringe Wahrscheinlichkeit, daß sie in der Zukunft eine dramatische Veränderung durchmachen werden.

Die Geschichte der Evolution ist voll von solchen Fällen: Arten evolvieren bis zu einer bestimmten Stufe, sie spezialisieren sich und sind in ihrer stabilisierten Struktur gefangen, die auf nichts hin offen ist als auf eine spezialisierte Zukunft. Zahlreiche Muscheln, die die letzten 600 Millionen Jahre unverändert überlebt haben, können als endgültig stabilisiert klassifiziert werden. Die erste Weise, in der Strukturen die Oberhand gewinnen und die Zukunft eingrenzen, könnte als Cladogenese[31] beschrieben werden, die einen Zweig bildet, ohne je nach einer wirklich höheren Stufe auszugreifen. Der zweite Weg, noch definitiver die Zukunft und neue Möglichkeiten auszugrenzen, ist Stasigenese genannt worden: Die erreichte Stufe ist definitiv fixiert, zumindest erscheint es so. Die Stasigenese kann sehr leicht zum Aussterben führen: Diese Lebewesen, die für ein sehr spezifisches Umfeld hoch spezialisiert sind, erweisen sich als unfähig, sich ernsthaften Änderungen anzupassen. Die Geschichte der Evolution kennt durch die Paläontologie eine ganze Reihe von Lebewesen, die unfähig waren, sich einer plötzlichen Veränderung der Umwelt anzupassen, weil sie in ihren Strukturen fixiert waren. Wir brauchen nicht die Dinosaurier zu beschwören, deren Verschwinden ein modischer Punkt modernen Interesses geworden ist. Korallenriffe sind an relativ geringen Temperaturschwankungen der See zugrunde gegangen, lange bevor Menschen auf der Welt in Erscheinung traten. Die Stasigenese kann so zur Thanatogenese werden.

Dieselbe Art von Strukturen ist auf allen Stufen der Evolution zu finden, die wir unter verschiedenen Gesichtspunkten erkannt haben. So sind die Edelgase kaum einer Zukunft außerhalb der stellaren Prozesse fähig. Einige sehr stabile Verbindungen werden wahrscheinlich nur verändert, wenn sie dem Prozeß der Metamorphose unterworfen werden, wenn sie im Zuge der Prozesse der Plattentektonik langsam in die Tiefe des Erdmantels gleiten. Die Elemente im Kern der Erde werden sich

[31] Dieser Terminus wurde von dem französischen Biologen Lucien Cuénot eingeführt.

wahrscheinlich nicht ändern, bis die Sonne ein Roter Riese wird und die Erde zum Glühen bringt. Wie wir in anderen Bereichen der Wirklichkeit gesehen haben, scheint Stabilität vorherrschend zu sein, die Evolution ist ein außergewöhnlicher Prozeß. Und wenn sie einmal dominant geworden sind, haben sie die Tendenz zu bleiben. Nur wenn die Strukturen in der Umwelt zum Würgegriff werden, wenn sie obsolet geworden sind, verschwinden sie gemeinsam mit den Arten, die sie tragen.

Es kann ebenso eine Überlast an Freiheit auf die Strukturen geben, die sie nicht mehr zu tragen vermögen. Beispiele dieser Art evolutiver Fehlschläge sind schwieriger zu finden, weil sie nicht lange genug dauern, um fossiliert registriert zu werden. In unserem Umfeld können wir einige Beispiele in der Pathologie finden: Zellen, die sich von ihren strukturellen Wachstumsbeschränkungen „frei" machen, werden zu Krebszellen, für den Organismus tödlich und damit sich selbst die Lebensgrundlage entziehend.[32] Diese Überlast an Freiheit wird so in der realen Welt thanatogen, Tod bewirkend.

Diese Beziehung zwischen Strukturen und Freiheit ist am leichtesten beobachtbar dort, wo wir die meiste Freiheitserfahrung haben, das heißt auf der Ebene der Menschheit. Ganz physisch, und hierin unterscheidet der Mensch sich nicht von den anderen Vertebraten, sind wir in unserer Bewegungsfreiheit beschränkt durch die Struktur unserer Knochen, Gelenke und insbesondere unseres Rückgrats. Wenn das Ideal der Bewegungsfreiheit die Abwesenheit jeder Einschränkung wäre, würde die Amöbe mit ihren zahlreichen Pseudofüßen das freieste Geschöpf auf der Welt sein, zumindest soweit die Bewegungsfreiheit in Frage steht. Doch diese Bewegungsfreiheit wird erkauft durch die Unmöglichkeit jeglicher nennenswerten Geschwindigkeit, jeglicher höheren Organisation des Geschöpfes und damit letztendlich mit einem sehr beschränkten Aktionsradius. Jeder Hund oder jedes Pferd, wenn auch darauf beschränkt, mit vier Beinen zu laufen, übertrifft die Amöbe, die an ihre Umwelt hoch angepaßt ist und nicht mehr zu evolvieren scheint. Wo immer wir einen größeren Aktionsradius finden, sehen wir Bewegungen, die von Strukturen getragen sind, die gleichzeitig gewisse Beschränkungen sowohl für die Bewegungen selbst als auch für andere Fähigkeiten setzen. Während die meisten Nagetiere ihre Vorderpfoten nutzen können, um Nüsse oder irgend etwas anderes zu halten, kann weder ein Pferd noch eine Kuh so

[32] In Nährflüssigkeiten kann man Krebszellen beliebig lange am Leben erhalten. Aber normalerweise ist niemand da, sie damit zu versorgen.

etwas noch tun: Sie haben ihre Zehen zu Laufstrukturen entwickelt, die keinen anderen Gebrauch der Beine mehr erlauben.

Die Menschen entwickeln ihre Körperteile nicht mehr für besondere Zwecke: Die körperliche Evolution ist weitgehend an ihr Ende gekommen. Es gibt keine Populationen mehr, die so klein und so isoliert wären, daß sie einer Mutation eine ernsthafte Chance böten;[33] die Gene würden rasch im allgemeinen Genpool untergehen. Doch Menschen können besondere Fähigkeiten entwickeln. Die Information und der dazugehörige Aktionsradius sowie die mit beiden verbundene Freiheit werden durch außersomatische Mittel wie Lehre, Bücher etc. weitergegeben. Die besondere Fähigkeit, die auf diese Weise erworben wurde, gibt die Möglichkeit, einen speziellen Beruf wie Ingenieur oder Arzt auszuüben. Wie jede evolutive Spezialisierung kann auch die von Menschen erworbene obsolet werden. Die Schmiede, die einst zu den geachtetsten Leuten im Dorf gehörten, sind eine aussterbende Art. So haben diejenigen, die einen heute obsoleten Beruf erlernten und sich nicht an die sich ändernde, die evolvierende menschliche Welt anpaßten, ihren erworbenen Freiheitsraum eingebüßt.

An dieser Stelle zeigen die Menschen den größten Unterschied zu den Tieren. Während Tiere ihre Spezialisierung nicht ändern können, es sei denn, sie würden durch Menschen trainiert, können Menschen eben genau dies tun. Bei dem sehr schnell wachsenden, heute in der Gesellschaft verfügbaren Wissen und bei folglich großen und immer neuen Veränderungen in der Güterproduktion auf allen Gebieten weiß heute jeder, daß es keine Garantie für eine lebenslange Beschäftigung an einer spezifischen Arbeitsstelle gibt. Doch Menschen können etwas Neues anfangen. Sie sind nicht Gefangene ihrer Spezialitäten, ihrer Strukturen. Sie können alte Strukturen abschütteln und neue erwerben. Der Mensch hat damit einen wesentlich neuen Raum evolutiver Freiheit erworben. Einerseits ist jedermann frei, neue Ideen und neue Techniken

[33] Die Idee, eine kleine Gruppe von Menschen auf eine Insel zu setzen und sie für alle Zukunft dort ohne jeden Kontakt mit der übrigen Menschheit zu lassen, wie sie auf der Ausstellung des Fields Museum in Chicago über die Evolution „From Dinosaurs to DNA" (1995) vorgeschlagen wurde, ist in einer geschlossenen Welt wie der Erde nicht möglich. Es könnte eine weitere Entwicklung zu einer neuen Art des Menschen denkbar sein, wenn eine Gruppe von Menschen die Erde verließe, um auf einem anderen Planeten in einem anderen Sonnensystem zu landen: Sie würden sich aller Wahrscheinlichkeit nach auf eine Reise ohne Wiederkehr begeben, und eine kleine Gruppe könnte neue Eigenschaften entwickeln. Doch dies ist Science-fiction, wie die auf der Ausstellung vorgeschlagene Insel.

zu entwickeln. Andererseits ist niemand definitiv durch Wissen der Vergangenheit gebunden. Gene mögen Strukturen in einer relativ endgültigen Weise fixieren. Wissen und Erfindungsgaben machen die Menschen frei, neue Wege zu gehen, für die die Gene keine Information bereithalten. Gene geben von Generation zu Generation die Grundstrukturen des Menschseins weiter, doch die Gene des Individuums lösen sich rasch im allgemeinen Genpool auf, insbesondere dort, wo die Eheschließung innerhalb der Familie mit einem Tabu belegt ist – wie in den meisten Gesellschaften. Individuen können sehr viel erfolgreicher sein in der Weitergabe von Information an die zukünftigen Generationen durch innovative Gedanken, Ideen und Werte. Es ist wahrscheinlich wenig erkennbar übrig von den Genen eines Augustinus, eines Plato oder Aristoteles, sie mögen in jedermanns Genen sein, so wie wir mit jedem Atemzug mit großer Wahrscheinlichkeit ein Atom des letzten Atemzuges Caesars einatmen. Doch ihre Gedanken, die Ideen und Werte, die sie lehrten, sind noch sehr lebendig selbst in unseren Tagen. Die Menschen sind fähig geworden, sich von den Einschränkungen durch ihre genetischen Strukturen zumindest in erheblichem Maße zu befreien und Zugang zu einem völlig neuen Horizont der Innovationen zu gewinnen, von denen einige überleben werden, während andere nicht den Weg auf den Markt der Produkte, der Ideen, der Kunst und der Werte finden werden. Einige werden für eine gewisse Zeit leben, während andere nur langsam an das Licht der Öffentlichkeit kommen, um länger zu bleiben und die Zukunft sehr viel tiefer zu beeinflussen.[34]

Unglücklicherweise ist die Offenheit für Innovation nicht unendlich. Auf der persönlichen Ebene gibt es offensichtlich Grenzen dessen, was man erlernen kann. Niemand kann heute mehr beanspruchen, über alles greifbare Wissen zu verfügen. Lernen kostet Lebenszeit, und selbst wenn wir den Lebensunterhalt nicht verdienen müßten, braucht Lernen Zeit. Neue Erfindungen, Ideen, Einsichten in der Naturwissenschaft, in der Philosophie und in der Theologie zu entwickeln, braucht sogar noch mehr Zeit. Und alle Menschen verfügen nur über einen begrenzten Zeitrahmen.

[34] In der Regel wird der Beststeller von heute nicht in die Sammlung großer Literatur eingehen. Goethe wurde auf den Bühnen von Weimar selten gespielt, der große Renner war Kotzebue. Wer redet heute noch von ihm? Dasselbe Phänomen findet sich in der Wissenschaftsliteratur. Der Verkaufsschlager des 19. Jahrhunderts war Ludwig Büchners „Kraft und Stoff", in Deutschland zuerst 1855 veröffentlicht und einundzwanzigmal neu aufgelegt und in siebzehn Sprachen übersetzt. Wer redet heute noch von „Kraft und Stoff"?

Keiner kann alles tun. Die Freiheit ist auch unter den besten Bedingungen begrenzt. Und meistens sind diese Bedingungen alles andere als die besten; die Menschen sehen sich gezwungen, das zu tun, was sie nicht für ihre beste Wahl halten. Die Menschen sind durch ihr Umfeld und durch ihre eigenen Fähigkeiten beschränkt.

4.6 Freiheit, Struktur und Religion

Selbst die innovativsten Menschen werden wahrscheinlich auf große Schwierigkeiten stoßen. Die Gesellschaft, in die die neue Information, die Innovation, die neuen Werte integriert werden sollen, ist weit davon entfernt, gerade auf diese Innovation zu warten. Wie eine Art brauchen auch alle Gesellchaften eine gewisse Stabilität, sie brauchen eine Leben tragende Struktur, eine die zentralen Werte der Gesellschaft definierende Verfassung und Regeln, nach denen sie zu leben beschlossen haben. Wenn wir Aristoteles glauben sollen, wird der Kern dieser Strukturen als die Religion der jeweiligen Gesellschaft von Generation zu Generation weitergereicht. Die säkularisierten Gesellschaften der modernen Welt ermangeln dieses grundlegenden Stabilisators. Die meisten Demokratien leben noch von dem Wertebewußtsein, das ihnen von den religiösen Traditionen überkommen ist, mit dem sie begannen, insbesondere vom Christentum.[35] Wie an modernen Gesellschaften erkennbar ist, gilt: Je weiter die Religion in den Bereich des Privaten abgedrängt wird, um so weniger verläßlich und unsicherer werden solche Gesellschaften. Sie brauchen wie jede Gesellschaft die Möglichkeit, traditionelle Werte und traditionelles Wissen an die nächste Generation weiterzugeben.
Wenn diese Beschreibung des evolutiven Prozesses insbesondere auf der Stufe des Menschen richtig ist, dann hat dieser Prozeß selbst, der zumindest in einem gewissen Ausmaß in die Verantwortlichkeit der Menschheit gegeben ist, natürlich auch eine theologische Dimension. Wie schon mehrfach gesagt: Dieser Prozeß ist die Weise, in der Gott die Welt erschafft, es gibt keine andere geschaffene Welt, nach der wir Ausschau halten könnten. Die Menschen sind zumindest teilweise für die Zukunft von Gottes evolvierender Schöpfung verantwortlich, von der sie selbst ein Teil sind. Die Kirchen, die zu den Organismen gehören, die die Wer-

[35] Es bedürfte einer eigenen Untersuchung, inwiefern die verschiedenen Religionen Demokratie befördern bzw. verhindern.

te in den Gesellschaften lebendig erhalten (dies ist eine ihrer Aufgaben, nicht ihre einzige Funktion), haben in diesem Prozeß ihre Rolle zu spielen. Einerseits müssen sie stabilisierend wirken, andererseits aber müssen sie, sofern die Kirchen den Schöpfer des evolvierenden Universums verkünden und seine Zeugen unter den Menschen sein wollen, ihre Strukturen dieser evolvierenden Wirklichkeit anpassen. Jede Art von Fundamentalismus, der genau Gottes Willen kennt, ist keine lebensfähige kirchliche Struktur mehr in Gottes evolvierender Schöpfung, die immer größere Freiheit hervorbringt.

Wie leicht einzusehen, ist das ein Voranschreiten der Schöpfung fördernde Gleichgewicht zwischen der für kreative Innovationen notwendigen Freiheit und den den Gläubigen Sicherheit gebenden Strukturen in einer Kirche schwieriger aufrecht zu erhalten als in irgendeiner anderen Form menschlicher Gemeinschaften. Den Menschen muß gepredigt werden, worauf sie ihr Leben bauen sollen, was sie glauben sollen. In einem statischen Universum war das nicht schwierig. Da es zumindest in der allgemeinen Überzeugung der Menschen klar war, daß „es nichts Neues unter der Sonne gibt“[36], mußten Religionen konservativ sein, wie es die verschiedenen Formen des Christentums sind. In einer Welt evolvierender Freiheit hat sich dies grundlegend geändert, der einst feste Boden, auf dem man bauen konnte, ist nicht mehr stabil. Die Kirchen gleichen eher Schiffen, die bisher fest am Quai lagen, denen jetzt aber die Trossen gekappt wurden und die nun auf das Meer hinaus müssen. Es sind neue Wege gefragt, um Orientierung zu finden. Einige Strukturen des Schiffs werden beibehalten werden, sie brauchen vielleicht sogar Verstärkung, während andere wie die Trossen aufgegeben werden müssen. Da die ganze Menschheit den sicheren Hafen der Stabilität verlassen hat, kann keine Kirche an Land bleiben und zugleich ihre Mission erfüllen, das Evangelium in der geschaffenen Welt zu verkünden. Deshalb werden die Kirchen der Freiheit mehr Raum geben müssen, Ideen und Verhaltensweisen zu erproben, bevor man ein Anathema ausspricht.[37]

[36] Koh 1,10.

[37] Man kann sich fragen, ob zumindest dort, wo man die Kirche vom Heiligen Geist gelenkt glaubt, nicht besser auf jedes Anathema verzichtet werden sollte. Man sollte den Rat des Gamaliel befolgen: „Laßt diese Männer allein. Denn wenn ihre Ideen und Werke vom Menschen sind, werden sie zusammenfallen; sind sie aber von Gott, werdet ihr sie nicht unterdrücken können.“ (Apg 5, 38–39)

4.7 Freiheit und Übel

Jede evolutive Entwicklung ist schmerzlich. Viele Mutationen sind eher negativ, sie schaffen defekte, leidende Geschöpfe. Aber selbst wenn eine Mutation eine positive Wirkung hat, schafft sie eine schmerzliche Situation für viele Individuen, die ihren Platz an der Sonne verlieren: In der Biologie kann eine Art als obsolet verdrängt werden, in der Menschheit wird ein erlerntes Handwerk nicht mehr geschätzt,[38] eine wissenschaftliche Theorie wird falsifiziert und ersetzt – was oft eine Reihe Wissenschaftler obsolet macht –, in der Theologie macht eine über lange Zeit hochgehaltene Lehre keinen Sinn mehr. Wie aus der Entwicklung der christlichen Lehre evident ist, tritt die Wahrheit von morgen als die Häresie von heute auf. Doch ist ebenso evident aus der Geschichte der christlichen Lehre, daß nicht alle Häresien von heute die Lehre von morgen sein werden. Sie sind eben nur Häresien. Sowenig die Evolution im allgemeinen nicht nur Gutes hervorbringt, so entwickeln sich Ideen als Irrwege aller Art, sie schaffen Unsicherheit und sie würden die Vertrauensgrundlage zerstören, würde man sie alle unkritisch annehmen. Allerdings vollzieht sich im Übergang von einer statischen in eine evolvierende Welt ein grundlegender Wandel in der Möglichkeit des argumentativen Aufweises von Wahrheit. In der statischen Welt konnten die Argumente im Kontext einer unwandelbaren Wirklichkeit vorgetragen werden, in der evolvierenden Welt ist das nicht mehr möglich. Deshalb kann in einer evolvierenden Welt Wahrheit nicht mehr definitiv und absolut behauptet werden. Dies ist nur möglich in bezug auf die Vergangenheit, die sich nicht mehr ändert. Doch selbst sie kann in einem neuen Licht erscheinen. Wir müssen die Wahrheit wohl immer als mit einer Aura von Irrtum umgeben annehmen. Wir kennen die Zukunft nicht, die ein wesentlicher Teil der evolutiven Wirklichkeit ist. Wir sind notwendig, zumindest in einem gewissen Ausmaß, unwissend.

Dies ist das unvermeidliche Handicap des menschlichen Geistes in einer evolvierenden Welt. Zur gleichen Zeit aber müssen wir immer entscheiden, was zu tun und zu lassen ist, als verfügten wir wirklich über das volle Wissen: Was immer wir tun oder lassen, involviert das ganze Universum. Die Chaostheorie macht uns darauf aufmerksam, daß es letzten

[38] Zum Beispiel verlor der Nagelschmied seine Arbeit an dem Tag, da Maschinen Nägel schneller produzierten. Und viele Schreibkräfte werden ihre Arbeit an dem Tag verlieren, da Computer nach Diktat schreiben werden.

Endes kein bedeutungsloses Tun in dieser Welt gibt. So lassen wir uns jederzeit bewußt oder unbewußt auf Risiken ein. Unvermeidlich sind wir immer dabei, Dinge in einer nicht vollkommenen Weise zu tun. Was immer wir tun, es enthält einen Teil von Irrtum, und es wird teilweise eine üble Wirkung haben. Sogar die mit der besten Absicht gemachten Anstrengungen haben wenig wünschenswerte Nebenwirkungen. Solche Dilemmata tauchen vielfältig auf, und es gibt keine einfachen Antworten auf sie. Wo immer Menschen Entscheidungen treffen, werden diese Entscheidungen einen Teil Irrtum enthalten. Mehr noch: Da alle Entscheidungen irgendwie strukturelle Veränderungen betreffen und da es keine vollkommenen Strukturen gibt, werden alle Entscheidungen von einiger Bedeutung irgendwo weh tun, verletzen.

Menschliche Entscheidungen, menschliches Tun sind keine Ausnahme von dem allgemeinen Gesetz der Evolution: Es gibt keinen vollkommenen Status, der je erreicht würde und ein vollkommenes Tun des Menschen ermöglichen würde. Die Evolution ist ein von vielen Irrtümern geprägter Prozeß. Wenn wir die lange Geschichte sehen, die mit dem Urknall (oder zur Planck-Zeit mit den ersten Naturgesetzen) begann und mit der Menschheit weitergeht, zeigt sich uns nicht immer ein sehr erfreuliches Bild. Das Leben probierte viele Wege aus und gab sie unter Schmerzen auf. Die Geschichte des Lebens ist nicht das Heldenepos von immer besseren, immer höheren Formen des Lebens. Man muß blind sein, wenn man nicht sieht, daß dieser Erfolg mit Tod und qualvollen Weisen des Sterbens bezahlt wurde. Wir sind durch vulgarisierende naturwissenschaftliche Fernsehfilme gewöhnt zu sehen, wie die großen Katzen, wie Löwen, Antilopen oder Gnus jagen. Typischerweise wird das Schlagen und Töten der Beute gezeigt, begleitet von einigen ästhetischen Bemerkungen des Kommentators, doch höchst selten bekommt man die verzweifelten Todesschreie des getöteten Tieres zu hören. Die Geschichte der Evolution ist von einer langen Serie ausgestorbener Arten begleitet, es gibt mehr fossile Arten als heute in der Welt lebende. Auf der individuellen Ebene wird die Evolution erkauft mit endlos vielen Deformationen, kranken Tieren. Evolutive Sackgassen sind weit verbreitet. Die Natur ist nicht gut, sie bringt nicht immer die besten Formen hervor. Im Gegenteil, jeder Schritt nach vorn in der Evolution ist mit zahlreichen quälenden Ereignissen bezahlt worden. Das natürliche Übel ist in der Geschichte der Evolution weit verbreitet.

Unter klassischen Rahmenbedingungen einer statischen Welt würde dies anzeigen, daß es keinen guten Gott gibt: Es gibt in einer statischen Welt keine mögliche Antwort auf das Problem der Theodizee, dort hatte Gott am Anfang eine vollkommene Welt erschaffen. Wie Epikur, von Lactantius zitiert, sagte: „Wenn Gott das Übel nicht eliminieren kann, dann ist er machtlos; wenn er es nicht tun will, ist er neidisch; daß er es tun will und kann, wird durch die Alltagserfahrung widerlegt.“[39] Luthers Antwort, daß Gott sich vor dem Hof der Vernunft nicht zu rechtfertigen brauche,[40] dürfte unseren Zeitgenossen kaum genügen. Die Geschichte von Adam und Eva und ihrem Sündenfall, die versuchte, die Sünde des Menschen für all das Elend verantwortlich zu machen, lieferte keine überzeugenden Argumente gegen die Zweifel Voltaires, als er mit dem Erdbeben von Lissabon konfrontiert wurde: Wie konnte der allmächtige Gott zulassen, daß Tausende schuldiger und unschuldiger Leute plötzlich unterschiedslos getötet wurden? In unseren Tagen können wir dieselbe Frage mit noch größerem Nachdruck stellen angesichts des Holocaust, der Gulags, der Massaker in Kambodscha oder in Ruanda, wo jeder achte Mensch sinnlos umgebracht wurde. Die Erdbeben der jüngsten Jahre in Asserbeidschan oder in China mit Tausenden von Toten sind immer noch ohne Antwort auf die Frage Voltaires. Dies gilt zumindest innerhalb des statischen Universums, in dem wir für Jahrtausende zu leben glaubten. Zumindest unsere Vorstellungen vom Universum, die in unserer Erfahrung und in unserem Glauben gründeten, ließen es uns statisch sehen.

Nachdem wir uns heute im evolutiven Universum wissen, ist eine der Grundaussagen wesentlich anders: In einer evolvierenden Welt ist, solange die Welt evolviert, niemals ein Zustand endgültiger Vollkommenheit erreichbar. Die evolvierende Welt ist immer unvollkommen. Damit ist eine gewisse Defizienz in dieser Welt normal. Die Welt ist immer offen für größere Vollkommenheit.

Dieser Unterschied würde immer noch die Möglichkeit offen lassen, die Vollkommenheit Schritt um Schritt, strikt einer genau festgelegten Blaupause folgend, zu erreichen. Gott hätte sicherlich eine solche Welt in seiner Allmacht schaffen können. Jeder Schritt würde in der Evolution klar definiert sein und konsequent zu der nächsten Stufe führen. Dies würde die Schöpfung einer mechanistisch determinierten Welt bedeutet haben, in der die Menschen das Ergebnis eines rigoros determinierten Prozesses gewesen wären. Doch wäre es kaum vorstellbar, daß der am

[39] Lactantius, De ira Dei, 13.
[40] Werke 18, 712.

Ende des Prozesses stehende Mensch frei wäre. Der Mensch, wie auch alle anderen Lebewesen, wäre in seinem Verhalten restlos determiniert. Er wäre unfähig, Gott zu begegnen, und noch genauer, er wäre unfähig, Gott zu lieben, da Liebe nur in Freiheit gegeben werden kann. Mit anderen Worten: Eine solche deterministisch geschaffene Welt hätte vollkommen sein können, insofern in ihr kein Übel vorkäme, doch wäre sie eine Art mechanisches Spielzeug Gottes gewesen, nicht Gegenstand der Liebe Gottes.

Die Geschichte der Evolution ist nicht als dieser deterministische Prozeß beschreibbar. Wie wir gesehen haben, ist dieser Prozeß nicht determiniert. Wohl können wir notwendige Bedingungen erkennen, die erfüllt sein müssen, bevor ein weiterer Schritt in der Evolution verwirklicht werden kann, doch ist diese Ermöglichung dieses Schrittes keine Determinierung durch die Bedingungen. Die Evolution schreitet am äußersten Rande der statistischen Verteilung voran, und wir sehen einen immer größeren Freiheitsradius evolvieren, bis in der Menschheit die Freiheit zu einem der wesentlichsten Merkmale wird. Solche Fortschritte am äußersten Rande einer Verteilung schließen mit statistischer Notwendigkeit ein, daß große Teile der Verteilung zurückgelassen werden. Die Evolution der Freiheit wird mit dem Nicht-Ankommen der großen Masse evolvierender Arten und Individuen bezahlt. Das massive Aussterben von Arten – nicht nur zum Ende des Zeitalters der Dinosaurier –, wie es von der Paläontologie anhand der Fossilien registriert wird, ist der notwendige Preis für die Evolution von Freiheit. Weil nichts in der Evolution strikt determiniert ist, kann alles und jedes schief gehen. In einem evolutionären Prozeß, der nicht determiniert ist, in dem Freiheit auftreten kann, kommen unvermeidlich Übel und Leiden vor. So gibt es eine Geschichte des Übels im Universum.

Auf der Stufe der vor-lebendigen Materie haben wir Schwierigkeiten, irgendeine Form des Leidens zu erkennen, doch sehen wir Zerfall und gewaltige Mengen der ursprünglichen Energie von jeder Zukunft als Hintergrundstrahlung, als Schwarze Löcher, als Neutronensterne, als Weiße Zwerge abgeschnitten. Sie alle sind, soweit wir zu sehen vermögen, von jeglichem evolutiven Prozeß ausgeschlossen. Wenn sie auch noch Jahrmilliarden überdauern mögen, es gibt für sie keine Geschichte einer qualitativen Evolution. Ihre Existenz erscheint äußerst sinnlos. Sie haben keine offene Zukunft. In der Sicht des Physikers ist das einfach die Konsequenz aus dem zweiten Satz der Wärmelehre, für ihn gibt es hier keine weiteren Fragen.[41] Dies macht einen solchen gewaltigen „Verlust“

nicht rational, zumindest nicht in einer wohl geordneten und deterministischen Welt. Doch wenn wir in das Universum hinausblicken, finden wir nur wenige Hinweise darauf, daß es andere Planeten geben sollte, die dieselben Bedingungen wie die Erde bieten, um die Existenz von Leben zu erlauben. Es müssen so viele Zufallsbedingungen erfüllt sein, daß die Chancen für einen anderen lebenden Planeten nicht sehr hoch sind: Der Planet muß den richtigen Abstand von seinem Stern einhalten, seine Sonne darf nicht zu heiß und nicht zu kalt sein. Er muß ein magnetisches Feld haben, das stark genug ist, um ihn vor dem größten Teil des Sonnenwindes abzuschirmen. Er muß genügend Schwerkraft haben, um seine Atmosphäre und sein Wasser zu behalten. Er muß sich schnell genug drehen, um nicht auf einer Seite von der Sonne überhitzt zu werden, während die andere Seite tief abkühlt. Bei der Erde wird angenommen, sie habe dieses relativ hohe Drehmoment mit einer Umdrehung in 24 Stunden durch den zufälligen Einschlag eines großen Asteroiden erhalten, dessen Eisenanteil zur Vergrößerung der Schwerkraft beitrug, während ein Teil der leichteren Erdkruste herausgeschleudert wurde, um den Mond zu bilden. Die Venus, in der C.S. Lewis in seiner Trilogie einen lebenden Planeten sah, dreht sich nur einmal im Jahr: Sie ist zu einem sehr heißen Planeten geworden (etwa 600 °C) mit einer Wolkendekke aus Schwefelsäuretröpfchen, die für einen massiven Treibhauseffekt sorgt. Soweit wir das heute beurteilen können, wimmelt es nicht von Leben im Universum. Wenn die qualitativen Parameter der Evolution auf das Universum anwendbar sind, dann ist das Universum zum größten Teil als verschleudert anzusehen.

Im Bereich des Lebens, der nur einen infinitesimalen Bruchteil des Universums, jedoch den evolutiv signifikanten Teil der Welt darstellt, finden wir ebenfalls eine Geschichte sorglosen Umgangs mit der Wirklichkeit. Gewaltige Kreideschichten, tote Korallenbänke etc. erzählen die Geschichte von milliardenfachem Tod. Sterben ist die Bedingung der Evolution gewesen. Und der Tod ist nicht einfach eine Art Einschlafen, sondern weit eher ein qualvoller Prozeß. Physische Schmerzen, die mit dem Tod einhergehen, sind nicht auf diese Enderfahrung der lebenden Geschöpfe beschränkt. Das Leiden kann sehr lange Zeit fortschreiten, auch bei Tieren. Die lebende Wirklichkeit ist keineswegs eine vollkommene Struktur, bei der alles wie am Schnürchen geht. Krankheit ist kein auf den Menschen beschränktes Phänomen. Schmerzen und Leiden waren

[41] Das oft vorgeschlagene pulsierende Universum, das auf Spekulationen über immer fragwürdiger werdender Dunkler Materie, Neutrino-Massen und anderen spekulativen

schon lange eine Wirklichkeit, bevor der Mensch in dieser Welt auftauchte. Und sie sind gewiß nicht verschwunden, als der Mensch auftrat.

Wir wissen nicht wirklich, ob es vor dem Auftauchen des Menschen bereits eine Art von psychischer Qual bei Tieren gegeben hat. Was fühlt das Weibchen des Geparden, wenn es hilflos zusieht, wie ein Löwe seine Jungen tötet, nicht als Futter, sondern einfach, um sie zu töten? Was fühlt die Schimpansen-Mutter, die ihr totes Kind tagelang mit sich herumträgt, bevor sie es schließlich aufgibt? Was fühlen junge Tiere, die allein gelassen sind, was fühlen die, die von ihrer Gruppe wegen eines Fehlverhaltens sanktioniert wurden, wie man es bei Schimpansen beobachtet hat? Wir können nur Parallelen ziehen zu unserem eigenen Verhalten. Doch scheint es deutlich zu sein, daß Tiere bereits ein breiteres Spektrum des Leidens kennen als nur körperliche Schmerzen. Beim Menschen sind psychische Qualen wahrscheinlich bedeutender als körperliche Schmerzen. Letztere können gewiß vernichtend sein, doch das psychische Leiden geht tiefer, es verletzt die Person in ihrem Kern.

Schmerzen und Leiden sind deutlich auf allen Stufen des Lebens vorhanden, und je höher die Stufe, desto größer das Spektrum der Schmerzen und Leiden. Und es gibt nicht nur das passive Ertragen von Schmerz und Leid. Die Ursachen dieser erfahrenen Übel sind nicht nur die unkontrollierten und unkontrollierbaren Aktionen der Elemente wie Sturm und Regen, Erdbeben und Vulkane etc., sondern auch die lebenden Geschöpfe, die die verbreitetste Ursache von Schmerzen und Leiden sind. Leben scheint ein beständiger Kampf gegen eindringende Bakterien, Viren und andere infektiöse Kreaturen zu sein. Die Tiere kämpfen um ihren Lebensraum. Was wir euphemistisch – wenn auch richtig – die Nahrungskette nennen, ist die Wirklichkeit des Fressens und Gefressenwerdens. Innerhalb der Arten ist der Wettstreit um die Vorherrschaft, die sexuelle Priorität etc. Anlaß zu endlosen Kämpfen. Der Traum von den gutmütigen Tieren, bei denen Töten innerhalb der Art nicht vorkomme, ist als Illusion erwiesen worden. Man muß zum Stamm gehören, um akzeptiert zu werden. Fremde bleiben besser draußen. Dies ist zum Beispiel sehr deutlich bei Ameisen oder Ratten. Aber auch Schimpansen sind dabei beobachtet worden, andere Schimpansen getötet zu haben, um ihr Territorium zu übernehmen.[42]

Quellen zusätzlicher Schwerkraft gründet, ist eher eine Art philosophisches Postulat in einer axiomatisch ewigen Welt als eine auf konkreten Daten beruhende Theorie, die Daten weisen eher in die Richtung eines offenen oder flachen Universums.

[42] Vgl. Hugo und Jane van Lawick-Goodall, Innocent Killers, Boston 1971.

Menschen schließlich haben sich für den Menschen als gefährlicher erwiesen als irgendein anderes Tier oder irgendeine Mikrobe. *Homo hominis lupus*. Sie sind fähig, einander aus geringfügigen Gründen, zum Beispiel aus Eifersucht, zu töten. Wenn es auch falsch wäre zu sagen, Menschen täten dies üblicherweise, so bleibt doch wahr, daß sie solches tun können und daß sie manchmal alle Hemmungen, andere Menschen zu töten, zu verlieren scheinen.

So gibt es keinen Zweifel: Die Evolution hat nicht nur Leben und einen lebendigen Geist, fähig, über seine eigenen Entscheidungen zu reflektieren und frei zu entscheiden, hervorgebracht, sondern auch die Fähigkeit, Übles zu tun und es aufgrund der eigenen Entscheidung zu tun. Wir wissen nicht, inwieweit Tiere über Gut und Schlecht wissen, zwischen denen sie wählen könnten. Sie wissen, was das Alpha-Tier in einer Gruppe nicht erlaubt, und sie versuchen, es zu verheimlichen, wenn sie die Regeln übertreten. Doch dies ist weit entfernt von der Unterscheidung zwischen Gut und Böse. Menschen, und dies ist ein gewaltiger Schritt vorwärts in der Evolution, haben nicht nur gelernt, ihren unmittelbaren Stammeskontext zu transzendieren, indem sie allgemeine Regeln annahmen und sie internalisierten, vielmehr haben sie den Begriff einer Menschheit entwickelt, in der alles menschliche Leben und die Menschenwürde zu respektieren sind.

Die Voraussetzung für diesen zuletzt genannten Schritt ist gewiß, daß die Menschen frei sind, solch eine Regel anzunehmen. Sie sind folglich auch frei, einer solchen Regel nicht zu gehorchen. Menschen, die fähig sind, sich frei zu entscheiden, und insofern sie fähig sind, sich frei zu entscheiden, sind so für das verantwortlich, was sie tun. Menschen sind die erste Art, die eine klar erkennbare Dimension der Moralität zeigt. Während man bei Tieren manchmal den Eindruck hat, sie näherten sich dieser Dimension, ist sie beim Menschen unzweifelhaft vorhanden. Menschen erleiden nicht nur Übel, sie tun bewußt Übles, Böses. Übel als Schmerz, Leiden und Tod, als Verfall und Regression, als Krankheit und Mängel sind zu aller Zeit und auf allen Stufen der Evolution gegenwärtig gewesen. Der Mensch hat die neue Dimension des moralischen Übels, des Bösen hinzugefügt.

Da die Menschen sich ihrer Verantwortung gegeneinander und gegenüber der zunächst schemenhaft und später klarer wahrgenommenen Wirklichkeit Gottes bewußt wurden, wurden sie nicht nur fähig zu beten, sondern auch zu sündigen, nicht den sittlichen Verpflichtungen zu gehorchen, die als von Gott der Menschheit auferlegt erfahren wurden. Dies ist in zahlreichen Mythen dokumentiert, wie auch das menschliche Versagen.[43] Sünde im strikten Sinne des Wortes ist offensichtlich, wo Gottes Gebote klar ausgesprochen sind, wie im Alten Bund: Tabus und andere Verhaltenseinschränkungen sind nicht mehr wichtig: Sünde ist der eindeutige und bewußte Verstoß gegen Gottes bekannten Willen im menschlichen Tun. Dies ist der negative Aspekt des Menschen, der *capax Dei* geworden ist. Zugleich ist dies die notwendige Bedingung für diese menschliche Kapazität: Nur ein Wesen, das fähig ist zu sündigen, kann Gottes Geboten gehorchen, nur ein freies Wesen, das sich ihnen verweigern kann, ist fähig, Gott zu lieben und als eine Person, als ein Du von Gott geliebt zu werden.

In einer von Übel freien Welt könnte Freiheit nie werden: Alles müßte wohl geordnet und strikt determiniert sein. In einer solchen Welt wäre alles Übel der Fehler Gottes, der es hätte verhindern können. Doch Gott hatte nicht die Absicht, solch eine deterministische Welt zu schaffen, er folgte keiner eindeutigen Blaupause, die eine perfekt funktionierende Welt ohne Leiden und ohne Übel hervorgebracht hätte. In einer solchen Welt wären die Menschen wie Puppen an von Gott manipulierten Fäden. Sie wären nicht fähig, Böses zu tun. Aber sie wären auch nicht fähig, Gott zu lieben, Gott zu begegnen, sie wären nicht frei.

Es gibt keine Möglichkeit für die Freiheit in einer perfekt determinierten Welt. Die nicht-determinierte Welt, die wir erfahren und in der wir evolvieren, kann nicht vollkommen sein, es wird immer Ausschuß, Schmerzen, Leiden, Übel, Böses geben. Gott, der ein Universum schuf, das den einen freien Willen habenden Menschen hervorbringen sollte, akzeptierte als unvermeidliche Konsequenz das konkomitante Übel. Übel, Leiden, Schmerzen, Tod sind der Preis für Freiheit. Der Schöpfer intendierte offensichtlich keine vollkommene Welt, er bewertete die Freiheit als Ergebnis der Evolution höher, als er ihre unvermeidliche sie begleitende Konsequenz der Mängel auf allen Ebenen annahm.

Nur wenn wir diese Absicht erkennen, können wir anfangen zu verstehen, daß der gewaltige im Weltall anfallende Schrott kein definitives Argument gegen den Schöpfer ist. Die Welt ist nicht gut, weil sie am Anfang als vollkommene Welt geschaffen wurde, sondern weil sie mit der Fähigkeit geschaffen wurde, Freiheit hervorzubringen, freie Personen, die fähig sind, Gott zu lieben. Der Preis für die Fähigkeit, Gott in Frei-

[43] Stephen Langdon, Babylonian Penitential Psalms, Paris 1927: „Die Menschen, so viele da sind, sündigen … die Nahrung, die Gott gehört, habe ich gegessen."

heit zu lieben – die einzige Möglichkeit zu lieben – ist die gewaltige Summe des Leidens, das wir in der Schöpfung finden. Es mag für alle Zeiten schwierig erscheinen zu verstehen, daß ein liebender Gott all dieses Leiden, all dies Übel und all dies Böse erlauben würde. Solche Schwierigkeit ist weniger ein Anzeichen menschlichen Mitleidens denn ein Zeichen dafür, daß wir Menschen unterschätzen, wie hoch Gott die menschliche Freiheit bewertet. Ohne sie wären die Menschen unfähig, Gott zu begegnen, wirkliches Glück in der Gottesliebe zu finden und von Gott geliebt zu werden. Es mag für immer unser Begreifen übersteigen, wie Gott einen solchen Preis für die Freiheit des Menschen, ihn zu lieben, akzeptieren konnte. Doch für den Christen hat dieses Geheimnis, dies *mysterium iniquitatis*, sein Gegenstück in der Tatsache, daß Gott sich selbst nicht von diesem Leiden, dieser Unvollkommenheit seiner Schöpfung ausnahm. Da das Wort Gottes Mensch wurde in der Inkarnation, in seinem Leben, seinem Leiden und Tod am Kreuz, bezahlte Gott selbst den äußerst möglichen Preis für die Freiheit des Menschen, Gott zu lieben.[44]

[44] Natürlich ist das nicht – wie manche Theologen behaupten – die Beantwortung der Theodizee-Frage; diese bleibende Anfrage an Gott stellt sich nur innerhalb eines evolutiven Weltbildes anders, deshalb aber nicht weniger radikal. Das kann hier leider nicht mehr entfaltet werden. Verwiesen sei auf: Johann Baptist Metz (Hg.), „Landschaft aus Schreien." Zur Dramatik der Theodizeefrage, Mainz 1995; Walter Groß/Karl-Josef Kuschel (Hg.), „Ich schaffe Finsternis und Unheil!" Ist Gott verantwortlich für das Übel?, Mainz ^{2}1995.

Kapitel 5
Gott, Schöpfer des evolvierenden Universums

Das Universum, wie es uns durch die Wissenschaft sichtbar geworden ist, läßt Gott in den Augen des Glaubens in einem neuen Licht erscheinen. Wie Kinder, die groß werden, ihre Eltern anders sehen, ohne daß die Eltern ihre Identität änderten, so wird sich auch die Beziehung der Menschheit, die zu einem tieferen Verständnis der Wirklichkeit des Universums, der Schöpfung, herangewachsen ist, zu ihrem Schöpfer wandeln, der mit den Augen des Glaubens in neuer Weise wahrgenommen wird.

5.1 Geht die Theologie neue Wege?

Als während des sechsten und siebten Jahrzehnts dieses Jahrhunderts die philosophischen und theologischen Texte Pierre Teilhard de Chardins zum ersten Mal veröffentlicht wurden, begannen die fossilisierten Strukturen traditioneller katholischer Theologie ernsthafte Risse zu zeigen. Die Evolution, in der Enzyklika *Humani generis* Papst Pius' XII. (1950) lediglich als Möglichkeit für die Evolution des menschlichen Leibes zugestanden, wurde plötzlich nicht mehr als ein ernsthafter Einwand gegen die von den Theologen vorgetragene Schöpfungslehre angesehen. Damit ist nicht gesagt, alle Theologen seien bereit, die Konsequenzen aus diesem grundlegenden Wandel im Weltbild zu akzeptieren. Eines der jüngeren Lehrbücher der Katholischen Dogmatik, *Mysterium Salutis*, hat immer noch ein langes Kapitel über den Urzustand des Menschen, der mit den *dona praeternaturalia* ausgestattet sei, und der *Katechismus der katholischen Kirche* möchte uns immer noch an einen solchen Urzustand glauben lassen.[1] Karl Rahner berührt das Thema nur oberflächlich in *Sacramentum Mundi*[2] und verknüpft es locker mit einer christologischen Perspektive. Das jüngste zur katholischen Dogmatik verfügbare Text-

[1] Katechismus der katholischen Kirche, München 1993, 374–379.

[2] Karl Rahner, Schöpfungslehre, in: ders. (Hg.), Herders theologisches Taschenlexikon, Bd. 6, Freiburg i.B. 1973, 351–355.

buch[3] erwähnt diesen historisch unmöglichen Zustand des Menschen nicht mehr. Bereits 1978 hatte Karl Rahner darauf hingewiesen, daß die römische Kurie immer noch nicht begriffen hat, daß die Geschichte der Dogmen impliziert, daß alte dogmatische Vorstellungen obsolet und falsch werden können. Wie könnte es sonst vorkommen, fragt Karl Rahner, daß „in Schemata, die vor dem Konzil in Rom von der amtlichen Kommission für das Konzil vorbereitet wurden, Sätze als zu definierende Wahrheiten vorgetragen wurden, die zwanzig Jahre danach kaum noch mit der Zustimmung der Mehrheit bei den Theologen in der Welt und bei den Gläubigen zählen können, Sätze wie z.B. über den Monogenismus und über den Limbus der Kinder?“[4] Heute scheint die Vorstellung der Evolution, selbst im Sinne der universellen Evolution, von den Theologen akzeptiert zu werden, aber im allgemeinen nur, um zu sagen, sie machen dem Glauben keine Schwierigkeiten. Unter Benutzung klassischer Vorstellungen wie der *creatio continua* versucht Theodor Schneider[5] zu zeigen, daß die Evolution dieser Vorstellung entspricht. Sein Hauptinteresse geht dahin, jegliche Form von Deismus zu vermeiden, der Gott am Anfang eine voll mit allen Möglichkeiten, einem bestimmten Plan der Evolution zu folgen oder die *rationes seminales* zu nutzen, ausgestattete Welt schaffen ließe, die der tragenden Kraft Gottes nicht mehr bedürfte. Doch findet sich kaum ein Verweis auf die bekannte Welt, die bekannte Schöpfung in seinem Traktat über die Schöpfung.

Der Verweis auf Karl Rahners Vorstellung der „Selbsttranszendenz“ findet sich heute in vielen Texten, so auch hier in dem Text von Schneider. Diese Vorstellung wurzelt in der traditionellen ontologischen Metaphysik mit ihrem Begriff von Kausalität, der nicht von der Analyse des Werdeprozesses, wie er in der Evolution sichtbar wird, abgeleitet ist. Selbsttranszendenz meint, daß etwas Neues aus den Praecedentien wird, das wir aber nicht aus diesen Praecedentien erklären können. Jürgen Moltmann versucht diese Schaffung neuer Wirklichkeiten und Möglichkeiten mit dem Wirken des Heiligen Geistes zu verknüpfen. „Der Geist ist das *Prinzip der Kreativität* auf allen Ebenen von Materie und Leben. Er schafft neue Möglichkeiten und antizipiert in diesen neues Design und

[3] Theodor Schneider (Hg.), Handbuch der Dogmatik, Düsseldorf 1992, 226–228.

[4] Karl Rahner, Dogmen- und Theologiegeschichte von gestern für morgen, in: ders., Schriften zur Theologie XIII, Einsiedeln 1978, 13. Die römischen Theologen haben zumindest im letzten Punkt dazugelernt: Der neue Katechismus verwehrt den ungetauften Kindern nicht mehr den Zutritt zum Himmel; vgl. Nr. 1261.

[5] AaO. 206–236.

‚Blaupausen' für die materiellen und die lebenden Organismen.[6] In diesem Sinne ist der Geist das Prinzip der Evolution."[7] Leider sagt uns Moltmann nicht, wie er zu diesem Schluß gekommen ist. In mancher Hinsicht erinnert diese Argumentation stark an die alten Theorien der natürlichen Theologie des 17. Jahrhunderts. Der Heilige Geist wird hier eingeführt als Ergänzung der Evolutionstheorie, er füllt die Lücken in unserem wissenschaftlichen Verständnis der Evolution. Der Heilige Geist wird in die Kette der sekundären Ursachen eingegliedert, er wird Teil der Welt, die einen aktiven Designer braucht. Der Heilige Geist, wenn er denn wirklich als planender Demiurg agierte, würde eine recht schlechte Arbeit geleistet haben, wie bereits im Hinblick auf die gewaltigen Mengen an Abfall im Universum gezeigt wurde. Im Grunde bleibt Moltmann bei der traditionellen Vorstellung, nach der Gott einem sauberen Plan folgend eine wohlgeordnete Welt schafft.

Moltmanns Schwierigkeiten im Verstehen der Schöpfung hängen sehr eng zusammen mit seinem klassischen Gebrauch der Termini der *creatio originalis*, der ursprünglichen Schöpfung, und der *creatio continua*, der fortgeführten Schöpfung. Beide Begriffe gehören in das statische Universum, der erste bezieht sich auf die Verwirklichung der Schöpfung in ihrer anfänglichen Vollkommenheit, der zweite auf die Bewahrung der Schöpfung im Sein. Diese Unterscheidung von erstem und zweitem Schöpfungsakt macht im Hinblick auf das evolvierende Universum keinen Sinn mehr. Es gibt keinen ersten, Materie schaffenden Augenblick, Materie, die dann modifiziert würde. Der Urknall hat manche Theologen und kirchliche Autoritäten wie Pius XII. dazu verleitet, ihn mit dem Augenblick der Schöpfung zu identifizieren, doch das heißt, die Schöpfung in der zeitlichen Perspektive des menschlichen Geistes zu sehen. Es gibt keine Zeit vor der Schöpfung, dieses Bevor ist nur eine Extrapolation der uns eigenen zeitlichen Perspektive. Die Differenzierung in eine Zeit vor oder nach der Schöpfung macht keinen Sinn: Es ist nicht sinnvoll, von einem Vorher zu sprechen, denn da war keine Zeit. In derselben Weise, wie die *creatio ex nihilo*, die Erschaffung aus dem Nichts, unser Begreifen übersteigt, kann auch der Beginn der Zeit von unserem zeitverhafteten Denken nicht erfaßt werden. Aufgrund unserer Tendenz, die Wirklichkeit in einem Zeit-Kontinuum zu sehen, geraten wir in die Fal-

6 N.B. Was sind materielle Organismen?

7 Jürgen Moltmann, Gott in der Schöpfung. Ökologische Schöpfungslehre, München 1985, 111.

le, Gottes Schöpfungsakt in einen konstituierenden Grundakt und einen die Schöpfung erhaltenden Akt zu differenzieren. Der letztere wird dann heute von Moltmann und anderen Theologen als der in der Evolution handelnde Gott verstanden. Diese Sicht des Schöpfers läßt ihn erst Materie schaffen und dann diese Materie bearbeiten. Der entscheidende Punkt, wie wir Gottes Tun in der Evolution unter Beachtung unseres Wissens um die Evolution verstehen sollen, bleibt unklar.[8]

Die Fixierung auf die Ursprünge als den entscheidenden Schöpfungsakt gründet in der alten und obsoleten Vorstellung, die die Fülle der Wirklichkeit mit den Anfängen identifizierte. Unser Wissen darüber, wie die Welt begann, ist trotz der Theorie vom Urknall recht dünn. Wir wissen nicht, ob dem Urknall ein unstabiles Quantenvakuum vorausging, ob unser Universum aus einem Schwarzen Loch geboren wurde etc. Diese Fragen können wahrscheinlich von Physikern nicht mehr mit einem auf Daten beruhenden Beweis beantwortet werden. Und selbst wenn sie beantwortet werden könnten, würden sie nichts für oder gegen die Schöpfung beweisen. Wie bereits Thomas von Aquin festgestellt hat, könnte die Welt ewig sein: „Daß diese Welt nicht immer war, wird allein im Glauben festgehalten und kann nicht streng bewiesen werden ... Der Grund dafür liegt darin, daß der Anfang der Welt keinen Beweis erhalten kann von seiten der Welt selbst."[9] Diese Einsicht gilt auch in einem evolutiven Universum. Wir mögen an einen Punkt kommen, wo unsere Möglichkeiten, Daten zu sammeln, an ein Ende kommen. Das sagt uns aber nichts über einen absoluten Anfang: Der ist eine Frage des Glaubens, nicht der Wissenschaft. Wenn wir glauben, daß dieses Universum von Gott geschaffen wurde, dann wird dem nicht durch die Analyse von Daten widersprochen, die wir über das Universum und seine Geschichte sammeln können. Man sollte davon absehen, den Augenblick der Schöpfung identifizieren zu wollen: Es macht keinen Sinn. Es mag endlose Zeiten gegeben haben, von denen wir nicht wissen und nie wissen können, weil sie ihre Existenz außerhalb unseres Raum-Zeit-Kontinuums haben. In einer statischen Welt, einer Welt, von der man glaubte, sie sei voll und

[8] Es ist peinlich zu sehen, wie Moltmann den Terminus eines *offenen Universums* – ein sich immer weiter ausdehnendes Universum – mit dem eines *offenen Systems* verwechselt. Letzterer Terminus gehört in die Thermodynamik und beschreibt ein System, das laufend Energiezufuhr benötigt. Das offene Universum erhält keine laufende Energiezufuhr, wie es Moltmann zu postulieren scheint. Das würde in klarem Widerspruch zum ersten Satz der Wärmelehre stehen.

[9] Sth I–I, q 46, 2c.

vollkommen verwirklicht in die Existenz getreten, mag es wirklich sinnvoll sein, vom Anfang als entscheidendem Moment zu sprechen und den Anfangsakt der Schöpfung von dem ihm folgenden Akt der Erhaltung der Welt im Sein zu trennen.
Daß dies Teil der Theologie von gestern ist, hat Arthur Peacocke klar gesehen: „Die Religionsphilosophen und die Gläubigen müssen jetzt mit der Beziehung ihres einen Gottes zu der sich kontinuierlich wandelnden Welt rechnen – und dies impliziert zumindest eine kontinuierlich sich verändernde Beziehung Gottes zu der Welt, einschließlich der Personen, und damit die weitere Möglichkeit, daß Gott zumindest in gewisser Hinsicht nicht unwandelbar ist. So kann die Frage nach der Natur und den Attributen Gottes letzten Endes nicht sauber und klar von der vitalen Frage getrennt werden, wie Gottes Interaktion mit der von den Naturwissenschaften beschriebenen Welt zu begreifen ist.“[10] Hier ist die theologische Bewußtheit eines perspektivischen Wechsels deutlich ausgesprochen. Diese von Peacocke aufgeworfene Frage nach der Interaktion des Schöpfers mit seiner Schöpfung steht im Zentrum einer Theologie der Schöpfung. Gibt es mögliche Antworten, die auf einem Verständnis des konkreten Prozesses der Schöpfung, das heißt der Evolution gründen? In welcher Weise handelt Gott in seiner Schöpfung?

5.2. Creatio appellata

In einem evolvierenden Universum ist der Beginn der Schöpfung nicht der überragende Akt, der das ganze Universum erschafft, das danach nur noch für die Dauer seiner Existenz im Sein gehalten wird. Wie wir gesehen haben, ist der Anfang des Universums weder besonders großartig noch besonders schnell. Wenn wir das Standardmodell als gültige Beschreibung des anfänglichen Universums annehmen – es mag auch nicht zutreffend sein –, dann begann das Universum mit einer Größe, die selbst unter den besten und exotischsten Mikroskopen nicht sichtbar gemacht werden könnte und die so kurze Zeit dauerte, daß sie mit keiner heute verfügbaren Uhr gemessen werden könnte. Nach diesem ersten irgendwie explosiven Augenblick geschah für Milliarden von Jahren nichts Neues. Wenn die Vorstellung zuträfe, daß der Schöpfer aktiv die Dinge

[10] Arthur Peacocke, Theology for a Scientific Age: Being and Becoming – Natural and Divine, Enlarged Edition, Minneapolis 1993, 100.

geschehen machte, nachdem er die Materie in einem ersten Schritt der Schöpfung geschaffen hatte, ließe sie ihn als ziemlich träge erscheinen, ohne große Ergebnisse über eine sehr lange Zeitspanne. Was die qualitative Skala der Seienden angeht, so ist am Anfang kein vollkommener, sondern wohl eher ein sehr rudimentärer und quälend langsamer Start des evolvierenden Universums gegeben.

Dies ist offensichtlich eine andere Schöpfung als die in den ersten Kapiteln des Buches Genesis beschriebene. Die Tatsache, daß der biblische Text in der Abfolge der sechs Tage eine gewisse Logik zeigt, zum Beispiel, daß es Pflanzen geben muß, bevor es Landtiere gibt, macht aus diesem Text keine Beschreibung der Evolution. Die Reihenfolge der Schöpfungstage zeigt eher, daß sich der biblische Autor der Lebensnotwendigkeiten bewußt war. Die wesentlichen Aussagen dieses Textes, daß alles von Gott geschaffen wurde und daß alles Geschaffene gut ist, sind nicht wesentlich an das Weltbild des Autors gebunden, sie können und müssen in ihrer Bedeutung innerhalb eines veränderten Weltbildes neu bedacht werden. Die Welt hat sich von einer Seinswelt in eine Werdewelt verändert. Als solche begann sie per definitionem nicht in Vollkommenheit. Offensichtlich entspricht die Vorstellung eines als höchster Herrscher handelnden Gottes, auf dessen befehlendes Wort hin alles unmittelbar und vollkommen ins Sein tritt, nicht der Geschichte des Universums. Gott zwingt sich selbst nicht auf. Es scheint unangemessen, einen besonderen anfänglichen Schöpfungsakt zu postulieren, der durch einen ergänzenden Akt der *creatio continua* des Universum im Sein hielte. Es scheint ein angemesseneres Verständnis von Gottes Schöpfungsweise zu sein, wenn man das Schöpfertun nicht in zwei verschiedene Phasen zerlegt. Man sollte es besser als einen einzigen Akt in Gottes Ewigkeit ansehen, der in der Zeit sich differenziert entfaltet.

Die beste Möglichkeit, sich das Verhältnis der Schöpfung zum Schöpfer vorzustellen, scheint mir – und dies ist offensichtlich meine subjektive Sehweise, doch erscheint sie mir, soweit ich das zu beurteilen vermag, als mit dem evolvierenden Universum zusammenstimmend – das zu sein, was ich die *creatio appellata*, die herbeigerufene Schöpfung, nennen möchte. Die Grundidee ist, daß das Universum von Gott aus dem Nichts hervor zu ihm hin gerufen wird. Der Prozeß des Werdens ist die Antwort der Schöpfung. Der ganze Prozeß, der der fortdauernde Versuch ist, auf Gottes schöpferischen und schaffenden Ruf zu antworten, ist die weitergehende Schöpfung. Es gibt keinen ersten Akt, auf den die Bearbeitung des Stoffes folgte, aus dem die Welt gemacht ist. Das Tun, das den An-

fang des Prozesses zuwege brachte, und das Tun, das den Prozeß in Gang hält, ist ein und derselbe Ruf Gottes, von dem die Existenz von allem abhängt, durch den alles im Sein, genauer im Werdeprozeß gehalten wird. Dieses grundlegende Bild von Gott, der den universellen Prozeß des Werdens aus dem Nichts hervorruft, braucht eine Reihe von Qualifikationen, um eine Interpretation zu vermeiden, die mit dem Schöpferbild der klassischen Theologie zusammenhängt, die den Schöpfer in erster Linie als den allmächtigen Gott sah. Das Universum, wenn auch unter gewissen Aspekten immer noch eine Demonstration der Allmacht – die Unermeßlichkeit des Universums mit seinen Milliarden von Galaxien braucht offensichtlich einen sehr mächtigen, einen allmächtigen Schöpfer –, ist dies zumindest nicht in erster Linie.
Wie gezeigt wurde, zwingt sich Gott nicht seinen Geschöpfen auf. Er ist unendlich geduldig, er schleuderte die Welt nicht in sechs Tagen ins Sein. Sein Hervorrufen des Universums aus dem Nichts – was wir in der Theologie die *creatio ex nihilo* zu nennen gelernt haben – bringt keine fertigen Geschöpfe hervor, vielmehr läßt es die einfachsten Strukturen und Elemente auftreten, die wir heute noch in großer Fülle im Universum finden. Dabei müssen wir uns darüber im klaren sein, daß dies nur das ist, was uns sichtbar wird, was in unseren Wahrnehmungshorizont fällt. Wie der ganze Prozeß beginnt, liegt jenseits der Grenze unserer Wahrnehmungsfähigkeit; wir wissen nicht einmal, ob irgendwelche Partikel notwendig waren, damit der Werdeprozeß der Vereinigung von Elementen begann. Der Dichtezustand, aus dem der Urknall emergiert, kann sehr wohl ein diesem vorausgehender transitorischer Zustand gewesen sein. Wie weit er zurückreicht, ob es überhaupt sinnvoll ist zu fragen, wie weit er zurückreicht, wissen wir nicht. Wo immer die Zeit begonnen hat, die endlosen Zeiten von diesem Punkt in der Geschichte, die uns als Anfang erscheinen mag, bis zu dem Auftreten der ersten Sterne und mehr noch der ersten Planeten, mag in den Augen des ewigen Gottes nur ein Augenblick sein, doch sofern Gott sich auf diese Welt eingelassen hat und die Zeitlichkeit dieser Welt sich in gewisser Weise zu eigen macht, lassen diese endlosen Zeiten den mit unendlicher Geduld die Antwort auf seinen schöpferischen Ruf wartenden Gott erkennen. Wenn der endlose, mit Milliarden von Galaxien gefüllte Raum die unendliche Macht des Schöpfers sichtbar werden läßt, so lassen diese unendlichen Zeiten ihn als von unendlicher Geduld erkennen.
Seine Weise zu erschaffen ist kein Machtbeweis, der alles ins Sein Gerufene zwingen würde, direkt zu Gott zu gehen. Wir mögen mit Moltmann

annehmen, es sei insbesondere der Heilige Geist, der in der Schöpfung am Werk ist.[11] Doch würde er kaum als ein Designer am Werk sein, der streng zu befolgende Blaupausen für die Zukunft entwürfe. Gott scheint die Dinge nicht geschehen zu machen, er erlaubt ihnen vielmehr, sich zu ereignen. Wie wir im ersten Kapitel gesehen haben, ist der Grundprozeß der Evolution und damit der Schöpfung „Werden durch Vereinigung". Elemente müssen sich vereinen, um eine höhere Seinsstufe zu erreichen. Dieser Prozeß der Vereinigung wird durch Gottes fortdauernden schöpferischen Anruf aufrecht erhalten. Offensichtlich drängt Gott die Elemente nicht zusammen, um sie zu zwingen, sich zu vereinen. Wir können sogar sagen, je weniger die Elemente – Partikel, Protonen, Atome, Moleküle etc. – evolviert sind, je niedriger ihre Seinsstufe ist, desto weniger vereinigen sie sich. Die gewaltige Menge der kosmischen Hintergrundstrahlung, die für alle praktischen Zwecke für keinerlei Vereinigung mehr zur Verfügung steht und die die Restmasse des Universums repräsentiert, ist ein deutlicher Hinweis in diese Richtung. Gott drängt die Elemente offensichtlich nicht. Wenn dies der Fall wäre, hätten wir die paradoxe Situation, daß die Mehrheit der Elemente des Universums sich seinem Druck entziehen könnte. Hier würde Gott immer noch in erster Linie als *causa efficiens* (Wirkursache) gesehen, er würde zur Ursache in der Kausalkette. Doch ist davon in der Wirklichkeit nichts zu sehen.

Ein anderes, mit der evolutiven Wirklichkeit zu vereinbarendes Verständnis der Schöpfungswirklichkeit würde Gott aus dem Innen der Elemente heraus wirken sehen. Die innerste Wirklichkeit aller Dinge würde als Präsenz Gottes oder vielleicht genauer des Anrufs Gottes begriffen, zu ihm zu kommen. Zwei Aspekte sind bei dieser Weise, Gottes Wirken zu verstehen, zu beachten:

Die Allgegenwart Gottes würde in einer neuen Bedeutung verstanden: kein ganz abstraktes Überallsein, sondern die konkrete Immanenz Gottes, die das benachbarte Element auffordert, sich zu vereinen. Diese Immanenz des aus dem Innen der Elemente rufenden Gottes läßt die Integrität des Elements unversehrt. Gleichzeitig und genauer dürfen wir sagen, daß ohne diese Präsenz des Anrufs Gottes das Element ins Nichts zurückfiele.

Wie wir gesehen haben, ist die Offenheit für eine evolutive Zukunft um

[11] Solche Aussagen sind ein Trend in der modernen Theologie, wir werden (5.3) darauf zurückkommen.

so geringer, je weiter unten das Element auf der Werdeskala seinen Ort hat. Gott zwingt das Element nicht zu größerer Offenheit, er wird gewissermaßen nicht lauter, als das Element seiner Natur nach zu sein vermag. Das Wasserstoffatom mit seiner geringen Offenheit wird so nur in verhältnismäßig geringer Zahl jemals in ein höheres Atom evolvieren oder eine Verbindung mit anderen Elementen eingehen. Es scheint, die Chancen, eine höhere Stufe zu erreichen, sind auf dieser niedrigen Stufe der Evolution sehr gering, der Schöpferruf scheint kaum hörbar. Es wird kein Druck ausgeübt. Wenn Gott die Elemente zur Vereinigung auffordert, zwingt er sie nicht zusammen. Sein Ruf ist nicht der Befehl eines Herrschers. Er lockt gewissermaßen im Kleide des Elements das Nachbarelement zur Vereinigung. Es gibt keinen äußeren Druck, nur eine innere Tendenz zum Nachbarelement. Der Schöpfer beschränkt die Macht seines Schöpferrufes zur Vereinigung darauf, wessen das Element fähig ist. Er drängt sich so nie selbst auf, er läßt vielmehr das Nachbarelement und das Element selbst sein, was sie sind: unendlich kleine Elemente, die ihre Existenz in einer infinitesimalen Ähnlichkeit zum Schöpfer haben, dessen Präsenz in ihnen dieser Ähnlichkeit adäquat zu sein scheint. Sein schöpferischer Ruf aus dem Innen des Elements heraus gleicht sich so der Wirklichkeit des Elements an, er ist nicht Ausübung von Macht.

Auf der Ebene der menschlichen Beziehungen haben wir einen Namen für diese Weise, den anderen anzunehmen, indem man sich selbst einbringt, ohne sich aufzudrängen: Liebe.

Dies wird noch deutlicher, wenn wir uns dem zweiten Aspekt der Weise zuwenden, in der Gott durch sein Rufen aus dem Innen heraus schafft. Es gibt keinen direkten Weg, auf dem das Element zu Gott gehen könnte. Es kann dem Anruf Gottes antworten, indem es sich selbst mit einem anderen Element vereint. Das menschliche Element, die menschliche Person erfährt die Kraft, die mit einem anderen menschlichen Element vereint, ohne sich aufzuzwingen, als Liebe: Liebe zwingt nicht. In analoger Weise gilt dies für alle Stufen der Vereinigung, bei der immer das andere Element in seiner Integrität respektiert werden muß und wo beide Elemente durch die Vereinigung mehr werden, da sie in infinitesimaler Weise dem Schöpfer näher kommen. Die Entdeckung der Liebe als der grundlegenden kreativen Kraft eröffnet eine Sicht, die als dem schöpferischen Tun Gottes sehr angemessen erscheinen mag: Wir bekennen ihn als Liebe, und selbst wenn wir das kreative Wirken insbesondere dem Heiligen Geist zuschreiben, würde dies zumindest sinnvoll in den theologischen Diskurs passen, da der Heilige Geist in den trinitarischen Spekulationen häufig als die einende Kraft der Liebe angesehen wurde. Der liebende Anruf Gottes mag so in der Theologie als die treibende Kraft der Schöpfung und damit der Evolution angesehen werden. Dies steht in keiner Weise im Widerspruch zu den Beobachtungen der Naturwissenschaft. Die Elemente sind auf allen Stufen genau das, was sie sind. Die wissenschaftlichen Befunde ändern sich in keiner Weise, die theologische Aussage fügt in keiner Weise etwas zur wissenschaftlichen Beschreibung hinzu, sofern sie wissenschaftliche Beschreibung ist – die in mancher Hinsicht unvollständig ist.

Doch diese unvollständige Beschreibung ist die am besten verifizierbare Beschreibung der konkreten Wirklichkeit, die wir finden können. Für die Augen des Glaubens ist alles, was die Wissenschaft findet, Teil der Wirklichkeit, die Gottes Schöpferruf zu werden erlaubte.[12] Dies läßt die Physik und Chemie und Biologie unberührt, und es hilft nicht, die Probleme dieser Wissenschaften zu lösen. Der das Universum in Liebe zu sich rufende Gott ist kein *Deus ex machina*, der den Wissenschaftlern aushelfen sollte, wenn sie keine Antwort auf ihre Probleme haben.

Die theologische Aussage ist ein Versuch, die Beziehung dieses Universums zu Gott zu beschreiben, zu sagen, weshalb es ein Universum, weshalb es eine Evolution gibt – die in unserer Erfahrung mit dem Urknall beginnt und im Menschen ihre höchste Stufe der Komplexität und des Bewußtseins erreicht hat. Der Theologe beantwortet die Frage, die der Naturwissenschaftler per definitionem weder fragen noch beantworten kann.[13] In dieser Weise ist die theologische Antwort eine Ergänzung des wissenschaftlichen Unternehmens. Die Wissenschaft vermag, zumindest in weitreichendem Maße, das Universum in seiner physiko-chemiko-biologischen Geschichte zu beschreiben, ja sogar in seiner menschlichen Geschichte; die Theologie als der Weg, den Sinn der geoffenbarten Wahrheiten des Glaubens in ihrer Bezogenheit auf den gegenwärtigen von der evolvierenden Schöpfung erreichten Status zur Sprache zu bringen, ver-

[12] Thomas Aquinas argumentierte unter Benutzung der Argumente des Moses Maimonides zugunsten einer Notwendigkeit des Glaubens, um den Schöpfer zu erkennen (Sancti Thomae de Aquino Expositio super Librum Boethii de Trinitate, Leiden: Brill, 1955, 61): „Wegen der vielen Voraussetzungen, die erfüllt sein müssen, um durch den Vernunftgebrauch zur Gotteserkenntnis zu gelangen. Dazu ist die Kenntnis nahezu aller Wissenschaften erforderlich, denn aller Ziel ist das Wissen um die göttlichen Dinge; diese Voraussetzungen sind selten erfüllt."

[13] Dies gilt, solange er als Naturwissenschaftler spricht. Er mag versuchen, als Theologe zu sprechen, mit mehr oder weniger Erfolg, der zum großen Teil von seiner theologischen Bildung abhängt.

sucht zu sagen, wie Gott in dieser Welt, in seiner Schöpfung handelt. Wenn die Interpretation der Fakten, die wir über die Evolution und den Prozeß der Vereinigung als der Grundstruktur der evolvierenden Welt kennenlernten, richtig ist, dann existiert dieses Universum, mit den Augen des Glaubens gesehen, weil es durch den infinitesimal in allen Kreaturen präsenten schöpferischen Ruf der göttlichen Liebe in der Existenz und seinem fortschreitenden Prozeß des Werdens gehalten wird. Die Aussage von Paulus über Christus als dem, „dessen Fülle das Universum erfüllt, der alles in allem ist" (Eph 1, 23),[14] kann vielleicht auf diese Weise eine neue Interpretation finden, indem Gottes Präsenz durch seinen Ruf in allen Dingen aufgezeigt wird und in diesem Ruf alles seine Existenz hat, ohne mit Gott identifiziert zu werden. Kein pantheistisches Verständnis von Gottes Immanenz, sondern eine Sicht, die vielleicht richtig panentheistisch genannt werden könnte. Die vorgeschlagene Interpretation sollte in dieser Weise verstanden werden. *Panentheismus* wird durch das *Oxford Dictionary of the Christian Church*[15] definiert als „der Glaube, daß das Sein Gottes das ganze Universum einschließt und durchdringt, so daß jeder Teil von ihm in Ihm existiert, daß aber (gegen den Pantheismus) sein Sein mehr ist als das Universum und sich nicht in ihm erschöpft". Wenn wir von der ontologischen Sprache absehen und die Spannung von Identität und Nichtidentität, von Immanenz und Transzendenz durchhalten, können wir Panentheismus als Gottes aller Schöpfung immanentes Rufen sehen.

Diese Präsenz Gottes in seiner Schöpfung, Gottes Immanenz, ist für den christlichen Theologen unausweichlich verknüpft mit der Frage nach dem Gott, den wir in drei Personen glauben. In der klassischen, von der Ontologie durchtränkten theologischen Sprache gab es immer große Schwierigkeiten, dieses Glaubensgeheimnis zu verstehen. Wir werden zu fragen haben, ob sich etwas ändert, wenn wir diese Welt des Seins hinter uns lassen, um in der werdenden Schöpfung zu leben. Es wird ungelöste Schwierigkeiten geben, wie es sie auch heute in der traditionell-klassischen Lehre über die Trinität gibt. Doch mag dies sein wie es will, wenn unsere Interpretation dieses Universums als gekennzeichnet

[14] Vgl. auch 1 Kor 12,6 und 1 Kor 15,28.

[15] 2nd edn. Revised. Ed. F.L. Cross and E.A. Livingstone, Oxford 1983, 1027, hier zitiert nach Arthur Peacocke, Theology for a Scientific Age: Being and Becoming – Natural and Divine, Minneapolis 1993, 371; der Begriff des Pan-en-theismus braucht nicht in dem eingeschränkten Sinn verstanden zu werden, den er in der Prozeßtheologie angenommen hat; für eine kritische Würdigung vgl. Arthur Peacocke, aaO. 371–72.

durch Werden mittels Vereinigung richtig ist, haben wir keine andere Wahl, als das Geheimnis der Trinität in Beziehung zu dieser werdenden Welt zu verstehen zu versuchen.

5.3 Die Trinität: Schöpfer des werdenden Universums

In einer nicht-dualistischen Sicht der Schöpfung ist immer gesehen worden, daß die Welt, die Schöpfung, einen Doppelaspekt in ihrer Beziehung zum Schöpfer hat. Einerseits transzendiert der Schöpfer seine Schöpfung unendlich. Er ist der ganz Andere. Es gibt in dieser Sicht Gottes keine Möglichkeit, über Gott mit auf diese Schöpfung bezogenen Termini zu sprechen – und dies sind die einzigen positiven Termini, über die wir verfügen. Dieser Aspekt führt zur *theologia negativa*, die lediglich sagen kann, was Gott nicht ist. In bezug auf die evolvierende Welt können wir so negativ feststellen, daß Gott nicht vom Weniger zum Mehr evolviert. In dieser Sicht ist alles, was wir positiv über Gott auszusagen vermögen, angesichts der Wirklichkeit Gottes zu kurz gegriffen. Auf dieser gedanklichen Linie kommen wir zu dem Schluß, daß es keine Möglichkeit gibt, über Gott zu sprechen, sondern nur den Weg, zu Gott in Gebet, Anbetung und Schweigen zu sprechen.
Diese apophatische Theologie ist vorherrschend in der Theologie über den dreieinigen Gott, insbesondere, wenn über die sogenannte immanente Trinität gesprochen wird, das heißt über die innergöttliche Wirklichkeit. Die Einheit des einen Gottes in drei Personen ist immer zu einem geoffenbarten Geheimnis erklärt worden, das der menschlichen Vernunft nicht zugänglich ist. Die Vernunft mag um Gottes Existenz wissen, dies ist zumindest, was Thomas von Aquin mit den Fünf Wegen zu beweisen versuchte.[16] Das Wissen um die Trinität dagegen übersteigt das menschliche Wissen in jeder Weise.[17] Thomas von Aquin, hierin der augustinischen Tradition sehr radikal folgend, trennte so den Traktat *De Deo Uno* ganz deutlich vom Traktat *De Deo Trino*.[18] Diese Trennung des trinitarischen Gottes in drei Personen vom Begriff des einen Gottes hat in der christlichen Praxis zum Verlust der Trinität geführt, wie Karl Rahner beklagt. Formal halten die Christen an ihrem Trinitätsglauben

[16] Sth I, q 2 a 3.
[17] Sth II-II, q 17 1, a 3 c.
[18] Sth I, q 27.

fest, doch wir sollten uns nicht täuschen lassen: Die „Christen bei all ihrem orthodoxen Bekenntnis zur Dreifaltigkeit (sind) in ihrem religiösen Daseinsvollzug beinahe fast nur ‚Monotheisten‘. Man wird die Behauptung wagen dürfen, daß, wenn man die Trinitätslehre als falsch ausmerzen würde, bei dieser Prozedur der Großteil der religiösen Literatur fast unverändert bleiben könnte.“[19] Wie wenig die traditionelle Darstellung der Lehre von der Trinität für die Praxis der Christen fruchtbar wurde, hat am deutlichsten Immanuel Kant gezeigt: „Aus der Dreieinigkeitslehre, nach den Buchstaben genommen, läßt sich schlechterdings nichts fürs Praktische ausmachen, wenn man sie gleich zu verstehen glaubte, noch weniger aber, wenn man inne wird, daß sie gar alle unsere Begriffe übersteigt.“[20]

Jahrhundertelang hat die Theologie, obwohl sie verbal die Trinität bekannte, nur von Gott gesprochen. Es gibt „mehr als eine moderne, wissenschaftliche und umfangreiche Christologie, in der es völlig im Hintergrund bleibt, *welche* denn nun genau die göttliche Hypostase ist, die die menschliche Natur angenommen hat. Die durchschnittliche schulmäßige Inkarnationslehre von heute arbeitet faktisch nur mit dem abstrakten (in Wahrheit nur eine ganz analoge und prekäre Einheit habenden) Begriff einer göttlichen Hypostase, aber nicht mit dem Begriff genau der zweiten Hypostase in Gott als solcher. Sie fragt, was es bedeute, daß Gott Mensch wurde, nicht aber, was es im besonderen heiße, daß der Logos als gerade er im Unterschied von den anderen göttlichen Personen unterschieden Mensch wurde.“[21] Diese Reduzierung der Trinität auf drei vollkommen gleiche Hypostasen führte dazu, „daß es unter Theologen seit Augustinus (gegen die ihm vorausgehende Tradition) eine mehr oder weniger ausgemachte Sache war, daß jede der drei Personen (wenn es von Gott nur frei gewollt werde) Mensch werden könne und somit die Menschwerdung gerade dieser bestimmten Person über die innergöttliche Eigentümlichkeit gerade *dieser* Person nichts aussage.“[22] Dies hat zu einer praktischen Isolierung des Traktats über die Trinität in der Dogmatik geführt. „Einmal grob gesagt (und natürlich übertreibend und verallgemeinernd): Wenn dieser Traktat in der Dogmatik einmal abgehandelt ist, kommt er später dann auch nicht mehr vor. Man sieht seine Funkti-

[19] Karl Rahner, Bemerkungen zum dogmatischen Traktat „De Trinitate“, in: ders., Schriften zur Theologie, Bd. IV, Einsiedeln [5]1967, 105.
[20] Immanuel Kant, Der Streit der Fakultäten, A 50.
[21] Karl Rahner, aaO. 106.
[22] Ebd.

on im Ganzen der Dogmatik nur undeutlich. Dies Geheimnis scheint nur um seiner selbst willen mitgeteilt zu sein."[23]
Diese recht harte Kritik an der traditionellen scholastischen Theologie aus dem Jahre 1960 ist zumindest teilweise durch Karl Rahners eigene Arbeiten, aber auch in der protestantischen Theologie ausgeräumt worden. Im Ernstnehmen des Kritikpunktes, daß die Spezifizität der göttlichen Hypostase in der Inkarnation für eine Theologie der Trinität beachtet werden muß, ist eine recht umfangreiche Literatur über die Trinität in der Perspektive der Erlösung entwickelt worden.[24] Sie zentriert sich um die Vorstellung, daß die ökonomische Trinität – die in der Welt, in der Erlösung engagierte Trinität – nicht von der immanenten Trinität, dem innertrinitarischen Leben, getrennt werden kann. Es gab eine Bewegung weg vom griechischen philosophischen Gottesbegriff des *actus purus*, „der in seliger Unbedrohtheit, in der Bedürfnislosigkeit unendlicher Wirklichkeit von Ewigkeit zu Ewigkeit in absoluter, in gewissem Sinne unbewegter, ‚heiterer' Fülle immer schon besitzt, was er ist, ohne es erst werden, erst einholen zu müssen"[25] hin zum biblischen Gott, der sich während der ganzen Geschichte Israels weniger als das unwandelbare höchste Sein denn als aktiv handelnder, von seinem Volke erzürnter und seiner überdrüssig gewordener Gott offenbarte. Die Theologie bewegte sich so weg vom griechischen Begriff des einen, höchsten, unwandelbaren ewigen Seins in Richtung eines Gottes, der tief in seiner Schöpfung engagiert ist. Doch wenn wir einen näheren Blick auf dieses Engagement werfen, zeigt sich eine seltsame Begrenzung auf eine Gott-Mensch-Beziehung. Formal wiederholt man, daß das „christliche Bekenntnis zum unveränderlichen, werdelosen Gott ewiger vollendeter Fülle nicht nur ein Postulat einer bestimmten Philosophie, sondern auch ein Dogma des Glaubens ist, wie es z.B. noch einmal ausdrücklich im Ersten Vaticanum definiert (cf. DS 3001)" ist.[26] Doch Rahner stellt unmittelbar daran anschließend fest: „Aber es bleibt wahr: Das Wort ist Fleisch *geworden*."[27] Die Konsequenz dieser Entwicklung ist, daß die Spannung

[23] Rahner, aaO. 109f.
[24] Vgl. Eberhard Jüngel, Gott als Geheimnis der Welt, Tübingen 1977; John J. O'Donnel, The Mystery of the Triune God, A Heythrop Monograph, London 1988; es gibt viele andere Veröffentlichungen auf der Linie des Neudenkens der Theologie der Trinität in ihrer Relation zur Christologie; eine gute Übersicht über den gegenwärtigen Stand des Neudenkens findet sich bei John O'Donnel.
[25] Karl Rahner, Grundkurs des Glaubens. Einführung in den Begriff des Christentums, Freiburg [6]1976, 217.
[26] Karl Rahner, aaO.

zwischen dem Glauben an das unwandelbare höchste Sein, den *actus purus*, und dem Gott der Geschichte, der sich selbst in dieser Welt engagiert, am explizitesten, wenn der Logos Mensch wird, nunmehr zu einem verhältnismäßigen Verschweigen des ewigen Gottes, des Schöpfergottes geführt hat.[28] Die wichtige Entdeckung der modernen Theologie ist: „Gott kann etwas werden."[29]

Hier ist nicht der Ort, eine umfassende Analyse der Konsequenzen der tiefgreifenden Veränderungen in der Trinitätstheologie für das Verständnis von Erlösung und für das Verständnis des Menschen zu liefern. Doch dürfte klar geworden sein, daß die klassische Theologie und Philosophie perplex sind, wenn sie mit dieser Spannung konfrontiert werden. Da wir uns dessen bewußt geworden sind, daß dieses Universum als Schöpfung ein Prozeß ist, der in unserem Erfahrungshorizont von einem nahezu reinen Vielen fast ohne jegliche Information ausgeht, um ein Universum aus Materie, Leben und Geist zu werden, und da wir diesen Prozeß als einen Prozeß der Vereinigung erkannt haben, der neue Wirklichkeiten, höhere Stufen des Seins hervorbringt, dürfen wir uns die Frage stellen, ob die klassische Formulierung des Dogmas, das den dreieinigen Gott als drei Hypostasen, die wesensgleich sind, definiert, im Kontext einer Metaphysik der Vereinigung neu zu überdenken sei.

Dies ist offensichtlich kein Versuch, die Lehre vom dreieinigen Gott in ihrem offenbarten Inhalt in Frage zu stellen. Da aber alle benutzte Sprache einer Zeit durch den metaphysischen Horizont dieser Zeit bestimmt ist, haben wir nicht mehr länger die Möglichkeit, im Horizont einer statischen Welt zu denken, selbst wenn unsere Denkgewohnheiten immer noch an diese klassischen Formulierungen gebunden sind. Dies ist ein wirkliches Handicap: Bisher haben wir noch keine voll ausgearbeitete Metaphysik der Vereinigung, des werdenden Universums, während wir an die sehr klare und ausgefeilte (wenn auch nicht länger unbedingt sinnvolle) Sprache unserer philosophischen Tradition von Platon und Ari-

[27] Ebd.

[28] Typischerweise bietet John J. O'Donnel in seiner ausgezeichneten Darstellung der Lehre über The Mystery of the Triune God, über „Das Geheimnis des dreieinigen Gottes", nur vier Seiten über das Thema der Schöpfung, und die eigentlich auch über das Thema der Erlösung. Wie die Schöpfung sich zum dreieinigen Gott verhält, wird ganz knapp unter Verwendung des von Hans Urs von Balthasar vorgeschlagenen Begriffs der *Diastase* angesprochen. Die ganze Diskussion ist im wesentlichen befaßt mit der Möglichkeit menschlicher Freiheit, die Frage, wie Dinge werden und in welcher Beziehung dieses Werden zu Gott steht, wird nicht einmal gestellt.

[29] Karl Rahner, aaO. 218.

stoteles zu Thomas von Aquin und Bonaventura, zu Kant[30] und Hegel gewöhnt sind. Deshalb fällt es uns sehr schwer, uns von unseren Denkgewohnheiten zu befreien, die wir für so lange Zeit für Seins- und Denkgesetze gehalten haben. Um nur ein Beispiel zu nennen: Wir sind gewohnt, die klassische Aussage für richtig zu halten, daß das Mehr nicht aus dem Weniger hervorgehen kann. Um die Lukrezsche Formulierung zu benutzen: „*De nihilo nihil.*" In der Geschichte des Universums jedoch sehen wir genau dies sehr oft geschehen: Aus einem relativen Nichts[31] – wir können einem absoluten Nichts weder begegnen noch es denken – sehen wir oft etwas Neues hervorkommen, das mehr ist; das kontinuierliche Werden von Neuem, von Mehr aus einem relativen Nichts macht die ganze Geschichte der Evolution, die ganze Geschichte der Schöpfung aus. Und dieses Neue ist nicht etwa, was vollständig in sich selbst ruhte, das gewissermaßen seine Existenz sicher hätte. Vielmehr ist die je eigene Wirklichkeit ein kontinuierlicher Prozeß des Sich-in-sich-selbst-Einens. Sein ist so ein momenthafter Aspekt des allgemeinen Prozesses des Werdens.

Wenn dies richtig ist, dann müssen unsere auf der *analogia entis* beruhenden Argumente zumindest teilweise revidiert werden, wir werden wechseln müssen zu einer *analogia fientis*, zu der die *analogia entis* nur momenthafte Aspekte liefert. Wir werden darauf zurückkommen müssen.

Auch wenn wir diese Schwierigkeit im Auge behalten, können wir immer noch auf der klassischen Linie der *analogia entis* sagen, daß nichts im Universum restlos von Gott verschieden sei – wenn das möglich wäre, dann gäbe es etwas, das Gott völlig fremd wäre; alles, was wird, wird dank einer gewissen Ähnlichkeit mit Gott, so infinetesimal sie auch sein mag. Alles, was geworden ist, existiert, weil es durch irgendeine Ähnlichkeit an Gott teilhat. In der Perspektive der *creatio appellata* läßt sich so sagen, daß Gott die Elemente aufruft, ihm immer ähnlicher zu wer-

[30] Es mag hilfreich sein, sich in diesem Kontext daran zu erinnern, daß Kant unfähig war, sich ein evolutives Werden vorzustellen: „Die Kleinheit der Unterschiede, wenn man die Gattungen ihrer Ähnlichkeit nach an einander paßt, ist bei so großer Mannigfaltigkeit eine nothwendige Folge eben dieser Mannigfaltigkeit. Nur eine Verwandtschaft unter ihnen, da entweder eine Gattung aus der andern und alle aus einer einzigen Originalgattung oder etwa aus einem einzigen erzeugenden Mutterschooße entsprungen wären, würde auf Ideen führen, die aber so ungeheuer sind, daß die Vernunft vor ihnen zurückbebt." Immanuel Kant, Gesammelte Werke, Akademie-Ausgabe, 8, 54.

[31] Das relative Nichts ist zum Beispiel das Atom in Relation zum Molekül, das ein Mehr an Sein, an Wirklichkeit im Vergleich zum Atom hat.

den. Doch Gott-ähnlich-Sein sollte nicht mehr in Vorstellungen der Existenz, sondern des Werdens, des Vereinens ausgesagt werden.[32]
Nach der Metaphysik der Vereinigung ist der Grundprozeß der Evolution die immer weitergehende Vereinigung von Elementen auf immer höheren Stufen des Werdens. Was immer existiert, existiert während und solange seine Elemente vereint sind. In der Vereinigung und durch Vereinigung bringt der Prozeß des Werdens neue Stufen des Seins, das heißt neue Stufen der Gottähnlichkeit hervor. Wenn wir auch entsprechend dem Prinzip der negativen Theologie von dem, was wir über die Geschöpfe wissen, keine Schlüsse über die göttliche Wirklichkeit ableiten können, so ist es zumindest doch nicht inkohärent zu fragen, ob wir im Hinblick auf die Wirklichkeit Gottes von Sein sprechen können, ohne zu bedenken und zu berücksichtigen, was wir über Sein in Gottes Schöpfung wissen. Können wir von Gottes Sein sprechen, ohne etwas vom Sein der Geschöpfe zu wissen? Offensichtlich nicht, denn all unser Reden vom Sein gründet auf unserer Seinserfahrung in der Schöpfung, von der wir ein Teil sind. Wenn nun Teilhards Definition des Seins richtig ist – und ich bin dieser Auffassung -, dann hat diese Definition zumindest einige Bedeutung für das Sprechen des Menschen über Gottes Sein. Zumindest ist der durch diese Definition eröffnete Weg, von Gott zu sprechen, ebenso gerechtfertigt – wenn die Definition des *esse* richtig ist –, wie die klassische Gewohnheit, Gott Sein zuzuschreiben. Da wir nicht länger in einer statischen Seinswelt leben, müssen wir versuchen zu verstehen, wie Gottes Widerschein in einer Welt des Werdens aufleuchtet. Da wir den Prozeß des Werdens in der Schöpfung als einen von dem Schöpferruf göttlicher Liebe getragenen Prozeß zu sehen gelernt haben, dürfen wir weiter fragen, ob es in Gott eine Analogie zu diesem Grundprozeß der Schöpfung gibt.

32 Weil wir bisher noch nicht über eine voll entwickelte Sprache einer Metaphysik der Vereinigung verfügen, können wir kaum vermeiden, immer wieder in die Sprache der Metaphysik des Seins zurückzufallen. Das wird sehr deutlich, wenn man sich klar macht, daß die meisten Sprachen nicht einmal über ein eigenes Wort verfügen, um vom Werden zu sprechen. Die deutsche Sprache ist hier noch relativ glücklich, *werden* ist zwar von dem zur Seinssprache gehörenden Wortfeld (wesen, war) abgeleitet und hat eine Funktion als Hilfsverb, doch ist es zumindest eigenständig, mit eigener Konjugation, und deutlich Prozeß-bezogen. Dies ist in vielen anderen europäischen Sprachen nicht so: Französisch: ein Compositum: *de-venir*, im Englischen ebenso: *be-come*, im Lateinischen eine Passivform: *fieri*, im Griechischen ebenso: *gignomai* etc. Dies verweist darauf, wie sehr unsere Sprache von unserer metaphysischen Vergangenheit geprägt wurde.

Wir haben eine solche Analogie unter doppeltem Aspekt zu suchen: Wenn Vereinigung Sein definiert, dann ist Vereinigung nicht nur in Gott gegenwärtig, vielmehr ist Gott absolute Vereinigung in Ein-Ganzheit in einem ähnlichen Sinne, wie wir gewohnt waren zu sagen, Gott ist das absolute Sein. In einer strikt monotheistischen Sicht würde dies Schwierigkeiten schaffen, weil Gott aus vereinigten Elementen zusammengesetzt erscheinen würde. Wenn wir Gott als absolut Einen sehen, würde er einen angemessenen Partner brauchen, sich ihm zu vereinen. Dieser müßte mit Gott gleich ewig sein, so daß er sich mit ihm vereinen könnte. Gott und Schöpfung wären eng aneinander gebunden. Gottes Transzendenz wäre nur relativ, da Gott das Universum brauchte, um sich mit ihm zu vereinen, wenn er existieren soll. Als Schöpfer eines Universums, in dem Sein durch Vereinigung definiert wird, würde der strikt monotheistische Gott seine absolut transzendente Natur verlieren. Mit der Welt, wie sie sich im evolutiven Prozeß zeigt, scheint der monotheistische Gott nicht kompatibel zu sein. Eine mögliche Antwort wäre, daß Gott zu einem Faktor im universellen Prozeß wird, der einer höheren organisierenden Kraft unterworfen ist, wie in Whiteheads Sicht des Weltprozesses. In dieser Perspektive

> „kann Gott Schöpfer jeder zeitlichen aktuellen Entität genannt werden. Doch dieser Satz kann irreführend sein durch die Suggestion, daß die höchste Kreativität des Universums dem Wollen Gottes zuzuschreiben ist. Die wahre metaphysische Position ist, daß Gott die Urinstanz dieser Kreativität ist, und deshalb die Urbedingung ist, die seine Wirkung qualifiziert. Es ist die Funktion der Aktualität, die Kreativität zu charakterisieren, und Gott ist der ewige Urcharakter. Doch selbstverständlich gibt es keine Bedeutung von ‚Kreativität' in der Loslösung von ihren ‚Kreaturen', und keine Bedeutung von ‚Gott' losgelöst von der Kreativität und den ‚zeitlichen Kreaturen' und keine Bedeutung von den zeitlichen Kreaturen losgelöst von ‚Kreativität' und ‚Gott'."[33]

Dies ist ein Sonderfall von Pantheismus, in dem Gott zur Funktion der Kreativität wird. Ganz allgemein wird man aber wohl sagen dürfen, daß diese Integration des monotheistischen Gottes in das Universum, die pantheistische Antwort, die einzige rational nachvollziehbare Lösung des

[33] Alfred North Whitehead, Prozeß und Realität. Entwurf einer Kosmologie, Frankfurt a.M. ^{2}1984, 411f.

Problems ist, das eine durch Vereinigung werdende evolvierende Welt aufwirft. Diese Lösung hat natürlich auch zur Konsequenz, daß diese Welt gleich-ewig mit Gott sein muß, um Gottes notwendiger Partner im universellen Prozeß der Vereinigung zu sein. Wenn dieser pantheistische Weg, Gott zu denken, auch heute insbesondere unter Naturwissenschaftlern eine gewisse Verbreitung gefunden hat,[34] so kann es doch wohl keinen Zweifel daran geben, daß diese Weise, über Gott zu denken, nicht mit dem Gottesbild zusammenzubringen ist, das aus dem Glauben der Christen aufscheint.

Die Beibehaltung eines strikt monotheistischen Gottesbegriffs isoliert Gott von der Welt. Gott wäre kein Prozeß der Vereinigung – er wäre aus Elementen zusammengesetzt, wenn das göttliche Wesen aus einer Vereinigung resultierte –, sondern ein höchstes Sein. Wenn er die Vereinigung brauchte, würde er die Welt brauchen. Wir wären wieder mit einer Whiteheadschen Lösung konfrontiert. Oder aber Gott wäre völlig anders – eine in der Theologie nicht so selten gehörte Aussage. Doch dieser monotheistische, isolierte Gott wäre nicht der Schöpfer einer Welt, in der Sein durch Vereinigung wird, durch Vereinigung ist. Er wäre ein Gott, der die Vollkommenheit in sich ist, der in Allmacht eine vollkommene Welt schafft, die bis in das kleinste Detail wohl geordnet ist. Dies wäre die Welt, wie sie im Mittelalter gesehen wurde. Es ist eine Kindheitswelt, in der für alles Sorge getragen wird, in der nur die Menschen nicht mechanisch funktionieren, weil der Wille Gottes sie frei gewollt hat, und in der die Menschen Fremde, Gast auf Erden sind: Sie wurden in die Welt gestellt, um dort ihre Prüfung zu bestehen. Ungehorsam gegen den Willen Gottes wird bestraft, häufig unmittelbar als Konsequenz der durch das menschliche Fehlverhalten in der Welt verursachten Unordnung. Auf dieser mit dem strikten Monotheismus zusammenhängenden gedanklichen Linie gelangt man rasch zu der Folgerung, daß gewisse Übel, Krankheiten, Gottes Strafe für das Versagen der Menschen sind, die nicht nach dem Willen Gottes leben. Eine weitere offensichtliche Konsequenz des monotheistischen Gottesverständnisses ist die Bürde des Theodizeeproblems: Wer ist dieser Gott, der die Übel ohne Unterschied zugleich Unschuldige und Sünder erfahren läßt?

[34] Vgl. Albert Einstein, Mein Weltbild. Neue, vom Verfasser durchgesehene und wesentlich erweiterte Auflage, Zürich 1953, 171: „Jene mit tiefem Gefühl verbundene Überzeugung von einer überlegenen Vernunft, die sich in der erfahrbaren Welt offenbart, bildet meinen Gottesbegriff; man kann ihn also in der üblichen Ausdrucksweise ‚pantheistisch' (Spinoza) nennen."

Vielleicht mußte die Menschheit für eine Weile in dieser perfekten Welt ihrer Kindheit leben. Übel wurden als Strafen verstanden – eine Sehweise, die bereits in den Zeiten des Alten Testaments kritisch gesehen wurde, insbesondere im Buche Ijob, und noch ausdrücklicher im Neuen Testament.[35] Je mehr die Menschen über diese Interpretation des Übels nachzudenken begannen, um so unannehmbarer wurde sie. Sicherlich, es gibt immer noch genug Theologen, insbesondere auf der Linie der christlichen und islamischen Fundamentalisten, die zum Beispiel das Auftreten von Aids als Strafe Gottes interpretieren. Doch in der allgemeinen Praxis wird dieses Argument nicht mehr oder zumindest immer weniger akzeptiert, seit Voltaire die Frage nach dem gerechten Gott nach dem Erdbeben von Lissabon im Jahre 1755 stellte. Der monotheistische allmächtige Gott, Schöpfer einer geordneten Welt, in der alles durch sein Wollen gelenkt wird, ist mit dem ungelösten und unlösbaren Problem des Übels, das vermeidbar wäre, konfrontiert. Die Diskussion über diese Frage der Theodizee vergißt im allgemeinen die Tatsache, daß die wirkliche Welt, die wirkliche Schöpfung, weder der postulierten vollkommen geordneten Welt noch einem monotheistischen Gott entspricht. Diese evolvierende Schöpfung entspricht nicht der aristotelischen (oder platonischen) Ontologie.

Die strikt geordnete Welt des monotheistischen Gottes kommt im realen Universum nicht vor, wie mehr als ausreichend gezeigt wurde. Die Welt wird auf allen Stufen durch Vereinigung strukturiert. Die Welt versucht auf diese Weise, so viel wie möglich dem Gott ähnlich zu werden, der sie schafft, der sie mit dem Ruf der Liebe zu sich ruft. So kann Gott, das „Urbild" alles Geschaffenen, nicht strikt ein Sein sein, unveränderlich in alle Ewigkeit. Es wäre sicherlich falsch zu sagen, wir könnten aus dem Prozeß der Vereinigung, der das Universum durch seine Evolution Gott näher kommen läßt, die Wirklichkeit der Trinität ableiten. Doch dürfen wir sagen, diese offenbarte Wirklichkeit des ewig vereinten trinitarischen Gottes spiegelt sich im universalen Prozeß der Evolution durch fortschreitende Vereinigung wider.

Die Tradition zeigte uns einen Gott in drei Personen – und dies wurde uns als *mysterium magnum* vorgestellt, das alle Möglichkeit menschlichen Verstehens übersteigt. Und dies scheint wahr zu sein in einer Welt, die in der Sicht einer Seinsmetaphysik begriffen wird. In gewisser Weise ist der unwandelbare ewige Gott, das absolute Sein, immer schwer als die

[35] Vgl. Joh 9, 2–4.

Trinität zu verstehen gewesen, zu der diese Welt in Bezug steht. Der Gott Abrahams, Isaaks und Jakobs konnte kaum mit dem Begriff des absoluten unwandelbaren Seins zur Deckung gebracht werden. Karl Rahner betonte nachdrücklich die Nachrangigkeit des Gottesbegriffs als unwandelbarem Sein mit seiner Forderung, daß die „Ontologie sich hier an der Botschaft des Glaubens zu orientieren und diese Botschaft nicht zu schulmeistern" hat.[36]

Dieses Postulat kann sehr wohl mißverstanden werden, es erinnert an Zeiten, da Theologen versuchten, der Wissenschaft zu sagen, wie die Himmel funktionieren. Ontologie bzw. Fierologie ist keine willkürliche Konstruktion des menschlichen Geistes, sondern das Ergebnis des umfassendsten Unternehmens, das Universum, das heißt die Schöpfung zu verstehen. Insofern ist sie Teil von Gottes Offenbarung. Es kann keinen Zweifel daran geben, daß die griechische Philosophie das christliche Verständnis des einen Gottes und die Formulierungen des Konzils von Chalkedon tief beeinflußte, die den dreieinigen Gott als einen Gott in drei Hypostasen, die alle in ihrem Wesen gleich sind und damit ihrer Natur nach untereinander austauschbar sind, zur Aussage brachten. Die Frage stellt sich nun, ob diese Formulierungen und die Ontologie, in der sie ausgesagt sind, trotz der Tatsache beibehalten werden können, daß die Welt, in der sie beide entwickelt wurden, nicht mehr da ist. Wir leben nicht mehr in einem Kosmos, in einer wohlgeordneten Welt wie die vom Demiurgen in Platos *Timaios* oder die vom Gott Israels geschaffene, in den ersten Kapiteln der Genesis beschriebene Welt. Ebensowenig wurde der Mensch als ein Fremdling (Plato, Phaidros) oder aufgrund eines besonderen Schöpfungsaktes (Genesis) in ein statisches Universum gestellt, um dort einer Zeit der Prüfung unterzogen zu werden. Dies war offensichtlich die allgemeine Sicht der Welt, der Schöpfung und des Ortes des Menschen in ihr. Für viele Jahrhunderte war dies der Weg, wie Gott sich durch seine Schöpfung hindurch offenbarte. Schauen wir auf die mittelalterliche Interpretation der Welt, sehen wir, daß sie auf Ordnung zentriert war. Der Schöpfer hatte „alles nach Maß und Zahl und Gewicht angeordnet" (Weish 11, 21).[37]

[36] Karl Rahner, Grundkurs des Glaubens. Einführung in den Begriff des Christentums, Freiburg [6]1976, 219.

[37] Thomas von Aquin zitiert in seinen beiden Summen diese Worte *omnia mensura et numero et pondere disposuisti* häufiger als irgendeine andere Stelle des Alten Testaments, mit der einzigen Ausnahme der die Schöpfung unmittelbar betreffenden Texte der ersten Kapitel der Genesis.

Dementsprechend hatten die mittelalterlichen Theologen verhältnismäßig genaue Antworten. Sie wußten, wie wahrer Glaube und Häresie zu unterscheiden seien und wo die Linie zwischen ihnen zu ziehen sei. In gewisser Weise – diese Analogie mag den überzeugten Scholastiker verletzen, und wir hoffen auf seine Nachsicht – erinnern diese Theologen an Abiturienten, die alles wissen, die noch nicht die Grenzen ihres Wissens und die Unendlichkeit ihrer Ignoranz ausgelotet haben. Wenn wir das Heranwachsen der Menschheit als Teil der weitergehenden Schöpfung begreifen, sollte eine solche Feststellung erwartet werden. Gott erschien nicht als ein und derselbe zu allen Zeiten, nicht einmal in der Geschichte Israels. Der Gott Abrahams, Isaaks und Jakobs erschien erst lange Zeit nach dem Exodus als der Gott aller Völker, doch selbst dann noch zugleich als der mächtige Gott Israels, neben dem kein anderer Gott ist: „Alle Völker der Erde werden dann wissen, daß Jahwe allein Gott ist, und daß kein anderer da ist." (1 Kön 8,60). Viele Jahre lang erschien der Gott Israels dem Volk wie ein Stammesgott, und dies war wahrscheinlich die einzige Weise, in der die früheren Israeliten – und die anderen Völker um sie herum – Gott zu denken vermochten. Er verhielt sich Israel gegenüber wie ein Vater: Er verlangte von den Kindern, strengen Regeln zu folgen, ohne sie zu begründen; zugleich aber vergab er ihnen auch, wenn sie die Regeln gebrochen hatten und Reue zeigten. Wir sehen hier, wie Gott der Menschheit in ihrer späten Kindheit erschien, auf die die mittelalterliche Adoleszenz folgte, der Gott als das universelle, allmächtige, unwandelbare[38] ewige höchste Sein, das alles wohl geordnet und unter Kontrolle hatte, erschien; lediglich der Mensch konnte frei handeln, weil Gott es so entschieden hatte.

Die mit diesem adoleszenten Weltbild verbundene Ontologie muß ersetzt werden. Dies sollte uns nicht sehr verwundern, wenn wir auf die Geschichte der Offenbarung blicken, die zumindest auf der Ebene der weitergehenden Schöpfung fortgeführt wird. Wir leben nicht mehr im Kosmos, sondern in einer Welt des Werdens. Dieser Welt entspricht eine Metaphysik der Vereinigung, selbst wenn wir nur über einen ersten Rohentwurf der letzteren verfügen. Da Sein in dieser Metaphysik durch Vereinigung definiert wird, müssen wir sagen, daß Gott sich selbst vereint. Wie schon aufgezeigt, wenn dies von einem monotheistischen Gott gesagt würde, müßte er entweder als ein Compositum oder als eines Uni-

[38] Der unwandelbare Gott war unter anderem die notwendige Bedingung für die Gültigkeit des ewigen Gesetzes, dessen, was wir heute Naturgesetz nennen.

versums bedürfend ähnlich dem Whiteheadschen Gott gedacht werden. Beide Vorstellungen sind unbefriedigend. Das Whiteheadsche Konzept führt zur Integration Gottes in den universellen Prozeß als einen Faktor, während die Vorstellung von der Einheit eines Compositums die Frage nach der Materie aufwirft, aus der Gott zusammengesetzt wäre: Auf diese Weise würden sowohl die Ewigkeit als auch die Transzendenz Gottes fragwürdig. Gott dreieinig zu denken – das heißt, Gott kann nicht als einer gedacht werden, ohne ihn zugleich dreieinig zu denken –, eröffnet in der Metaphysik der Vereinigung eine andere Perspektive.

Da nach dieser Metaphysik Sein durch Vereinigung verwirklicht wird und nur insofern existiert, als die Vereinigung in jedem Augenblick neu verwirklicht wird, muß das absolute Sein als absolute Vereinigung definiert werden. Die höchste Stufe der uns bekannten Vereinigung ist die interpersonale Vereinigung, die unter den Menschen nur sehr unvollkommen verwirklicht wird. In Gott sind die drei Personen eins in totaler ewiger Liebe, die in jedem Augenblick der Ewigkeit erneuert wird – dies ist selbstverständlich menschliches Sprechen, das keine reale Möglichkeit hat, über die Ewigkeit zu sprechen. Das alte Wort über Gott als *actus purus* erhält eine neue Bedeutung: Es ist der ewig erneute und immer bereits völlig verwirklichte Akt der Vereinigung in vollkommener Liebe, der die drei göttlichen Personen, den Vater, den Sohn und den Heiligen Geist, vereint. Die menschliche Vorstellungskraft vermag die Fülle dieser Vereinigung in göttlicher Liebe nicht zu fassen. Menschliche Liebe, die Liebe, die wir kennen, mag versuchen, sich zu schenken, doch irgendwie gelingt das nie ganz. In der Trinität gibt es keine Unzulänglichkeiten in der liebenden Relation. Jede Person der Trinität ist eins mit den anderen in totaler Liebe. Vereint in einer alles menschliche Begreifen übersteigenden Liebe, sind die drei göttlichen Personen ein Gott. Das Geheimnis der vollkommenen liebenden Vereinigung mag die paradoxe Aussage erlauben, daß jede der göttlichen Personen in vollkommener Vereinigung mit den anderen als ein Gott handelt.

Diese Feststellung muß qualifiziert werden durch die Erinnerung daran, daß die Vereinigung nicht verschmilzt: Die Vereinigung differenziert. Man wird mehr man selbst in der Vereinigung mit dem anderen. Die traditionelle Differenzierung in Vater, Sohn und Heiliger Geist sollte mehr sein als nur eine relationale Differenzierung. Diese vom Konzil von Chalkedon abhängige Theorie wurde im Horizont einer ontologischen Metaphysik entwickelt, für die alles seine Natur in seinem Wesen hatte. In dieser Sicht konnte jede Person der Trinität den Platz der anderen einnehmen. In der

Metaphysik der Vereinigung kann es keine essentielle Identität unter den drei Personen geben, sie werden vielmehr das, was sie sind, in ihrer Vereinigung. Sie sind ein Gott, vereint in einer Weise, daß jede Person voll an der anderen teilhat.[39] Zugleich dürfen wir sagen, daß, je tiefer die drei göttlichen Personen in Liebe vereint sind, sie um so differenziertere Personen sind, jenseits alles menschlichen Begreifens.

Wir müssen hier unsere Vorstellungskraft bis zum äußersten anspannen, und doch sind wir immer noch nicht fähig, über die Trinität in angemessener Weise zu sprechen. Was gesagt wurde, mögen Fingerzeige auf die Wirklichkeit hin sein, die durch die Worte der Offenbarung gemeint ist, die in einer Zeit gesprochen wurden, da es kein Wissen über die wirkliche Geschichte des Universums, über Gottes weitergehende Schöpfung gab. Doch auch in dem Wissensrahmen jener vergangenen Zeiten wurde die Trinität nicht begriffen, und die Interpretationen zum Beispiel eines Augustinus sind bei weitem kein klares Verstehen des dreieinigen Gottes. Ein theologischer Versuch über die Trinität im Verstehenshorizont eines evolutiven Verständnisses der Schöpfung wird noch sehr viel schwieriger sein, da wir die kaum verstandene Offenbarung in einen neuen Verstehenshorizont übertragen müssen. Was über die Trinität im Horizont einer evolvierenden Welt gesagt wurde, ist ganz gewiß noch weit weniger klar und ganz sicher weniger durchdacht als die Ideen, die in dem obsoleten Horizont einer statischen Welt ausgearbeitet wurden. Wir sind bestenfalls fähig, einen ersten Blick durch einen Spalt auf diese neue Verstehensweise der Offenbarung von dem dreieinigen Gott, von der Einheit Gottes in drei Personen als der Bedingung seiner dreieinigen Existenz zu werfen.

Wie sehr auch immer das Geheimnis des inneren Lebens der Trinität dem Gläubigen verborgen bleiben mag, es scheint evident, daß der dreieinige Gott die ewige lebendige und vollkommen verwirklichte Vereinigung der drei göttlichen Personen ist. Da diese Vereinigung vollkommen ist, braucht Gott keine Welt zu schaffen, um sich ihr zu vereinen. Der trinitarische Gott transzendiert seine Schöpfung, er braucht sie nicht. Die Trinität ist absolut frei, sich zu entscheiden, eine Welt zu schaffen, die eingeladen ist, an ihrem Leben teilzuhaben.

Theologen haben versucht, die Rollen der drei göttlichen Personen in bezug auf die Schöpfung zu verteilen. Die paulinischen Texte, insbeson-

[39] Man ist versucht zu sagen, jede partizipiere voll am Wesen der anderen, doch dies hieße, in die Sprache der Ontologie zurückzufallen, die wir zu vermeiden suchen.

dere der Brief an die Kolosser, schreiben eindeutig eine zentrale Rolle in der Schöpfung der zweiten Person der Trinität, dem Sohn, zu: „Durch ihn sind alle Dinge geschaffen im Himmel und auf Erden, die sichtbaren und die unsichtbaren, ob Thronen oder Herrschaften, ob Fürsten oder Mächte, alles ist durch ihn und in ihm geschaffen." (Kol 1, 16). Von daher ergibt sich die Frage, wie die kreative Rolle des Logos in der Trinität zu verstehen ist. Die Metaphysik der Vereinigung verändert zumindest die Perspektive, so daß wir auf neuen Wegen versuchen können zu erforschen, was über die drei Personen in Gott und ihre Spezifizität gesagt wurde. Doch wir müssen hier diese Fragen ruhen lassen in der Hoffnung, später zu ihnen zurückzukehren.

Ein Punkt der traditionellen Traktate über die Trinität sollte allerdings in einem Versuch, über die Schöpfung im evolutiven Horizont zu sprechen, nicht ausgelassen werden, und zwar die Frage der *vestigia trinitatis*, d.h. Spuren der Trinität in der geschaffenen Wirklichkeit. Eberhard Jüngel führt einige der von den Theologen im Laufe der Zeiten vorgeschlagene Analogien an: Augustinus mit seiner psychologischen Interpretation: Gedächtnis, Verstand und Wille; Anselm von Canterbury: Quelle, Fluß und Mündung; Martin Luther: Sein, Form und Potentia; noch einmal Luther: Grammatik, Dialektik und Rhetorik; Joachim von Fiore: die drei Zeitalter der Welt, das des Vater, das des Sohnes und das des Geistes.[40] Diese Vorstellung der *vestigia trinitatis* war in Mißkredit geraten sowohl bei den katholischen Apologeten als auch in der protestantischen Theologie, wo Karl Barth sich sehr deutlich gegen diese Vorstellung wandte.[41] „Die neuere katholische Apologetik lehnt durchgängig schroff solche Versuche ab, eine Ahnung dieses Geheimnisses außerhalb des Neuen Testaments zu entdecken."[42] Diese Einstellung hat nach Karl Rahner zur Folge, daß es für die Schultheologie keine *vestigia trinitatis* geben kann. Doch diese Isolierung des Traktats über die Trinität, die ihre deutlichste Formulierung in dieser radikalen Weigerung findet, die Vorstellung der *vestigia* auch nur in Betracht zu ziehen, muß falsch sein. „*So kann* es nicht sein. Die Trinität ist ein *Heils*mysterium."[43] Und das Heil betrifft diese Schöpfung.

Es mag wahr sein, daß das ontologische Verständnis des Universums, der

[40] Eberhard Jüngel, Gott als Geheimnis der Welt, Tübingen 1977, 477.

[41] Vgl. Eberhard Jüngel, aaO. 477–478.

[42] Karl Rahner, Bemerkungen zum dogmatischen Traktat „De Trinitate", in: ders., Schriften zur Theologie, Bd. IV, Einsiedeln [5]1967, 114.

[43] Karl Rahner, aaO. 115.

Schöpfung, nur geringe Möglichkeiten bot, irgendwelche *vestigia* in dem Vertrauen aufzuzeigen, daß sie einem protestantischen oder katholischen Theologen annehmbar sein würden. Die strikte Isolierung der tradierten Offenbarungstexte von der Selbstoffenbarung Gottes in seiner Schöpfung war ein weiteres Handikap für jegliche Suche nach Spuren. Doch wenn wir die *analogia fientis* ernst nehmen, dürfen wir mit einigem Vertrauen, nicht ganz falsch zu liegen, sagen, daß diese Schöpfung in ihren Werdestrukturen *ad similitudinem trinitatis* wird. Alles, was zu einem höheren Seinsstatus evolviert, tut dies durch Vereinigung und spiegelt so in kreatürlicher Weise das absolute Sein im absoluten ewigen Akt göttlicher Vereinigung. Die Evolution führt näher zu Gott, beantwortet den liebenden Anruf des Schöpfers, indem sie in infinitesimalen Annäherungen, das heißt durch Vereinigung mit anderen Elementen auf der bis dahin erreichten Stufe des Werdens die göttliche Vereinigung nachahmt. Das evidenteste *vestigium trinitatis* ist in erster Linie nicht in einer dreiteiligen, irgendwie die drei Personen widerspiegelnden Wirklichkeit zu suchen, sondern in dem eigentlichen Prozeß des Werdens. Vereinigung bringt neue Wirklichkeiten hervor, die in ihrem Werden zur Ein-Ganzheit immer mehr göttliche Wirklichkeit widerspiegeln. Es ist hier an zweierlei zu erinnern: Die Vereinigung verschmelzt nicht, sondern differenziert. Dies gilt in höchstem Maße für die trinitarische Vereinigung, für die *unio trinitatis*. Und es sollte nicht vergessen werden, daß eine Person als solche nur in ihrer Beziehung zu anderen Personen existieren kann, daß es eine einzelne, allein existierende Person als Person nicht geben kann.[44] Somit können durch Vereinigung, die differenziert, die Schöpfung und mithin die Menschen Gott näherkommen. Vereinigung unter Menschen, die ihr Personsein respektiert,[45] wird in Liebe verwirklicht. Deshalb ist die Aussage „Gott ist Liebe“ mehr als eine moralisierende Rede: Sie betrifft die zentrale Kraft der Vereinigung in der Trinität, die zugleich die zentrale Kraft der Schöpfung ist.

Es gibt keinen anderen Weg, dem dreieinigen Gott näherzukommen. Wie

[44] Es mag ein allein existierendes Wesen geben, die Person existiert nur im Bezug zu anderen Personen, die in ihrer Einmaligkeit erfahren werden. Die menschliche Person hätte – was sowieso biologischer Unsinn wäre – nicht als Einzelwesen werden können. Der deutsche Psychiater von Auersperg sagte einmal in einem Vortrag, den er in Vezelay (Frankreich) hielt, daß „*ein* Schimpanse kein Schimpanse ist“, wobei das implizierte, daß dies auch für den Menschen gilt. *Ein* Mensch, *eine* Person, ist kein Mensch, keine Person.

[45] Die Menschen zueinander zu zwingen, fördert nicht die Vereinigung, sondern die Individualisierung, die die Menschen zu gesichtslosen Nummern macht.

Teilhard einmal feststellte, hat das Liebesgebot aufgehört, eine rein moralische Aufforderung zu sein, um das ontologische Prinzip der Evolution, der Schöpfung zu werden. Diese Schöpfung wird ihr Ziel nur erreichen, den Punkt, den zu erreichen sie eingeladen ist, wenn die Liebe immer mehr zur vorherrschenden Kraft wird, die neue Wege in die Zukunft eröffnet. Wie immer diese von der Kraft der Liebe dominierte Zukunft aussehen mag, sie scheint kaum vereinbar mit einem übertriebenen Individualismus und der Selbstverwirklichung als dem Hauptinteresse der Individuen. Was Teilhard die Noosphäre nannte, kann keine menschlich annehmbare tragende Struktur entwickeln, wenn sie nicht von der Liebe dominiert wird. Die Schöpfung, die aufgerufen ist, an Gottes Leben teilzuhaben, kann ihre Chance in einer individualistischen Verweigerung der Liebe verlieren. Denn wie die großen personalistischen Philosophen der ersten Hälfte dieses Jahrhunderts gezeigt haben, gewinnt man sein Personsein nicht in der Selbstverwirklichung, sondern indem man eine andere Person liebt. Paradoxerweise verwirklichen die, die lieben, sich selbst, ohne die Selbstverwirklichung zu suchen. Wenn die beherrschende Kraft der Evolution auf den früheren, das heißt auf den niedrigeren Stufen nur unscharf durchschimmert, wenn sie sich auch klar als Vereinigungskraft erweist, so wird sie auf der Stufe des Menschen in den Augen des Glaubens, der den dreieinigen Gott als das von der Schöpfung nachzuahmende Urbild sieht, zu der entscheidenden Kraft: Um dem dreieinigen Gott näherzukommen, um weiterzugehen auf dem Wege der evolutiven Schöpfung, gibt es nur ein Gebot: „Liebet einander."[46] Es gibt keinen anderen Weg in die Zukunft, der zur Fülle, zum Pleroma der Schöpfung führt, die eingeladen ist, am Leben der Trinität teilzuhaben. Dies ist die Antwort, die Gott auf seinen getreuen Schöpferruf der Liebe erwartet.

Da wir so mit einiger Gewißheit ein *vestigium trinitatis* in der evolvierenden Schöpfung entdeckt haben, müssen wir fragen, ob die anderen großen Parameter der Evolution uns erlauben, weitere zu finden, und/oder ob sie ermöglichen, neue Aspekte des Schöpfers und seiner Absicht mit dem Universum zu erkennen.

[46] Joh 13,34.

5.4 Creatio informata

Einer der gefundenen Parameter ist, wie wir gesehen haben, der der Information: Die Evolution gewinnt Stabilität auf den höheren Werdestufen durch Speicherung von Information, unter Verwendung typischer, der erreichten Werdestufe entsprechender Mittel der Speicherung. Da Information keine Materie ist, obwohl sie materiell gespeichert wird,[47] waren wir zu dem Schluß gekommen, daß ein wichtiger Faktor der Evolution eher spirituell als materiell ist. Es gibt darüber hinaus keinen Zweifel, daß Information kausal effektiv ist: Was immer wir über die Früchte der Technologie wissen und von ihnen nutzen, ist durch Information als seiner *causa formalis* verursacht worden. Ohne die durch Ingenieure geschaffene Information würde es kein Flugzeug geben. Ohne die in den Genen gespeicherte Information würde es keine lebenden Geschöpfe geben. Ohne das in der Sprache enthaltene und von Generation zu Generation weitergereichte Wissen würde es keine Menschen geben.

Die Bedeutung dieser nicht-materiellen Wirklichkeit der Information ist der klassischen Metaphysik bekannt gewesen, und alle Information wurde als im Gedächtnis Gottes gespeichert vorgestellt. Platons Ideenlehre, die Lehre von den ewigen Formen, von denen die materiellen Dinge nur schwache Schatten sind, sah die Ideen als von Gott geschaffen an. Das Gute weiß nicht nur die ewigen Ideen, vielmehr gibt sie ihnen auch Sein.[48] In moderner Fassung finden wir dieselbe Art von ontologischem Idealismus in Whiteheads ewiger Natur Gottes, die alle Möglichkeiten enthält, die im Prozeß der universellen Evolution verwirklicht werden können.[49] Die Information ist da, sie informiert Materie, den Weltstoff, indem die Schritte der Evolution durch Vereinigung verwirklicht werden. Doch obwohl wir, zumindest in gewissem Maße, wissen, wie die Information durch die Evolution verwirklicht wird, erscheint es sehr schwierig aufzuzeigen, auf welchem Wege die in Gottes Allwissenheit gegenwärtige Information in die evolvierenden Geschöpfe eingebracht wird. Einer-

[47] Materialistische Wissenschaftler insistieren häufig auf der Tatsache, daß Information Energie braucht, um geschaffen und gespeichert zu werden. Der wichtige Punkt der Qualität der Information, für die diese Energie gebraucht wird, bleibt völlig außer acht. Die Energie der Scheibe Brot, die Einstein ißt, wird genutzt, um eine ganz andere Information zu schaffen, als die Energie des Brots, das ein Sensationsreporter ißt.

[48] Vgl. Karl Schmitz-Moormann, Die Ideenlehre Platons im Lichte des Sonnengleichnisses des sechsten Buches des Staates, Münster 1959.

[49] Vgl. Alfred North Whitehead, Prozeß und Realität. Entwurf einer Kosmologie, Frankfurt a.M. ²1984.

seits gilt, daß, wenn Gott die absolute Fülle der Vereinigung und damit des Seins, der Information ist, alles irgendwie durch seine Ähnlichkeit mit Gott informiert ist, indem es in infinitesimaler Weise an der in Gott gegenwärtigen Information teilhat. Andererseits sehen wir nicht, daß Gott dem evolvierenden Universum Information aufprägte.

Zu dieser Schwierigkeit zu sehen, in welcher Weise Gott Information zu den evolvierenden Geschöpfen zu bringen vermag, gibt es eine Analogie. Die menschlichen Gedanken, Erfindungen, das menschliche Wollen, kurz alles bewußte menschliche Tun hat erste Konsequenzen im menschlichen Gehirn und dann im menschlichen Tun durch Beeinflussung des menschlichen Körpers und durch Veränderung der uns umgebenden Welt; doch obwohl wir dies erfahren, wissen wir oder verstehen wir nicht, wie dieser Transfer der Information – einer geistigen Wirklichkeit – in die materielle Wirklichkeit möglich ist: Die Wissenschaft ist bisher unfähig, uns aufgrund der sehr weit vorangetriebenen Analysen des Gehirns verständlich zu machen, wieso wir Wissenschaft treiben können. Die geistige Wirklichkeit der Information wird für uns sehr evident in der menschlichen Sprache, sei sie gesprochen oder geschrieben: Die mitgeteilte Information ist völlig unabhängig von dem spezifischen Medium; sei der Text nun mit roter, blauer oder grüner Tinte geschrieben, die Information unterscheidet sich nicht, soweit der Inhalt in Frage steht. Und diese Information immaterieller Art verursacht Veränderungen im Gehirn, wo sie in einer bisher kaum wirklich verstandenen Weise gespeichert wird.[50] Wir wissen also, daß Information, die immaterielle Entität, real und in der materiellen Welt aktiv wirksam ist, doch wir wissen nicht,

[50] Die Theorien variieren von molekularer Speicherung in Engrammen zu elektrischen Verknüpfungen zwischen Neuronen. Doch offensichtlich unterscheidet sich das Mittel der Speicherung vom Informationsinhalt: Wir können nicht erfahren, was ein Mensch weiß, indem wir sein Gehirn studieren. Er kann es uns sagen – deshalb gibt es mündliche Examina –, während der Neurologe uns über Gehirnschäden zu informieren vermag, die die Speicherung von irgend etwas im Gehirn unmöglich machen, wie bei der Alzheimerschen Krankheit. Es ist wie bei Schrift in einem Buch: Wenn die Seiten mit Druckerfarbe befleckt oder von Würmern zerfressen oder verbrannt sind, können wir die Information nicht länger lesen, weil der Stoff, in dem sie gespeichert war, zerstört ist. Doch wir können dieselbe Information eventuell in einem anderen, unbeschädigten Buch finden, so wie ein anderer Mensch mit einem ungeschädigten Gehirn über dasselbe Wissen verfügen kann. Man sollte diese Analogie nicht zu weit treiben: Es soll nicht gesagt werden, Geist und Gehirn seien zwei verschiedene Entitäten; dies ist eher der Eindruck, der durch neurologische Studien der Physiologie des Gehirns erweckt wird. Es ist vorzuziehen, vom denkenden Menschen zu sprechen, dessen höhere geistige Fähigkeiten in seiner Physiologie registrierbare Effekte haben. Eine analoge Feststellung kann man über das Leben und die Koordination der materiellen Elemente in

in welcher Weise unser Wissen, das seiner Wirklichkeit nach immateriell ist, benutzt, verwirklicht werden kann: Wie wird unser Wollen in Bewegung übersetzt, wie werden unsere Baupläne (eines Hauses, eines Autos) in wirksames Tun verwandelt? Wir sind sicher, daß dies geschieht, aber der Transfer der Information in informiertes Tun ist mit der allgemein akzeptierten wissenschaftlichen Erklärungsmethode nicht verständlich zu machen. Der Transfer ist im wesentlichen unerklärt, aber wirklich. János Szentágothai,[51] ein ungarischer Neurophysiologe, hat versucht, die Skylla des Dualismus und die Charabdis des Reduktionismus zu vermeiden: „Es muß einen annehmbaren dritten Weg zwischen den wesentlich reduktionistischen und dualistischen Interpretationen geben", forderte er[52] und schlug die *downward causation*, die Verursachung nach unten als mögliche Antwort vor. Er definierte diese Weise der Verursachung unscharf mit der Feststellung, „was immer sie ist, unser Geist kann kausal mit den physiologischen Operationen der Stromkreise unseres Gehirns interferieren". Dieselbe Idee einer Verursachung nach unten wurde 1974 im Hinblick auf hierarchisch organisierte Systeme von Donald T. Campbell[53] und 1983 von Roger W. Sperry[54] als *top-down-causation*, als Verursachung-von-oben-nach-unten vorgeschlagen. Allerdings gibt keiner einen Mechanismus für diese Art der Verursachung an, doch das liegt wohl in der Natur der Sache: Mechanismen setzen mechanische, materielle Ursachen voraus. So erfahren wir nicht, wie der Transfer vom Geistigen zum Materiellen verwirklicht wird, doch wird die Tatsache eines solchen Transfers von einigen überragenden Wissenschaftlern auf dem Gebiet der Neurologie anerkannt.
Diese Idee einer Verursachung-von-oben-nach-unten hat Arthur Peacocke

der lebendigen Entität machen. Der Mensch läßt sich als geistige Entität mit einem funktionierenden Gehirn beschreiben.

[51] Vgl. J. Szentágothai, Downward Causation?, in: Ann. Rev. Neurosci. 1, 1984, 1–11; ders., The Brain-Mind Relationship, in: B. Guyas (Hg.), The Brain-Mind Problem. Philosophical and Neurophysiological Approaches, Leuven 1987, 63–115, und ders., About a Paradigm of Neural Organisation, in: Giuseppe del Re (Hg.), Brain Research and the Mind-Body Problem: Epistemological and Metaphysical Issues – Proceedings of a Round Table Discussion Held at the Pontifical Academy of Science on 25 October 1988. Pontificiae Academiae Scientiarum Scripta Varia vo. 79, Ex Aedibus Academicis in Civitate Vaticana, Pontificia Academia Scientiarum, 1992, 61–64.

[52] Vgl. J. Szentágothai, Downward Causation?, aaO. 1–11.

[53] Donald T. Campbell, „Downward Causation" in Hierarchically Organised Systems, in: F.J. Ayala/T. Dobzhansky (Hg.), Studies in the Philosophy of Biology: Reduction and Related Problems, Oxford 1983, 178–86.

[54] Roger W. Sperry, Science and Moral Priority, Oxford 1983, Kap. 6.

benutzt, um die Frage zu beantworten, wie Gott in der Welt handeln könne. Nachdem er uns daran erinnert hat, daß in der evolvierenden Welt komplexe Systeme als Ein-Ganzheit die niederen Stufen beeinflussen, „wie die bewußten Gehirnzustände ‚top-down'-Ursachen auf der ‚niederen' Stufe der Neuronen sein könnten"[55], sieht er hier eine neue Möglichkeit, Gottes Interaktion mit der Schöpfung zu verstehen. Diese Vorstellung einer *top-down*-Verursachung „weist in eine Richtung, in der wir uns vorstellen können, daß das göttliche Tun in der Welt einen Unterschied macht, ohne jedoch in irgendeiner Weise zu jenen im Universum beobachteten operativen Regelmäßigkeiten und Gesetzen im Gegensatz zu stehen, die von den auf der Ebene der in Frage stehenden Komplexität und Organisation zur Anwendung kommenden Wissenschaften erklärt werden"[56]. Dieser Gebrauch der Analogie erscheint hilfreich, denn er eröffnet die Möglichkeit, „das Modell der Interaktion, ja des Dialogs zwischen menschlichen Entscheidungen und menschlichem Tun einerseits und göttlichen Intentionen und Absichten andererseits überzeugender darzustellen"[57]. Dies gilt insbesondere für das Verständnis und die Möglichkeit „des Gebets, des Gottesdienstes und der Sakramente".[58] Dies ist gewiß wahr, und es wäre wirklich überzeugend, wenn wir etwas besser verstünden, wie wir durch unser Denken und Wollen unsere Neuronen beeinflussen. Wie die Dinge liegen, benutzen wir hier ein geheimnisvolles Faktum, um besser das Geheimnis zu verstehen, wie Gott seine Schöpfung informiert. Wir könnten uns gewiß die Vorstellung der *top-down*-Verursachung zu eigen machen und damit eine Reihe von Fragen beiseite legen. Denn es gibt eine ganze Reihe von aktiv in das Universum integrierten Informationen, deren Anwesenheit sich unserem Verständnis entzieht: Es ist äußerst schwierig zu verstehen, daß sie da sind. Die erstaunlichsten Informationen dieser Art, deren Ursprung wir nicht kennen, sind mit den frühesten Zeiten des Universums und den damals evolvierenden Bedingungen verknüpft. Woher kommen die Gesetze der Physik? Sind sie per Zufall da, oder sind sie definiert gewesen, bevor die Welt in Erscheinung trat? Es gibt sicherlich die nicht allzuweit verbreitete Idee von den unendlich zahlreichen Universen – von deren Existenz wir nie etwas zu wissen vermögen mangels der Möglichkeit, von außer-

[55] Arthur Peacocke, Theology for a Scientific Age: Being and Becoming – Natural and Divine, Minneapolis 1993, 158.

[56] Peacocke, aaO. 158.

[57] Peacocke, aaO. 158.

[58] Peacocke, aaO. 158.

halb unseres Universums Daten zu empfangen –, die uns erlauben würde, das Universum, in dem wir leben, gerade als das eine unter den unendlich zahlreichen Universen anzusehen, das zufällig die richtigen Gesetze und die richtigen Konstanten hatte – die richtige Coulomb-Konstante, den richtigen Wert für die Schwerkraft etc.[59] –, um die Evolution von Leben und Bewußtsein zu erlauben. So wäre unser Universum vielleicht das einzige, in dem unter der Hypothese der vielen Universen nach Sinn gefragt würde.

Es sollte klar sein, daß diese Hypothese von den vielen Universen nicht im Widerspruch zum Schöpfergott und zur Schöpfung steht: All diese unendlich zahlreichen Universen wären immer noch Gottes Schöpfung, und sie könnten als Ausdruck von Gottes absoluter Großzügigkeit bei der Erschaffung einer nicht prädeterminierten Welt verstanden werden. So besteht einerseits keine absolute logische Notwendigkeit, das anthropische Prinzip durch eine von außen, vom Schöpfer eingegebene Information zu erklären. Andererseits gibt es keinen Beweis für die Hypothese von den zahlreichen Universen, und die *top-down*-Verursachung ist keineswegs als ein mögliches Modell ausgeschlossen. Da wir dieses Modell in unserer inneren Erfahrung am Werk sehen, gibt es keinen Grund, dieses Modell von unserem Verstehen der Interaktion Gottes mit dieser Welt auszuschließen. Es dürfte sehr hilfreich sein, um Gottes Antwort auf unsere Gebete zu verstehen, eine Antwort, die manchmal die Gestalt von Wundern annimmt, zum Beispiel wenn plötzliche Heilungen auftreten.[60] Es würde schwerfallen, Gottes Antwort auf Gebete, die häufig nur vom betenden Menschen wahrgenommen wird, durch ein anderes Modell als das der *top-down*-Verursachung zu verstehen. Die Vorstellung paßt sehr gut zum Begriff der Gnade und insbesondere zur christlichen Vorstellung von den Sakramenten. Die Eucharistie kann sehr wohl als verwandeltes Brot und verwandelter Wein begriffen werden, die eine neue Information erhalten. So wäre es nicht gerechtfertigt, das Modell der *top-down*-Verursachung als Weise der Interaktion Gottes mit der Welt einfach abzulehnen.

Zugleich aber ist offensichtlich, daß das Universum nicht eindeutig immer durch *top-down*-Verursachung gesteuert wird, die ein wohlgeordne-

[59] Vgl. John Barrow/Frank J. Tipler, The Anthropic Cosmological Principle, Oxford 1986.

[60] Auch wenn wir es heute lieber vermeiden, von Wundern zu reden – sie sind in der Welt der Wissenschaft eher ein Grund des Ärgernisses denn des Glaubens –, ereignen sie sich doch, wie zum Beispiel in Lourdes, wo eine Reihe von medizinisch kontrollierten (von nichtkatholischen Ärzten), gut dokumentierten Heilungen erfolgt sind.

tes Universum hervorbrächte. Wie wir gesehen haben, gibt es einige Ordnung im Universum, und die höheren Stufen der Evolution zeigen eine höhere Stufe der Ordnung, die Ausdruck der auf dieser Stufe gespeicherten und verwirklichten Information ist. Doch insgesamt ist die Schöpfung nicht durch Ordnung ausgezeichnet. Wenn Gott mit diesem Universum analog zum Modell der *top-down*-Verursachung interagiert, so scheint dies kaum der einzige Weg zu sein, auf dem dieses Universum mit Gott in Beziehung steht. Es möchte eher scheinen, daß die *top-down*-Verursachung die Ausnahme ist, die für den Anfang des Universums vielleicht eine Rolle spielt, aber auch da nur für Teilaspekte. Man mag annehmen, die fixen Werte der Konstanten im Universum oder die mögliche Quelle dieser Konstanten, wenn sie je auf einen sie mit einiger Notwendigkeit hervorbringenden ursprünglichen Zustand des Universums reduziert werden könnten, seien so durch Gottes Schöpferwillen informiert worden. Vielleicht darf man annehmen, die Konstanz der Naturgesetze habe ihre Ursache in der konstanten Wirkung dieser Art der Verursachung. Das mag so sein. Doch angesichts der vielen Milliarden Jahre, bevor die Erde gebildet wurde, fällt es schwer, an eine konstante, Neues bewirkende *top-down*-Verursachung zu glauben. Zumindest sehen wir keinen dichten Strom von Information von Gott in seine Schöpfung fließen. Die Struktur der *creatio appellata* mit Gottes liebender Stimme, die die Elemente durch die Elemente hindurch zur Vereinigung ruft, scheint nicht in diese Richtung zu weisen. Oder sollen wir diesen Ruf zur Vereinigung als eine Art *top-down*-Verursachung begreifen? Zumindest erscheint es ratsam zu zögern, bevor man das Universum als Ganzes unter dem Einfluß einer göttlichen *top-down*-Verursachung stehend ansieht. Es könnte ein Weg sein, den Gott wieder zurückzubringen, der in erster Linie der Allmächtige ist. Dies würde einerseits die alten Probleme der Theodizee zurückbringen. Andererseits sehen wir sicher keinen quantitativ vorherrschenden evolutiven Trend, der das Universum als Ganzes prägte, wie es bei einer allgemein wirkenden Ursache zu erwarten wäre. Diese Geschichte des Werdens ist verhältnismäßig lokalisiert.[61] Die Vereinigung wird nicht erzwungen, und es ist die Vereinigung, die neue In-

[61] Man könnte natürlich einwenden, die *top-down*-Verursachung wirke lokalisiert, weil Gott es so will. Als biblisches Bild ließe sich dazu die Auserwählung des Volkes Israel anführen. Weshalb sollte Gott nicht die Erde auserwählen, um den Menschen werden zu lassen? Die Schwierigkeit bleibt allerdings, daß auch beim Volk Israel die *top-down*-Verursachung keine das Volk ursächlich effiziente transformierende Information erkennen läßt, sondern eher das Angebot von Information, die nur selten wirklich angenommen wird.

formation, neue Strukturen schafft, die der Schöpfer eher auftreten zu lassen scheint, als daß er verursachen würde, daß sie als eine spezifische informierte Struktur auftreten. Das *top-down*-Modell hat eine erklärende Funktion, wenn Gott zur Menschheit durch seine Propheten spricht, wenn er auf Gebete hört, wenn die Gnade den Menschen erreicht. Eine solche Art *top-down*-Verursachung als das Modell von Gottes Interaktion mit seiner Schöpfung ist hilfreich, um gewisse Ereignisse als Gottes Wirken in der Geschichte seiner Schöpfung denkbar zu machen, ohne daß dies das einzige anwendbare Modell wäre. Gott ist nicht auf ein Modell fixiert.

Gott, der seine Schöpfung, die Geist/Materie, auf ihren Weg zu höheren Stufen von Komplexität, Zentreität, Bewußtsein und Geistigkeit durch seinen schöpferischen Ruf der Liebe trägt – dies scheint der normale Weg Gottes zu sein, mit diesem Universum zu interagieren. Er ruft das Universum aus dem Nichts, damit es ihm immer ähnlicher werde. Und da es immer mehr verwirklichte Information, immer schöpferischer in der Hervorbringung von Information wird – wie es am sichtbarsten auf der Stufe des Menschen geschieht –, wird das Universum in seiner evolutiven Spitze wesentlich geistig, und das bedeutet zumindest in gewissem Maße Gott ähnlich. Dies sollte uns nicht vergessen lassen, daß Gottes liebender Ruf auf seine eigene Weise die Grundinformation dieses Universums ist. Er zwingt keine Information auf, doch bietet er die Möglichkeit, Information zu schaffen, wenn diese Möglichkeit ergriffen wird – sofern die Bedingungen dafür gegeben sind. Dieses immer präsente Angebot, dieser immer gegenwärtige Ruf Gottes sollte richtig benannt werden bei seinem Namen: Gnade. Da Gnade die aktive Liebe Gottes zu seiner Schöpfung ist, da die tragende Kraft der evolutiven Geschichte des Universums Gottes Liebe ist, dürfen wir sagen, die ganze Schöpfung ist Gnade.

Gnade setzt Freiheit voraus: Freiheit auf seiten des Gebers, aber auch auf seiten des Empfängers. Wie wir gesehen haben, ist Freiheit ein anderes Kennzeichen der Schöpfung Gottes, und ihre Evolution ist ein anderer Parameter, den evolutiven Prozeß, die Schöpfung Gottes und den Schöpfer zu verstehen.

5.5 Creatio libera

Wir haben gesehen, daß die Geschichte der Evolution die Geschichte des Werdens von Freiheit ist, die in der Geschichte des Universums immer vorrangiger wird. Ist die Freiheit eine Illusion, ist sie letzten Endes einer sie determinierenden *top-down*-Verursachung unterworfen, die wir gerade als einen Weg Gottes, mit seiner Schöpfung zu interagieren, kennenlernten? Ist solche *top-down*-Verursachung die Regel oder die Ausnahme? Wie schon gesagt, ist diese Vorstellung von Ursächlichkeit hilfreich, wenn Gottes Eingreifen in diese Welt als Antwort auf unsere Gebete im Einklang mit dem verstanden werden soll, was die Wissenschaft über die Gesetze der Natur weiß. Doch sowenig die Wissenschaft die menschliche Freiheit wegerklären kann, sowenig wird diese von der *top-down*-Verursachung in Frage gestellt.

In der Sicht des traditionellen theologischen Verständnisses der Schöpfung wirft dieser Aufstieg der Freiheit durch die Geschichte der Evolution hindurch ganz andere Probleme auf. Einerseits waren, wie schon erwähnt, die Theologen davon überzeugt, daß es nirgendwo im Tierreich eine Spur von Freiheit gebe. Descartes erfand das Tier als Maschine nicht *ab ovo*, er übersetzte nur in die Sprache seines mechanistischen Zeitalters die Überzeugungen aller Scholastiker. Jedes Naturding folgt dem ewigen Gesetz Gottes, alles ist prädeterminiert, wenn auch die Zweitursachen dabei voll respektiert werden. Descartes übersetzte diese totale Prädetermination in eine mechanistische Struktur entsprechend dem allgemeinen Verständnis der Himmel in seiner Zeit: Da die Himmel mechanisch geworden waren, wurde alles andere ganz ähnlich gesehen: Für alle Zeiten, über die wir Kenntnisse haben, bis in die moderne Zeit hatten die Sterne, insbesondere die sieben Planeten, als Zweitursachen jegliche physische Bewegung auf der Erde bestimmt. Als die geistigen Kräfte, die für die rechte Bewegung der Planeten sorgten, eliminiert wurden, war es offensichtlich, daß alles rein mechanisch werden mußte.[62]

In der scholastischen Welt wurde alles durch den Willen Gottes an seinen Platz gestellt, er beeinflußte den Willen des Menschen, so daß er wollte, was der Mensch selbst zu tun wünschte, im Guten und im Schlechten. Der freie Wille wurde in dieser Sicht dem Willen Gottes insofern unterworfen, als es Gottes Wille war, der den menschlichen Willen frei

[62] Es mag in diesem Kontext daran erinnert werden, daß die französischen Wissenschaftler zunächst die Himmelsmechanik Newtons ablehnten, weil er mit der Schwerkraft einen neuen geisterhaften Faktor in die Himmel einführte.

wollen machte. Durch die Unterscheidung der Zweitursachen von Gottes Ursächlichkeit ließ man Raum für normale Naturwissenschaft, und die Theologie konnte ungestört ihrer Aufgabe nachgehen – vermutlich wäre Thomas von Aquin mit der Vorstellung einer *top-down*-Verursachung ganz zufrieden gewesen. Doch sollte man nicht vergessen, daß das sechzehnte Jahrhundert von einem Streit über Gottes Vorsehung und den freien Willen gekennzeichnet war, die beide einander logisch ausschließen. Innerhalb der katholischen Tradition hielt der Dominikaner Bañez die thomistische Position und verteidigte seine „metaphysische Lehre von Notwendigkeit und Wesen der ‚praemotio physica' für *jeden* Akt der Kreatur"[63], während Luis de Molina lehrte, daß Gott „in seiner ‚scientia media' das ‚bedingt zukünftige Freie' *aus* dessen objektiver idealer Wirklichkeit erkennt"[64]; der eine insistierte auf der göttlichen Vorsehung und der Prädestination, der andere auf der Wirklichkeit des freien Willens. Der Streit zwischen beiden Schulen war heftig, die eine schleuderte das Anathema gegen die andere und umgekehrt. Beide Positionen – die der Verteidiger des freien Willens des Menschen und die der Verteidiger der göttlichen Vorsehung – waren in der Tradition der Kirche vertreten worden. Ausschließlichkeit der einen Position, wie sie vom Prädestinianismus vertreten wurde, der erklärte, daß Gott von Ewigkeit her einen Teil der Menschheit zur Seligkeit bestimmt habe, während der andere Teil zur Verdammnis prädestiniert sei,[65] war von der Kirche seit der Antike zurückgewiesen worden, doch das Dilemma, gleichzeitig menschliche Freiheit und allumfassende göttliche Vorsehung und Prädestination vertreten zu wollen, wurde dadurch nicht ausgeräumt. Um den Streit Molina-Bañez zu beenden, blieb der römischen Autorität keine andere Lösung, als beiden Seiten zu verbieten, einander häretisch zu nennen.
Die eigentlichen Wurzeln der Idee einer allumfassenden göttlichen Vorsehung, die jedes Ereignis in diesem Universum determiniert, ist mit der Überzeugung verknüpft, daß dieses Universum geschaffen wurde, um vollkommen geordnet zu sein und so schließlich die gestörte himmlische Ordnung[66] mit Hilfe der Schöpfung wiederherzustellen. Das Mittelalter war von der Schaffung von Ordnungsstrukturen fasziniert, insbesondere von solchen, die die Zahl Sieben verwirklichten, die die himmlische Ordnung imitierten, die der Menschheit in den sieben Planeten vor Au-

[63] Karl Rahner, Gnade und Freiheit, in: ders. (Hg.), Herders theologisches Taschenlexikon, Bd. 3, Freiburg i.Br. 1973, 146.
[64] Ebd.
[65] So etwa der Presbyter Lucidus.

gen geführt wurde. Das Verständnis, daß alles physische Geschehen auf Erden durch die Bewegung der sieben Planeten gesteuert wurde, die ihrerseits durch das Firmament und so schließlich durch den ersten Beweger bewegt wurden, ließ alles physische Geschehen bis ins einzelne Detail determiniert erscheinen. Diese Kausalkette verband alle natürlichen Ereignisse direkt mit Gottes Tun, dessen ewiger Wille jegliches Ereignis auf Erden prädestiniert hatte. Zugleich wurde die Freiheit von allen Theologen nachdrücklich verteidigt, wobei sie manchmal zu recht paradoxen Aussagen gelangten, insbesondere, wenn sie dahin tendierten, den Prädeterminationsaspekt stärker zu betonen. Es gibt wahrscheinlich keine rationale Lösung für dieses Problem. Karl Rahner sagt: „*Wie* von Gott die natürliche Freiheit unbeschadet ihrer radikalen Abhängigkeit gesetzt werden kann, *wie* ihr heilshafter Vollzug von Gottes Gnade als *freier* gegeben wird, diese Frage ist der freien Diskussion der Schulen überlassen."[67] Das Dilemma ist eine konstante Herausforderung an den Geist des Menschen, und es gibt vermutlich keine rationale Lösung dafür. Daß die Menschen von Gottes Gnade abhängig sind und trotzdem frei handeln können – ein anderer Aspekt dieses Prädestination-Freiheit-Dilemmas –, ist jahrhundertelang diskutiert worden.[68] Vielleicht ist es klug, dem Rat Karl Rahners zu folgen:

> „Um das Problem ‚Gnade-Freiheit' wirklich zu ‚verstehen', es stehen zu lassen und es anzunehmen, muß man in die Gestimmtheit des Beters zurückkehren: Er empfängt sich, ist und gibt sich Gott zurück, indem er die Empfängnis annimmt, als Moment an der Gabe selbst annimmt. Bezieht man diese Position des Beters (und hat man dadurch schon die ‚Lösung' des Problems angenommen), dann begeht man petitio principii oder eine Flucht: Man nimmt nur an, was man unweigerlich ist: der Wirkliche und der Herkünftige in einem: das Geschöpf, das in Freiheit schafft und schaffend als Gnade geschaffen wird."[69]

Das Dilemma von Prädestination und Freiheit, von Gnade und Freiheit ist nie rational gelöst worden, und wir sollten nicht überrascht sein, daß

[66] Diese himmlische Ordnung war, so die Scholastik, durch den Fall der Engel gestört. Die Zahl der Engel mußte deshalb durch die Heiligen wieder aufgefüllt werden, um die Urordnung zurückzugewinnen.

[67] Karl Rahner, Zur Theologie der Freiheit, in: ders. (Hg.), Herders theologisches Taschenlexikon, Bd. 2, Freiburg i.Br. 1973, 331.

[68] Rahner, Gnade und Freiheit, aaO. 148 f.

[69] Rahner, aaO. 149.

uns dieses Problem in einer evolutiven Welt erhalten bleibt. Der wesentliche Unterschied zwischen der älteren theologischen Sicht und dem theologischen Verständnis in einem evolutiven Verstehenshorizont ist in der Tatsache zu finden, daß die Freiheit nicht mehr ein außergewöhnliches Geschenk an den Menschen ist, während alle anderen Dinge und lebenden Geschöpfe dem mechanistischen Determinismus strikt unterworfen wären. Wie wir gesehen haben, evolviert die Freiheit Stufe um Stufe, bis sie auf der Stufe des Menschen mit der Reflexivität die Fähigkeit erreicht, um sich selbst zu wissen. Tiere haben einige Freiheit, sie sind in gewissem Grade frei. Menschen *wissen*, daß sie frei sind, daß sie für sich entscheiden, was sie zu tun und zu lassen wünschen. Und sie wissen: Sie sind für das verantwortlich, was sie tun und lassen.

Wenn wir auf die Geschichte der Evolution sehen, gibt es kaum Evidenz dafür, daß Gott handelte, indem er alles, was geschah, prädestinierte. Die Geschichte der Evolution kann als eine begreifliche Geschichte gelesen werden – es war möglich, daß es so geschah –, doch an keiner Stelle der Vergangenheit wäre es möglich gewesen, die zukünftigen Schritte des evolutiven Prozesses vorauszusagen. Wie wir gesehen haben, ist Unordnung oder das Fehlen erkennbarer Ordnung wie in der quasi-isotropen Verteilung der kosmischen Hintergrundstrahlung[70] im Universum bei weitem vorherrschend gegenüber den hochgeordneten Strukturen, die als Infrastrukturen für das Leben und Denken notwendig sind. Wenn es eine globale Prädestination aller Partikel im Universum gibt, dann wird sie zumindest nicht sehr evident in Gottes Schöpfung signalisiert. Die Welt sieht eher so aus, als verberge Gott sein prädestinierendes Tun.

Das Weitestgehende, was wir über die vorbestimmte Orientierung des Evolutionsprozesses sagen können, mag aus der Tatsache hergeleitet werden, daß vor dem Hintergrund des Ordnung ermangelnden Universums Ordnung, Komplexität, Zentreität, Leben, Bewußtsein, Information und Freiheit – alles Aspekte ein und desselben evolutiven Prozesses – unerklärt bleiben, wenn kein weiterer Faktor eingeführt wird, wie etwa das, was Karl Popper eine „Neigung"[71] in der Natur genannt hat. Popper argumentierte,[72] daß eine größere Häufigkeit des Auftretens einer spezifischen Art von Ereignis als ein Test benutzt werden kann, ob es in der Sequenz

[70] Ein anderes Analogon dieses Mangels an Ordnung ist dichter Nebel: Es gibt keine sichtbaren Strukturen, die eine Orientierung ermöglichten.

[71] Der benutzte englische Terminus ist „propensity".

[72] Auf dem World Philosophy Congress, Brighton, August 1988, berichtet in The Guardian, 29. August 1988, hier zitiert nach Arthur Peacocke, aaO. 65 und 356, Anm. 37.

der Ereignisse (ähnlich einer Reihe von Würfen eines Würfels) inhärent eine Tendenz oder Neigung gebe oder nicht gebe, das in Frage stehende Ereignis zu verwirklichen.[73] Eine Neigung dieser Art, oder ein „geladener" Würfel, ist dann anzunehmen, wenn die Ereignisse häufiger auftreten, als die statistische Wahrscheinlichkeit erlauben würde. Arthur Peacocke sieht diese Neigung nicht nur auf der Stufe der vom zweiten Satz der Wärmelehre beherrschten Prozesse, vielmehr findet er, daß „diese *Neigung zu größerer Komplexität* auch in der Geschichte der lebenden Organismen offenkundig ist"[74]. Wenn auch die Mehrheit der materialistisch orientierten Biologen vor dieser Schlußfolgerung zurückschrekken würde, hält er es für richtig festzustellen, „daß es eine Neigung zu vermehrter Komplexität in der Evolution der lebenden Organismen gibt". Es sollte klar sein, daß diese Neigung keine Notwendigkeit bedeutet. Sie erlaubt keine Voraussage in irgendeinem Einzelfall. Die biologischen Systeme mögen zu höherer Komplexität tendieren, doch gibt es genug solcher Systeme, die sich seit dem Präkambrium, ja seit ihrem ersten Auftreten vor mehr als drei Milliarden Jahren nicht verändert haben.[75] Die Neigung in eine bestimmte Richtung ist weit davon entfernt, eine Art Prädetermination oder Prädestination zu sein, obwohl der Trend in der globalen Evolution – Naturwissenschaftler haben eine Tendenz, von den nicht evolvierenden Geschöpfen zu abstrahieren, wenn sie über die Evolution sprechen – als eine Neigung zur Komplexität auf immer neuen Stufen, die neue Wege der Verwirklichung von Komplexität implizieren, sichtbar wird. Pierre Teilhard de Chardin, der als erster den Begriff der Komplexität einführte, um die Stufe der Evolution zu messen, wies darauf hin, daß es eine enge Beziehung zwischen dem Zuwachs an Komplexität und dem Zuwachs an Bewußtsein gibt. Obwohl Teilhard sehr deutlich machte, daß das eine nicht Ursache des anderen ist, so kann doch die Korrelation zwischen beiden kaum geleugnet werden. Diese Neigung ist ferner korreliert mit einem „*Zuwachs an Informationsverarbeitungsfähigkeit*", wie Arthur Peacocke dies nennt.[76] Verallgemeinernd dürfen wir so feststellen: Es gibt im evolvierenden Universum eine Neigung zu größerer Komplexität, größerem Bewußtsein und größerer Informationsverarbeitung. Die letztere ist grundlegend eine Materie tran-

[73] Peacocke aaO. 65.
[74] Peacocke, aaO. 66.
[75] Zum Beispiel die Cyanobakterien.
[76] Peacocke, aaO. 68.

szendierende Fähigkeit, die auf eine Schöpfung auf dem Weg zu mehr Geist verweist.
Soweit die Prädestination in Frage steht, ist diese Neigung das, was ihr im fortschreitenden Prozeß des Universums am nächsten kommt. Ohne diese Neigung, die theologisch als die Wirkung des nie verstummten Anrufs des Schöpfers verstanden werden kann, auf dem Wege der Geistwerdung zu ihm zu kommen, fähig zu werden, ihm zu begegnen, würde es keine Evolution geben.
Doch es dürfte auch klar sein, daß diese Annäherung kaum dem traditionellen Verständnis von Prädestination entspricht. Die letztere wurde durch die beständige Bewegung der Himmel, der Planeten und des Firmaments, durch die kosmische Ordnung erfahren. Mit der Entdeckung der Trägheitsgesetze und der Schwerkraft wurde die Prädetermination der Himmelsbewegungen zu einer deistischen Vorstellung, und mit dem Verschwinden der himmlischen Ordnung, die einer eher chaotischen Verteilung von vielen Milliarden Galaxien gewichen ist, ist es heute schwierig, die determinierende, ordnende Hand des Schöpfers am Werk zu sehen. Trotz der astrologischen Spalten in den meisten Zeitungen und Illustrierten glauben wir nicht mehr, daß Mars oder Jupiter unser Tun oder das Wachsen des Weizens bestimmt, und wir halten den Mangel an der Mitwirkung der Sonne bei der Zeugung eines Menschen nicht mehr verantwortlich für die fehlgeschlagene Schwangerschaft, die in der Geburt einer *mola*, eines Mondkalbs, endete.
Dies wirft die Frage auf, ob die Prädestination, die gewiß eine Möglichkeit des allmächtigen Gottes ist, tatsächlich von Gott ausgeübt wird. Der von seiner Schöpfung gebotene Anblick zeigt keine deutlich ausgeprägten Hinweise auf eine solche Prädestination. Die gewaltige Menge evolutiv ungenutzter Energie in der kosmischen Hintergrundstrahlung und in den Schwarzen Löchern, wo Millionen von Sonnen unter Verlust der geringen Information enden, die sie in Gestalt chemischer Elemente und einfacher Moleküle zustande gebracht hatten, weist nicht in Richtung eines prädeterminierenden Schöpfers, der alles in seiner Schöpfung im voraus geordnet hat. Der Schöpfer scheint nicht daran interessiert zu sein, seine Schöpfung zu prädeterminieren und im voraus zu ordnen. Ohne einen deutlichen Hinweis auf die Prädestination im schöpferischen Prozeß der Evolution müssen wir uns fragen, ob die Idee selbst der Prädestination nicht mit dem obsoleten statischen Universum zusammenhängt, in dem die Menschheit bis zum letzten Jahrhundert lebte. Dieses war eine Welt, die auf einem alles ordnenden Schöpfer beruhte, der „sei-

ne Sonne aufgehen läßt über Guten und Bösen".[77] Heute können wir diese Worte kaum noch sinnvoll nachsprechen. Wir wissen, die Erde dreht sich, den Trägheitgesetzen folgend. Da wir durch wissenschaftliche Erforschung von Gottes Schöpfung die chaotischen Strukturen des Universums mit einigen lokalen Phänomenen von Ordnung kennen, sehen wir uns in einem temporär stabilisierten solaren System, das als solches nicht unmittelbar Gottes tägliches Eingreifen braucht, um die Sonne aufgehen zu lassen. Zugleich sehen wir uns einem breiten Spektrum von möglichen Katastrophen ausgesetzt, von Erdbeben bis zu mehr oder weniger verheerenden Asteroiden-Einschlägen, wie sie sich in der Vergangenheit ereignet haben. Das Erdbeben von Lissabon ließ so viele Intellektuelle an der Existenz Gottes, des Schöpfers, zweifeln, weil sie Gott als den im voraus ordnenden, prädeterminierenden Gott begriffen, der im voraus alles wußte und der als guter Gott solch ein Unglück hätte verhindern müssen, das Gerechte und Ungerechte gleichermaßen tötete. Heute ist ein solches Argument kaum mehr überzeugend: Wir haben gelernt, daß die geologischen Strukturen nicht moralischen Regeln folgen, die Plattentektonik ist nicht darauf hingeordnet, an bestimmten Plätzen zu bestimmten Daten Beben auszulösen.

Diese Passivität Gottes setzt uns einer Welt aus, die weniger verläßlich ist als die vollkommen von Gott kontrollierte Welt, eine Kontrolle, die durch die Kette der Zweitursachen ausgeübt würde, wie es das Mittelalter sah. Unser Verlangen nach Sicherheit mag uns zu Spekulationen über die Notwendigkeit von Prädetermination, Vorausordnung und Prädestination verleiten. Doch was ist, wenn Gott entschied, keine Prädetermination auszuüben? Die Schöpfung ermangelt jeglicher Anzeichen eines ausgeprägten Determinismus; was uns als Determinismus erscheint, löst sich in unserer Erfahrung bei näherem Zusehen in statistische Verteilungen auf, die jeweils einer bestimmten Stufe der Evolution entsprechen. Gottes evolvierende Schöpfung zeigt eher an, daß es keine vom Schöpfer ausgeübte Prädestination gibt. Ähnlich wie es Berthold von Regensburg im Hinblick auf den menschlichen freien Willen sagte: Es gibt kein Ding im Universum, das Macht über des Menschen freien Willen hat, außer „Gott allein, und Er will ihn nicht ausüben"[78], so scheint Gott auch seine prädestinierende Macht in seiner Schöpfung ganz allgemein nicht ausüben zu wollen. Nur an gewissen Punkten mag es einen zwin-

[77] Mt 5,45.
[78] Vgl. weiter oben, Kap. 4, Anm. 2.

genden orientierenden Einfluß gegeben haben – insbesondere wenn das Universum mit seiner Feinabstimmung am Anfang das einzige Universum ist –, doch die allgemeine Bewegung der evolvierenden Schöpfung läßt sich kaum so begreifen, als folge sie den Anordnungen eines prädestinierenden Gottes.

Diese Schöpfung zeigt vielmehr, wie erarbeitet wurde, das Bild eines frei und schmerzlich evolvierenden Universums. Gott scheint jeden direkten Druck, in eine bestimmte Richtung zu gehen, eliminiert zu haben. Die einzige Richtung, die von den Vektoren wachsende Komplexität, Information und Bewußtsein gestützt wird, scheint in Richtung der Evolution von Freiheit zu gehen. Zumindest werden wir sagen dürfen, daß der Schöpfer sehr viel mehr daran interessiert zu sein scheint, Freiheit frei evolvieren zu sehen, als seinen Willen seiner Schöpfung aufzuzwingen. Die unendlich große Menge „Abfall" im Universum fängt in dieser Sicht an, Sinn zu machen. Je niedriger die evolutive Stufe, um so geringer die Chancen, einen Schritt in Richtung von höherer Komplexität zu tun. Die quasi unendlichen Zeiten, die verflossen, bevor der Evolutionsprozeß begann, eine etwas höhere Stufe zu erreichen, sind ebenso eindrucksvoll wie die geringen Mengen Materie, die schließlich die Stufe des Lebens und des Denkens erreichten.[79] Dies ist ein Teil des Preises, der für die Evolution der Freiheit gezahlt wird. Die Freiheit seiner Schöpfung war dem Schöpfer offensichtlich wichtiger als die Durchsetzung seines Willens zur vorausschauenden Ordnung von allem, was ökonomischer gewesen wäre. Wie wir bereits oben gesagt haben,[80] dürfen wir darüber spekulieren, daß Gottes Absicht bei der Erschaffung dieser Welt nicht dahin ging, eine vollkommene Ordnung zu schaffen, seinen Willen aufzuzwingen, sondern in Liebe eine Schöpfung hervorzurufen, die eines Tages fähig werden wird, in Liebe diesen schöpferischen Ruf zu beantworten. Und Gott akzeptiert nicht nur den Preis eines verschwenderischen Universums reich an Abfall, sondern auch den noch lastenderen Preis des Übels. Einerseits ist es einsichtig, daß es eine freie Evolution weder ohne notwendige Übel – wie den Tod – noch ohne im Prinzip vermeidbare, statistisch mögliche und wahrscheinliche Übel geben kann. Wenn Dinge schief gehen können, dann werden sie früher oder später schief gehen. Nur in einer statischen und strikt determinierten Welt kann

[79] Selbst wenn es andere bewohnte Planeten im Universum gibt, ist die ins Spiel kommende Materiemengen immer noch quantitativ ohne Signifikanz.
[80] Kap. 4, Ende.

das Übel vermieden werden. Krankheit, Unfälle, unzeitiger Tod sind Teil des Preises. Es kann keinen Zweifel daran geben, daß es unser Empfinden und unser Verlangen nach Glück stört zu sehen, daß der Schöpfer diesen Preis akzeptiert, doch es gibt keinen rational denkbaren Weg einer Evolution von Freiheit ohne konkomitant mit ihm aufsteigendes Übel. Doch sträuben wir uns, das schöne Kinderzimmer einer wohlgeordneten Welt zu verlassen, in der für alle Sorge getragen wurde, es fällt uns sehr schwer zu akzeptieren, daß Gott den Preis des Auftretens von Übel auf allen Stufen der Evolution zu zahlen bereit ist, damit die Freiheit die Stufe menschlicher Freiheit erreichen konnte.
Andererseits ist die Schwierigkeit, die Anwesenheit des Übels in Gottes Schöpfung zu verstehen, nicht neu. Die klassische scholastische Theologie behandelte das Problem als *mysterium iniquitatis.* Heute vermögen wir die unvermeidliche Beziehung zwischen der Struktur der Freiheitsorientierten Schöpfung und dem Auftreten von Übel zu sehen. Der Preis, den der Schöpfer für das Werden von Freiheit zu zahlen bereit war, mag äußerst hoch erscheinen. Das Geheimnis liegt vielleicht vor allem darin, daß diese Welt dem Schöpfer als eine freie, seinen Schöpferruf der Liebe beantwortende Welt so wichtig war, daß er das undenkbare Übel akzeptierte: daß der Sohn Gottes, der Logos, Mensch wurde und den schrecklichsten aller Tode am Kreuz starb. Wer immer versucht, das Problem des Übels zu lösen, zumindest wenn dies in einer christlichen Perspektive geschieht, sollte das Geheimnis des Kreuzes meditieren, den höchsten Preis, der gezahlt wurde, damit menschliche Freiheit existiere.[81] Dies mag ein Hinweis darauf sein, wie unendlich hoch Gott die Wirklichkeit der Freiheit einschätzt.
Das große Geheimnis der Schöpfung würde so weniger in dem alten Dilemma eines prädestinierenden Gottes und des menschlichen freien Willens beruhen, sondern in Gottes Liebe, die sich darin zurückhält, eine Übel vermeidende Ordnung aufzuzwingen, damit die Geschöpfe frei werden können, um fähig zu sein, Gott zu lieben. Wenn die vorgeschlagene Interpretation nicht irrig ist, braucht diese im Menschen verwirklichte Freiheit die ständige Stützung durch den liebenden Schöpferruf Gottes. Wie auf allen Stufen der Evolution kommt dieser Ruf durch den Nächsten zum Einzelmenschen, der diesen Ruf, Gott zu lieben, durch

[81] Dies führt bereits in die Thematik der Christologie, die ebenfalls eines erneuten Durchdenkens bedarf, um Christus als den Erlöser, oder vielleicht genauer, als den Heilbringer, den Vollender dieses Universums zu zeigen.

die Nächstenliebe, durch liebende Vereinigung mit dem Nächsten, beantworten kann.[82] Gott ruft den Einzelmenschen nicht direkt zu sich als Gott, sich selbst überwältigend aufdrängend. Er wird vielmehr gegenwärtig durch den anderen Menschen: Er sendet Propheten. In einem sehr tiefen Sinn in vollem Einklang mit seiner schöpferischen Absicht wird er, der Logos, das Wort Gottes, Mensch, dem Menschen die Freiheit lassend, ihn zu lieben oder sich ihm zu verweigern.[83] Der Schöpferruf der göttlichen Liebe, der alles aus dem Nichts auf dem Wege der Evolution durch schöpferische Vereinigung zu sich ruft, trägt die Schöpfung auf allen Stufen, so weit sie auch in die Irre gehen mag: Der Schöpfer entzieht ihr nicht seinen sie tragenden Ruf der Liebe. Menschen sind keine Ausnahme: Sie existieren wie alles andere, weil sie durch den liebenden Ruf des Schöpfers in der Existenz gehalten werden. Menschen können sich verweigern, sie mögen sich selbst suchen: Gott entzieht nicht seinen liebenden Ruf, der mit Liebe zu beantworten ist.

Die Schöpfung, die nur existiert, weil sie vom Schöpfer in Liebe gerufen wird, erreicht so im Menschen die Fähigkeit, auf Gottes Angebot der Liebe zu antworten oder sich zu verweigern. Auf der Stufe des Menschseins wird so evident, daß die schöpferische Macht, die im Universum am Werk ist, weit weniger der allmächtige Wille des Schöpfers als die Gnade Gottes ist, die das ganze Universum durchdringt. Alles wird in diesem Universum in seiner Existenz gehalten durch Gottes Gnade, durch Gottes Liebe.

Gottes Liebe ist unendlich geduldig, wie durch die langsame Antwort des Universums dokumentiert wird: Er entzieht nie seine schöpferische Liebe. Ebensowenig entzieht er seine Gnade irgendeinem Menschen. Der Mensch kann sich weigern, Gott zu lieben, seinen Nächsten zu lieben, aber Gottes Angebot der Liebe, der Gnade wird nie zurückgezogen. Selbst der Sünder, der sich Gott verweigernde Mensch, kann in Freiheit jederzeit die geduldig angebotene Liebe ergreifen, die das ganze Universum durchdringt. In einem sehr genauen Sinne dürfen wir sagen: Die ganze Schöpfung ist Gnade. Und die Schöpfung, die im Menschen *capax Dei* geworden ist, ist aufgerufen, in Liebe dem Schöpfer in Anbetung der ewigen Liebe zu antworten.

[82] Vgl. die Gerichtsreden Mt 25, 30–45.

[83] Dies ist ein anderer Aspekt einer künftigen Christologie, der weiterer Entfaltung bedarf.